ビジネスモデル・ナビゲーター

The Business Model Navigator

Oilver Gassmann
Karolin Frankenberger
Michaela Csik

著　オリヴァー・ガスマン　カロリン・フランケンバーガー
　　ミハエラ・チック

訳　渡邊哲　森田寿

Satoru Watanabe
Kotobuki Morita

SE SHOEISHA

●本書内容に関するお問い合わせについて

このたびは翔泳社の書籍をお買い上げいただき、誠にありがとうございます。弊社では、読者の皆様からのお問い合わせに適切に対応させていただくため、以下のガイドラインへのご協力をお願い致しております。下記項目をお読みいただき、手順に従ってお問い合わせください。

●ご質問される前に
弊社Webサイトの「正誤表」をご参照ください。これまでに判明した正誤や追加情報を掲載しています。
　　正誤表　http://www.shoeisha.co.jp/book/errata/

●ご質問方法
弊社Webサイトの「刊行物Q&A」をご利用ください。
　　刊行物Q&A　http://www.shoeisha.co.jp/book/qa/

　　　インターネットをご利用でない場合は、FAXまたは郵便にて、下記"翔泳社 愛読者サービスセンター"までお問い合わせください。
　　　電話でのご質問は、お受けしておりません。

●回答について
回答は、ご質問いただいた手段によってご返事申し上げます。ご質問の内容によっては、回答に数日ないしはそれ以上の期間を要する場合があります。

●ご質問に際してのご注意
本書の対象を越えるもの、記述個所を特定されないもの、また読者固有の環境に起因するご質問等にはお答えできませんので、予めご了承ください。

●郵便物送付先およびFAX番号
送付先住所　〒160-0006 東京都新宿区舟町5
　　　　　　FAX番号　03-5362-3818
　　　　　　宛先　(株)翔泳社 愛読者サービスセンター

※本書に記載されたURL等は予告なく変更される場合があります。
※本書の出版にあたっては正確な記述につとめましたが、著者や出版社などのいずれも、本書の内容に対してなんらかの保証をするものではなく、内容やサンプルに基づくいかなる運用結果に関してもいっさいの責任を負いません。
※本書に記載されている会社名、製品名はそれぞれ各社の商標および登録商標です。

© Oliver Gassmann, Karolin Frankenberger and Michaela Csik, 2014
(print and electronic).
This translation of The Business Model Navigator 1/e is published by arrangement with Pearson Education Limited through Japan UNI Agency, Inc., Tokyo.

The Business Model Navigator
Contents

はじめに ……………………………………………………………………… 007
日本語版読者のみなさまへ ……………………………………………… 010
訳者まえがき ………………………………………………………………… 011

PART 1

ビジネスモデル革新の手引き …………………………………………… 013

1　ビジネスモデルとはなにか？ ……………………………………… 015
2　ビジネスモデル・ナビゲーター …………………………………… 037
3　変革の管理 …………………………………………………………… 093

PART 2

ビジネスモデル全55の勝ちパターン ………………………………… 119

1　アドオン　Add-on ………………………………………………… 121
2　アフィリエイト　Affiliation ……………………………………… 128
3　合気道　Aikido …………………………………………………… 133

4	オークション	Auction	138
5	バーター	Barter	143
6	キャッシュマシン	Cash Machine	149
7	クロスセル	Cross-selling	154
8	クラウドファンディング	Crowdfunding	158
9	クラウドソーシング	Crowdsourcing	163
10	カスタマーロイヤルティ	Customer Loyalty	169
11	デジタル化	Digitisation	174
12	直販モデル	Direct Selling	180
13	Eコマース	E-commerce	185
14	体験の販売	Experience Selling	191
15	フラット料金	Flat Rate	197
16	部分所有	Fractional Ownership	202
17	フランチャイズ	Franchising	207
18	フリーミアム	Freemium	213
19	プル戦略への移行	From Push to Pull	217
20	稼動保証	Guaranteed Availability	223
21	隠れた収益源	Hidden Revenue	228
22	素材ブランディング	Ingredient Branding	233
23	インテグレーター	Integrator	238
24	専門特化プレイヤー	Layer Player	243
25	顧客データ活用	Leverage Customer Data	247
26	ライセンシング	Licensing	253
27	ロックイン	Lock-in	258

28	ロングテール	Long Tail	263
29	保有能力の活用	Make More of It	268
30	マス・カスタマイゼーション	Mass Customisation	273
31	格安製品	No Frills	278
32	オープンビジネス	Open Business	283
33	オープンソース	Open Source	289
34	オーケストレーター	Orchestrator	294
35	従量課金	Pay Per Use	298
36	賽銭方式	Pay What You Want	302
37	個人間取引	Peer to Peer	306
38	成果報酬型契約	Performance-based Contracting	312
39	サプライ品モデル	Razor and Blade	317
40	レンタルモデル	Rent Instead of Buy	321
41	レベニューシェア	Revenue Sharing	326
42	リバースエンジニアリング	Reverse Engineering	331
43	リバースイノベーション	Reverse Innovation	336
44	ロビンフッド	Robin Hood	341
45	セルフサービス	Self-service	346
46	店舗内出店	Shop in Shop	351
47	ソリューションプロバイダー	Solution Provider	356
48	サブスクリプション	Subscription	361
49	スーパーマーケット	Supermarket	365
50	低所得層ターゲット	Target the Poor	369
51	廃品リサイクル	Trash to Cash	374

52 両面マーケット　Two-sided Market ……………………… 379
53 究極の逸品　Ultimate Luxury ……………………………… 384
54 プロシューマー　User Design ……………………………… 389
55 OEM製品　White Label ……………………………………… 394

Appendix

付録 ………………………………………………………………… 399
ビジネスモデルイノベーション10の鉄則 ……………………… 400
55のビジネスモデル一覧 ………………………………………… 404

INDEX ……………………………………………………………… 415
PROFILE …………………………………………………………… 423

はじめに

　過去15年間におけるほぼすべての革新的なビジネスモデルイノベーションは米国から生まれた。これは米国特有の起業家精神によるものとされる。我々自身もシリコンバレーでの滞在経験から触発され、ビジネスモデルのイノベーション手法を作り出せないかと夢見始めた。エンジニアリングの世界では、あらゆる分野で確立された設計手法が存在し、これらの手法を使うことによって確実に成功率は高められている。ところがビジネスの世界においては、もっとも難しい課題であるビジネスモデルイノベーションに役立つツールや手法を探しても見当たらないのだ。そのような経緯で、我々は数年を費やして独自の設計手法の調査研究および大手企業との検証作業を行い、このツールの実用性を確認した。

　我々は、欧州の大手ビジネススクールのひとつであるザンクトガレン大学を拠点に、ビジネスモデルイノベーション研究の第一線に身を置いている。学術的見地および実践的視点からのイノベーションプロセスに関する長年の経験は、手法を作り出すうえで大いに役立った。トップレベルのコンサルタントが利用する多くの概念やツールは、これまでも今回と同様に学術研究から生まれている（例：ロバート・G・クーパー氏による新製品開発のためのステージゲート・プロセス、マイケル・ポーター氏によるファイブフォースの概念）。我々が確固たる概念に基づいて開発し、調査活動で精査したビジネスモデル・ナビゲーター手法も、これら著名な各種ツール群の一端に連なることができると信じている。

　今回我々が提唱したビジネスモデルイノベーションの実践的な設計手法は、広範囲な実地調査に基づいている。我々はビジネスモデルイノベーションにおけるシステマチックな中核パターンを特定するために、過去50年間における非常に画期的なビジネスモデルイノベーション事例の数々を分析した。その結果、驚くべきことにビジネスモデルイノベーションの90％以上は、単に他業界における既存のアイデアや概念の

組み合わせに過ぎないことがわかった。我々の見出したこの事実は、ちょうどエンジニアが特定の物理法則や技術上の経験則に基づく設計手法を使うのと同じように、ビジネスモデルイノベーションを行う際に有効活用できるはずである。我々の開発したビジネスモデル・ナビゲーターという手法は、過去に成功実績のある55種類のビジネスモデルパターンで構成されており、これらのパターンを自社のビジネスモデルイノベーションに取り組む際のひな形として活用できる。

　手法の開発に続いて、化学、製薬、バイオ、機械、エレクトロニクス、電機、エネルギー、サービス、商業、IT、テレコム、自動車、建設、金融といったさまざまな業種の多数の大手グローバル企業に対して、この手法を使ったコンサルティング・プロジェクトを進めた。我々の研究コンソーシアムの企業メンバーと学術メンバーとの密接な共同作業と、各企業とともに実施した数々の産学協同プロジェクトは、手法の導入方法を改善するために非常に役立った。また我々の取り組み手法は、著者のうち2名がそれぞれ数ヵ月にわたって滞在したスタンフォード大学のデザイン研究センターとの密接な協業からも発想を得ている。デザイン思考の提唱者から発想を得て、繰り返し型、ユーザー中心でプロトタイプをベースとする考え方を、我々の手法にも取り込んだ。過去数年にわたってビジネスモデル・ナビゲーター手法の教育を行ってきたザンクトガレン大学のエグゼクティブMBAプログラム参加者からも、手法に関する貴重なフィードバックを得ることができた。

　本書は3つのパートから構成されている。PART 1の目的は、ビジネスモデル・ナビゲーターの構成要素と原理の紹介である。そのために、ビジネスモデルイノベーションの概念を理解するフレームワークを提示し、読者がビジネスモデルについて考える準備ができるようにした。具体的にはビジネスモデルのロジックと4軸を記述するマジック・トライアングルおよび、画期的なビジネスモデルを生み出すための4ステップのプロセスを紹介している。PART 1の締めくくりとして、ビジネスモデル変革プロジェクトに密接に関連する一連の成功要因を記載した。

　PART 1の記述内容に立脚し、PART 2ではビジネスモデル・ナビゲーターの中核要素である55種類のビジネスモデルパターンを詳細に説明している。これらのパターンは画期的なビジネスモデルを実現す

るための新たなアイデアを生み出す強力なツールであり、創造的な模倣と概念の組み合わせ作業を行う基礎知識となる。

　今すぐに手法を活用したいという読者のためにAPPENDIXでは、ビジネスモデル・ナビゲーター手法と55種類のビジネスモデルパターンをコンパクトにまとめた形で提供している。ビジネスモデル・ナビゲーターの簡略版である「ビジネスモデルイノベーション10の鉄則」を読んで即座に作業を始めれば、今日中に独自のビジネスモデルのアイデアを描けるかもしれない。

　本書は手法を実際に活用する実践者に向けたものであり、複雑な理論的背景やテキスト中の参考文献の記述などは意図的に避けている。学術関係者あるいは実践者とも、詳細情報に興味がある場合には、参考文献（ダウンロードにて提供。最終ページ参照）および我々のホームページwww.bmilab.com（日本語版はwww.bmilab.jp）にある研究成果やツール類の最新情報を参照してほしい。

　本書で提示した手法は、我々自身も驚くほどうまく機能し、これまでに多くの企業や団体で実績を上げている。ビジネスモデル・ナビゲーターを実際に活用した実践者の多くはこの手法の虜になったが、実は我々自身もそうである。我々の努力が将来のビジネスモデルイノベーション数の増加に少しでも役立つことを祈っている。この手法で成功が約束されるわけではないが、成功確率は確実に高まるはずである。リスクを取らなければなにも得られないことを常に肝に銘じてチャレンジしてほしい。

　皆さまの成功を心よりお祈りします。

2014年春
スイス・ザンクトガレンにて
オリヴァー・ガスマン
カロリン・フランケンバーガー
ミハエラ・チック

日本語版読者のみなさまへ

　本書で紹介している手法は我々の長年の研究の成果物であり、欧州をはじめとする各国の多数の企業ですでに実証済みのものである。

　欧州のさまざまな産業にビジネスモデルイノベーションが有効であるのと同様に、日本の産業、例えば製薬業界のような規制で守られた旧態然たる業界については、ビジネスモデルイノベーションが特に有効であると考えている。これまで規制で守られ進化を遂げてこなかったこれらの業界を取り巻く環境も今後は確実に変化するため、そこには新たなビジネスモデルを活用する機会が生まれる。さらに日本の製薬業界では古くからの業種特有の流通チャネルが存在するため、新たなビジネスモデルが有効に機能する余地はより一層大きい。

　OECDの2013年の統計データでは人口1万人当たりの国際特許出願件数（PCT国際出願件数）は3.27件と日本が世界1位であり、日本の企業や研究機関が積極的に技術イノベーションを目指していることが見て取れる。ただし、技術イノベーションだけでは十分でなく、ビジネスモデルのイノベーションを実現し、画期的な技術を顧客にとっての価値、さらには自社の収益に結びつけて初めて企業が存続できる。

　勤勉さや改善能力、およびアニメーションやポケモンGOをはじめとする各種ゲームなどに代表される創造性は日本人の優れた特質である。ビジネスモデルイノベーションを遂行する方法を習得することで、これらの特質を未来の産業の成功に昇華できるはずである。

　本書が日本におけるビジネスモデルイノベーションの拡大に少しでも貢献できればうれしく思います。

2016年7月
オリヴァー・ガスマン
カロリン・フランケンバーガー
ミハエラ・チック

訳者まえがき

　本文を読み進めていただくための準備として、ここで本書のテーマであるビジネスモデルイノベーションの定義を明確にしておきたい。
　ビジネスモデルイノベーションとは、顧客・提供価値・オペレーション・収益モデルで構成される事業のメカニズムそのものを変更することで競争優位性を確立する事業改革の手法である。本書では、ビジネスモデルの表現方法として、顧客（Who/だれに?）、提供価値（What/なにを?）、提供手段（How/どのように?）、および収益モデル（Why/なぜ?）の4軸で価値創造と収益化の構造を定義することを推奨しており、この4軸のうち最低2軸以上を変更することをビジネスモデルイノベーションと定義している。
　本書によれば欧米ではイノベーションを、画期的な製品開発に基づく製品イノベーション、生産や物流などのプロセス革新によるプロセスイノベーション、そして事業のメカニズムそのものを革新するビジネスモデルイノベーションの3つに明確に分類している。日本国内でもイノベーションの重要性はさまざまなシーンで謳われているが、これら3種のイノベーションが区分けされることなく議論され、多くのケースで具体的にイメージしやすい製品イノベーションに話が収斂しているように感じる。
　一方で、近年、欧米ベンチャー企業など急成長した企業の多くが革新的でユニークな「ビジネスモデル」によって新しい競争優位や市場を獲得しており、今後のグローバル競争社会におけるビジネスモデルイノベーションの重要性には疑う余地もない。
　本書の書名であり、本書で紹介しているビジネスモデルイノベーション手法の名称でもある「ビジネスモデル・ナビゲーター」には、レッドオーシャン（血で血を洗う競争の海）からブルーオーシャン（競争のない青い海）への羅針盤にして欲しいという想いが込められている。

なお、今回の『ビジネスモデル・ナビゲーター』翻訳プロジェクトでは、本書に登場するビジネスモデルパターンのひとつであるクラウドソーシングにならって、レビュアーの公募を行った。この場を借りてレビュアーのみなさまの暖かいご協力に心よりお礼申し上げたい。

【ご協力いただいたレビュアーのみなさま（順不同・敬称略）】
都筑 一雄／森 俊明／山村 哲也／中澤 俊介／山田 静也
吉橋 昭夫／河原塚 徹／篠澤 宏典／飯塚 重善／鴉野 兄貴
奥田 佳享／古賀 敏之／曽田 哲史／荻野 昌宏／湯元 雅史
久保 清隆／石川 英輝／原田 大介／庄司 浩一／大橋 弘宜
髙橋 淳一／野村 典文

ビジネスモデルイノベーションを成し遂げることは容易ではなく、特に既存の成功モデルを持つ企業にとっては難しい課題と言える。本書がこの難しい課題に挑戦するみなさんの羅針盤となり、日本発のビジネスモデルイノベーションがひとつでも多く生み出されることを、心から願っている。

2016年7月
東京にて
渡邊 哲
森田 寿

PART 1

ビジネスモデル革新の手引き

本書の目的は、ビジネスモデルイノベーションをシステマチックに進める「ビジネスモデル・ナビゲーター」の手法を紹介することである。我々の調査結果では、世界のすべてのビジネスモデルイノベーションは55パターンのビジネスモデルに基づいて構成されており、その意味でビジネスモデルイノベーションは芸術ではなく科学技術だと言える。

　PART 1ではビジネスモデルイノベーションの本質をつかむために、変化を続ける世界におけるビジネスモデルイノベーションの重要性、ビジネスモデルを定義するための基礎知識、ビジネスモデルのイノベーションを妨げる典型的な要因、の3点を記述した。ビジネスモデル・ナビゲーターでは、顧客（Who/だれに?)、提供価値（What/なにを?）、提供手段（How/どのように?）、および収益モデル（Why/なぜ?）の4つの軸でビジネスモデルを明確に定義する。

　ビジネスモデル・ナビゲーター最大の特長は、他社の成功実績に基づく55種類のビジネスモデルを組み合わせ、新事業モデルを創造する機能である。このパートでは、手法全体の流れと各種ビジネスモデルパターンの活用手順も知っていただく。

　PART 1の要点は以下の通りである。

- ビジネスモデルとは、「Who?」、「What?」、「How?」、「Why?」の4軸で、価値創造と収益化の構造を定義したものだ。イノベーションを起こすには、4軸のうち2軸以上を変える。
- ビジネスモデルイノベーションの主要課題のひとつは、「社内の常識」、「業界の常識」をいかにして打破するかである。
- ビジネスモデル・ナビゲーターを使って、新たなビジネスモデルを生み出すためのステップを具体的なプロセスに落とし込み、実際のプロジェクトを進めるうえでの指針とすることができる。
- ビジネスモデル・ナビゲーターでは、成功実績に基づいた55パターンのビジネスモデルを組み合わせ、新事業モデルを創造することが肝要である。この強力なツールにより、既存の常識を外部視点で打ち破り、新たなビジネスモデルのアイデアを生み出す。
- ビジネスモデルイノベーションプロジェクトの成功の鍵は「チェンジマネジメント」であり、ビジネスモデルイノベーション遂行の「障壁」と「障壁を乗り越える手立て」の明確化が極めて重要である。

1 ビジネスモデルとはなにか？

なぜビジネスモデルのイノベーションが必要なのか？

What is a business model and why should it be innovated?

　最高水準の技術を持ち洗練された製品を開発するメーカーは世の中に多数存在する。特に先進国においては、これらの企業はほぼ間違いなく驚異的な研究開発力を持つ。ところが洋の東西を問わず、このような素晴らしい会社が突如として競争力を失ってしまうのだ。かつてはいずれも優良企業であったアグファ社（Agfa）、AEG社（Allgemeine Elektricitats-Gesellschaft）、アメリカン航空社（American Airlines）、リーマン・ブラザーズ社（Lehman Brothers）、ディジタル・イクイップメント社（Digital Equipment Corporation〔DEC〕）、グルンディッヒ社（Grundig）、ロエベ社（Loewe）、ナカミチ、ニクスドルフ・コンピューター社（Nixdorf Computer）、モトローラ社（Motorola）、ノキア社（Nokia）、武富士、トライアンフ社（Triumph）、コダック社（Kodak）など、これらの会社は何十年にもわたる繁栄のあと突如として消え去ってしまった。どんな過ちを犯したのか？　厳しい話ではあるが、答えは単純明快だ。これらの企業は自社を取り巻く環境の変化にビジネスモデルを適応できなかったのだ。過去の成功の上に安住していたのである。何十年もの間利用され続けてきたボストンコンサルティンググループのキャッシュカウ理論に基づき、成功パターンを確立した事業から利益を搾り取るだけで生き延びていける時代は終わってしまったのだ。

　現代の企業にとって、長期的な競争優位性を左右するのは環境の変化に合わせて画期的なビジネスモデルを創造する能力である。欧州にはビジネスモデルの創造をうまく実施できている企業は非常に少なく、目立ったところではネスレ社（Nestle）とヒルティ社（Hilti：リヒテンシュタインの建設工具メーカーで、建設工具に定額費用の工具貸出システムを導入するなどさまざまなイノベーションを実現している）くらいである。優等生と言える企業

のほとんどはシリコンバレーで成長を遂げており、すぐ思いつく大手には、グーグル社（Google）、アップル社（Apple）、セールスフォース社（Salesforce）などがある。ここでもっとも重要な難題に突き当たる。「では我が社が主導権をとるにはどうしたらよいのか？　業界のモデル企業となるためにはどうしたらよいのか？　一体どうすれば、我が社はビジネスモデルのイノベーター企業になれるのか？」

ビジネスモデルイノベーションの時代が到来

　ネスレ社のネスプレッソ（Nespresso）用コーヒーカプセルをキロ当たり80ユーロで買いたいというお客さんはいるだろうか？　毎日何百万人もの人が閲覧するフェイスブック（Facebook）のようなオンラインフォーラムに、世界の10％以上の人々が日々のプライベートな詳細情報を公開するだろうか？──仮に10年前、だれかがこのような質問をしたとしたら、あなたは、そんな質問をする人の頭はどうかしていると思ったはずだ。あるいは、今に世界中どこへでも無料で電話ができるようになるとか、数ユーロ、数ドル、数ポンド以下で飛行機のチケットが買えるようになるというような話を、その時点で信じられただろうか？1998年に創業されたグーグルという検索アルゴリズムのベンチャー企業が、ダイムラー社（Daimler）やゼネラル・エレクトリック社（General Electric、以下GE社）といった巨大多国籍企業の全製品、全エンジニア、全世界の拠点、全ブランドが稼ぎ出すよりも多くのお金を、たった1社で稼ぐことになるとだれが想像できただろうか？

　実際には、このような現象はほぼすべての業界で進行している。そしてこれらの現象こそ、まさにビジネスモデルイノベーションなのである。「通常のビジネス」を破壊する爆薬としてビジネスモデルイノベーション以上に強烈なものはおそらく見当たらないし、ビジネスモデルイノベーション以上に業界紙のトップを頻繁に飾る話題はない。それにしてもビジネスモデルイノベーションの影響がこれほど大きいのはなぜなのか？

　ビジネスにおいてイノベーションは常に、成長と競争優位性を確保する重要な要素であった。過去においては、技術的に卓越したソリューションや競合を圧倒する製品を市場投入できれば、間違いなく成功できた。だからこそ、技術的に優れた多数の企業が「技術者天国」となり、

最新の機能を誇る過剰な数の製品群を製造し、市場に送り込んだのだ。しかし今日、ほとんどの業界では製品やプロセスのイノベーションに注力するだけではもはや不十分である。なぜなら、競争が激化し、グローバル化が進み、アジアの競合企業が急増し、製品のコモディティ化が進む、といった外的要因の数々が、卓越した技術を有する企業の価値を蝕んでしまったからだ。新技術によって業界の垣根があいまいになり、市場が変化し、新たな競合が生まれ、規制に変化が起こるといったすべての事象が絡み合って既存の製品やプロセスを陳腐化させてしまったのだ。好むと好まざるとにかかわらず、ほとんどの業種でゲームのルールが変わりつつあるのだ。

単なる製品やプロセスのイノベーションに比べてビジネスモデルイノベーションにより大きな価値があることは実際の企業調査からも明らかである（図1.1）。2013年に実施されたボストンコンサルティンググループとMITスローンビジネススクールの共同調査では、事業の持続性に関する成功要因がビジネスモデルイノベーションであるとの調査結果が記されている。同調査では、このようなイノベーションを実施した企業の60％以上で利益が向上していると報告されている。また、IBM社が2012年に実施した調査結果では、業界内の好業績企業は低業績企業に比べて2倍の頻度でビジネスモデルのイノベーションを実施している。これは、ボストンコンサルティンググループの2009年の調査結果とも一致し、それによれば過去5年間にビジネスモデルイ

図1.1　ビジネスモデルイノベーションは製品やプロセスのイノベーションに積み上がるさらなる事業機会の創出である

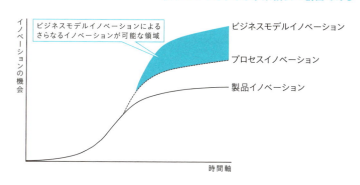

ノベーションを実施した企業は、製品やプロセスのイノベーションを実施した企業に比べて6%高い利益をあげている。

もちろん、製品の品質やプロセスの重要性が低下したわけではないが、これからの時代において事業の成否を握る鍵ではなくなったと言える。今やビジネスモデルイノベーションの時代が到来したのは確実で、企業の運命は適切かつ画期的なビジネスモデルを導入し、競合から差別化する能力の有無に依存するようになったのだ。

> 今後企業の競争優位性は、製品やプロセスの革新性ではなく、ビジネスモデルの革新性に依存する。

事実、多くの成功物語の背後にあるのは、夢のような新製品ではなく画期的なビジネスモデルである。

- 世界最大の書店となったアマゾン社（Amazon）には実店舗は1店もない（訳注：アマゾン社は2015年11月に初の実店舗を出店した）。
- 最大の楽曲販売会社であるアップル社はCDを販売していない。
- 過去10年間に11度のアカデミー賞を受賞したピクサー社（Pixar）の映画には、ひとりの俳優も出演していない。
- レンタルビデオ業界を根底から変えてしまったネットフリックス社（Netflix）には実店舗が1店もない。
- 世界最大の電話事業者であるスカイプ社（Skype）はネットワークインフラを保有していない。
- 世界最大の喫茶店チェーンであるスターバックス社（Starbucks）で、高い料金で販売されているのは標準的なコーヒーである。

偏執狂であれ

企業にとってイノベーションレースの結果は死活問題だ。ボストンコンサルティンググループが過去に提唱した「キャッシュカウの乳しぼり」の格言は、今日ではどんどん通用しなくなりつつある。たとえ今、事業がうまくいっているとしても、ビジネスモデルの有効性を定期的に確認することが重要だ。スティーブ・ジョブズ氏が言っていたように、多少偏執狂的であったとしても損はなく、今日の成功

> を支える柱に疑問を持ち、たとえ今現在は成功していたとしても自社が破綻するかもしれないという心構えで備えておくことが非常に重要である。現代は不安定な競争優位の時代であり、成功の継続は、その根幹が常に再検証され成長を続けている場合にのみ可能となる。

ビジネスモデルの各要素

　「ビジネスモデル」という用語は企業各社の取締役会における常套句となった。企業の活動状況や問題点の兆候について話す際に利用されることもあり、例えば、「成功を継続するにはビジネスモデルを変える必要がある」といった具合である。今やビジネスモデルという用語を使わない管理職を見つけるのはほぼ不可能である。ところが、この用語の意味については、同じ企業内でも人によって考え方に大きな開きがある。言い方を変えると、ビジネスモデルについて議論するために集まっても、議題であるビジネスモデルについての各人の理解がまったく異なっていることがあるのだ。言うまでもなく、そのような議論がかみ合うはずもない。

　本書では、ビジネスモデルを表現するための単純明快で包括的な定義をご紹介する。ワークショップなどで利用するには、あまり複雑なシステムでない方が実用的なはずだ。

　我々の考案した「マジック・トライアングル」では、ビジネスモデル全体が4つの軸で構成される（図1.2）。

1. **顧客軸 (Who/だれに?)** ——**自社の対象顧客はだれか?**
既存顧客の区分、ビジネスモデルの対象となる顧客区分、対象とならない顧客区分を正確に理解することは重要である。いかなる場合も例外なく、すべてのビジネスモデルの根幹は顧客である。
2. **提供価値軸(What/なにを?)** ——**自社が顧客にもたらす価値はなにか?**
2つ目の軸で、自社の提供する製品やサービスを定義し、それが対象顧客のニーズをどのように満たすかを表現する。
3. **提供手段軸 (How/どのように?)** ——**自社の製品やサービスをどのように提供するか?**

図1.2　ビジネスモデルイノベーションのマジック・トライアングル

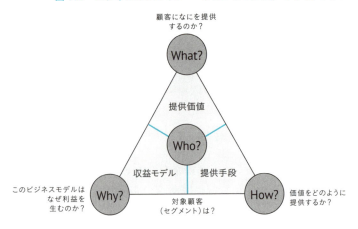

顧客に価値を提供するためには、各種業務プロセスを実行する必要がある。自社のバリューチェーンに沿った一連の業務プロセスおよび必要なリソースや実行能力、段取り方法などのすべてがビジネスモデルの3つ目の軸である。

4　収益モデル軸（Why/なぜ?）──なぜ自社が儲かるのか?

この4つ目の軸で、コスト構造、収入をあげる仕組みなどを明確にし、ビジネスモデルが収支の面で成立するかどうかを見極める。すべての企業が自問自答すべき根本的な問いに対する答えがこの軸である。すなわち、自社の株主などステークホルダーに対する価値をどのように生み出すか?　簡単に言えば、このビジネスモデルで商売が成り立つか?　ということだ。

この図の目的は、まず第1に自社の対象顧客、提供価値、バリューチェーン、収益モデルそれぞれを完全に明確にすること。第2にビジネスモデルを具体化して全体像を明らかにすること。さらに、明確化した現状のビジネスモデルを今後のイノベーションに向けた土台となる基礎情報にすることである。我々がこのピラミッド型モデルを「マジック・トライアングル」と呼んでいる理由は、三角形の頂点のひとつ（例えば収益モデル）に変更を加えると、自動的にほかの2つの頂点にも調整が必要となるからである。

ビジネスモデルとはなにか？

> **Who-What-How-Why（だれに・なにを・どのように・なぜ）**
>
> 結局のところ、だれが自社の顧客なのか、なにを売るのか、製品やサービスをどのように提供するか、なぜ自社ビジネスが儲かるのか、の4軸を定義するのがビジネスモデルである。Who-What-How-Whyでビジネスモデルを表現できるが、前の2つ（Who-What）は外部要因の軸であり、あとの2つ（How-Why）は内部要因の軸である。

ビジネスモデルのイノベーションでは、これら4軸のうち2軸以上を刷新する。そうではなく、例えば提供価値の軸のみを刷新した場合には結果的に製品のイノベーションになる。以下に具体例として、自社の既存事業あるいは業界の常識的なビジネスモデルから、2つ以上の軸を刷新している3社の事例を紹介する。また、本書のPART 2では55種類のビジネスモデルの勝ちパターンにおける4軸の変化をマジック・トライアングルで解説している。

- デル社（Dell）：コンピューターメーカーである同社は、1984年から直販モデル（ビジネスモデル12参照）に力を入れている。同社は、ヒューレット・パッカード社（Hewlett-Packard）やエイサー社（Acer）といった競合他社とは異なり、製品流通に流通業者を介さない（How?）。その結果として、低価格なカスタムメイド製品の提供が可能となっている（What?）。また、顧客から直接受注することで実際の需要に関する貴重な情報を入手できるため、その情報をもとに効率的に在庫調整や調達網の管理を実施できる（How?）。さらにデル社では、アドオンのビジネスモデル（ビジネスモデル1参照）を活用してさらなる売上を生み出している。具体的には基本製品に自分の好きな部品を追加して、顧客が自分専用にカスタマイズできるようにしている（Why?）。業界の常識的なビジネスモデルと比較すると、デル社はマジック・トライアングルの3つの頂点すべてを変更し、まったく新しい価値の創造と収益化を実現するビジネスモデルを生み出している。
- ロールス・ロイス社（Rolls-Royce）：英国の航空機用エンジンメー

カーである同社は、「パワーバイジアワー（power by the hour、動力の時間当たり販売）」と名付けた新たなビジネスモデルを導入した（ビジネスモデル38「成果報酬型契約」参照）。このモデルでは、航空会社が航空機用のエンジンを購入せずに時間当たりの利用料を支払うだけでエンジンを利用できるのだ（What?、Why?）。当時は顧客がエンジンを買い取ることが一般的であったが、ロールス・ロイス社は、自社でエンジンの所有権を持ち続け、メンテナンスや修理の責任も負い続けることにしたのだ（How?）。この方法により同社は安定的な収入の確保に成功し、同時に自社のサービス効率を向上させることでコスト低減にも成功した。同社の主な狙いは自社製エンジンのメンテナンスを極力減らすことであったが、従業員の意識改革という面からも、成果報酬型契約モデルは有益であった。と言うのも、以前のビジネスモデルでは、エンジンの修理自体が収益源の一部となっていたため、製品開発の目標設定がどうしても甘くなりがちであったからだ。

● ゾーパ社（Zopa）：2005年に創業された同社は、金融サービスのビジネスモデルイノベーションを実現した世界最初のソーシャル金融プラットフォーム（ビジネスモデル37「個人間取引」参照）の運営会社である。同プラットフォームにより一般個人間でローンを設定できる（What?）。同社は、お金を貸したい人とお金を借りたい人を結びつけるのだが、お金を借りたい人はいくら借りたいのか、どのような条件で借りたいのかをあらかじめ自己申請する（How?）。これによって銀行の仲介が不要となり、貸し手にも借り手にも金利条件が有利になるという具体的なメリットが生まれる。ゾーパ社は借り手に手数料を課すことで収入を得るが、貸し手は手数料不要である（Why?）。同社は、新たな提供価値（一般個人が銀行の役割を果たし、より魅力的な金利を提供することができる）を生み出すことに加え、従来型の銀行や金融機関のビジネスモデルに対して、収益モデルやバリューチェーンを刷新している。

これらの事例からわかるように、ビジネスモデルイノベーションでは4つの軸のうち少なくとも2つは刷新される。

この3つの事例と異なり、ビジネスモデルイノベーションの具現化に

向けた発展途上のビジネスモデルも多数存在する。どのビジネスモデルも、その目的は「新たな価値を生み出し収益化すること」である。面白いことに、ほぼすべてのビジネスモデルが顧客への価値を生み出すことには非常に優れている一方で、自社のための収益化ができていない。動画サイトのユーチューブ（YouTube）を例に考えてみよう。ユーザーは無償で動画を視聴したり、逆に動画をアップロードしたりでき、運営費は広告で賄われる。この画期的なビジネスモデルの提供により、ユーチューブはサービス開始時点から大きな価値を生み出してきており、同サイトの訪問者は毎日およそ20億人、毎分48時間相当の新たなコンテンツがアップロードされている。このようにユーチューブの人気は圧倒的だが、サービス開始から7年たっても同社事業は赤字である。ユーチューブには収益化のためのビジネスモデルが欠けているのだ。

ソーシャルネットワークのフェイスブック社も非常に成功したビジネスモデルを導入した企業だ。同社事業は継続的に緩やかな成長を続けていたが、株価は2012年のIPO時に急落した。急落の理由のひとつが、当初に比べて収益化力が落ちたことであった。その背景はスマートフォンの普及に伴い、広告の表示画面がPCに比べて小さくなって広告掲載の効果が薄れ、結果として広告ビジネスの収益力が落ちたというものである。2014年に同社はワッツアップ社（WhatsApp）を190億米ドルで買収したが、その目的はソーシャルネットワークを行き交うデータから収益をあげる能力の強化であり、同社が顧客に提供している莫大な価値に対する十分な見返りを確実に得られるようにすることであった。

ビジネスモデルイノベーションの課題

あらゆる年代のマネージャー層が、マイケル・ポーター氏の定義した「ファイブフォース」をベースにビジネスを考えるように教育されているが、それ自体はなんの問題もない。ポーター氏の考え方の根幹は、自社が属する業界を徹底的に分析して、競合に対する競争優位性を獲得できるように自社を最適にポジショニングすることだ。ポーター氏の枠組みの外から考える必要性は、2005年にキム氏とモボルニュ氏

の2人が「ブルーオーシャン戦略」論で初めて提唱した点である。つまるところ2人が言いたかったのは、ビジネスモデルのイノベーションを成功させたいのであれば、競合ひしめくレッドオーシャンを離れ、競争のない新たな市場領域であるブルーオーシャンを生み出さなければならない、ということである。「戦わずして勝つ」。それが、ビジネスモデルイノベーターの秘策だ。

　新たなビジネスモデルを生み出す唯一の方法は、競合相手の追随をやめることである。イケア社（IKEA）は安くておしゃれなデザインと新たな販売方法で家具業界に革命を起こした。イギリスのロックバンドのレディオヘッド（Radiohead）は彼らのアルバム『In Rainbows』を販売するにあたって、買う人がいくらでも好きな金額を払えばよい、という価格体系で衝撃を起こした。この斬新な戦略でレディオヘッドはすっかり有名になり、コンサートのチケットは売れ行き好調、昔のレコードまでファンに売れた。カートゥーゴー社（car2go）はレンタカー業界の常識を根底から覆し、画期的なカーシェアリングモデルで、車を分単位でレンタル可能にした。

　それならば、どうしてすべての企業がビジネスモデルを変革してブルーオーシャンに打って出ないのか？　W. G. ジョンソン氏らによる2008年のハーバードビジネスレビューへの掲載記事によれば、実際のところ多国籍企業は、研究開発予算総額の1割すらビジネスモデルイノベーションに投資していない（図1.3）。ロイヤル・ダッチ・シェル社（Royal Dutch Shell、以下シェル社）が研究開発予算のわずか2％を業界のルールを変えるプロジェクトに投入しただけで、この大胆で画期的な行動に業界内で拍手喝采が沸き起こったほどだ。中小企業の場合には投資金額はもっと少なく、ほとんどの企業がビジネスモデルイノベーションのことなど初めから頭にない。

　しかしながら、前述の質問への答えは「やる気がないからだ」という

図1.3　多国籍企業のビジネスモデルイノベーションへの投資は10％を下回る

イノベーションへの投資額合計	
90%	10%
製品およびプロセスのイノベーション	ビジネスモデルのイノベーション

ことではない。そうではなく、ビジネスモデルという概念への理解の不足が、イノベーションを推し進める妨げとなっているのだ。その意味において、企業がビジネスモデルイノベーションに取り組む際に直面する大きな障壁として我々が認識しているのは以下の3点である。

1 業界の常識を打ち破ることは容易ではない。心理的な壁が妨げとなりどうしても新鮮なアイデアが生まれにくい。
2 イノベーションを技術や製品の話ではなく、ビジネスモデルという観点でとらえることが難しい。目で見て理解できる物理的な技術や製品に思考を縛られがちで、より抽象的な世界であるビジネスモデルという視点で考えるのはそれほど容易な話ではない。
3 システマチックなツールが欠如している。イノベーション、特にビジネスモデルイノベーションについての大いなる伝説のひとつが、真に画期的なイノベーションを市場にもたらすには混沌としたプロセスと天才的な想像力の持ち主が必要だ、というものである。ところが実際には、イノベーションは一定の枠組みで管理でき、特別なことではない。ただし明らかなのは、イノベーションにも適切な手法とプロセスが必要ということである。床屋がハサミを必要とし、大工にのこぎりが必要なように、ビジネスモデルイノベーションを推進するマネージャーにも適切なツールが必要なのだ。

障壁1：業界の常識を打ち破ることの難しさ

人はだれしも過去の成功の記憶に引きずられるため、新たなアイデアは簡単に却下される。きわめてオープン思考のリーダーでさえも業界の常識を打ち破ることに苦労している。現状の収益源、目の前の競合企業が、企業経営者の思考にどうしても大きな影響を及ぼしてしまうのだ。なにもない無の空間で生きている人はおらず、すべての企業は特定の業界構造を持った特定分野においてバリューチェーンと競合のはざまで事業運営を行っている。業界構造を明確に意識する、しないにかかわらず、業界の特性に沿った形で企業の既存ビジネスモデルが機能しているのは当然のことだ。人間が社会的存在である以上、我々はルールに則って行動する傾向があり、またそのように育てられてきた。知れば知るほど、既存の考え方の枠組みに縛られてしまうのだ。企業経営においても、画一的で一次元的な考え方が、競争

優位性の源泉となる強力な「コーポレート・アイデンティティ」であるとして、2000年以降の論文で繰り返し賞賛されてきた。

業界の常識にまだ染まっていない新入社員は、業界のさまざまなことに疑問を呈する。新入社員が持つこれらの疑問は、新参者だけが考えつく類のものである。するとベテラン社員が優しく粘り強く説明する。「我々の業界では違うんだ。これがうちのビジネスのやり方なんだ。これでないとお客さんに受け入れてもらえないよ」といった具合だ。既存慣習や文化を正とする考え方は、社会学上は正統性と呼ばれ、企業各社の基本信条としてDNAに刻み込まれている。正統性は歴史的に組織で共有されてきた信念であり、簡単に変えられるものではない。

ネスレ社などごく少数の企業では、他業界からの転職組が持つ疑問点を体系的に分析し、新たなアイデアの情報源として活用している。自社従業員の凝り固まった思考パターンを打ち破る手段として、他の業界からアイデアを持ち込むという手法はかなり有望だ。

ただし、他業界から持ち込まれた新たなアイデアは「NIH症候群（訳注：NIHはNot Invented Hereの略で、外部で生まれたアイデアは受け入れたくないという心理現象）」と戦い続けなければならない宿命を負っている。すなわち、いったん確立された組織では、外部からのアイデアが実質的な影響力を持つ前にそれを排除しようという心理が働くのだ。それゆえ、ビジネスモデルイノベーション手法をうまく機能させるには、外部視点を取り込むと同時に、自社のメンバーが自らアイデアを発想することでアイデアに対する愛着が生まれるようにする、という絶妙なバランスが要求される。

既存のビジネスモデルが収益をあげ続けている状況において、現状の心地よい状況からなぜあえて飛び出さなければならないのか理解できない、という企業リーダーは多い。しかし、利益が最高の状態から減り始めたら、すでに新たなビジネスモデルを導入する機が熟した徴候と考えるべきだ。新たなビジネスモデルを開始するタイミングが遅れて会社が危機的状況に陥ってしまったら、取締役会にはリストラをしてコスト削減をする以外の選択肢がなくなってしまう。「調子がよいときにこそ事業革新をしなければならない」と言ったデル社創業者のマイケル・デル氏の言葉は核心をついている。

コダック社は、事業が好調だったときに業界の常識を打ち破ることができなかったため破綻した。実際、1975年の時点で同社はすでに世界最初のデジタルカメラの開発に成功していたが、自社の独壇場であった既存のアナログ写真事業に害を及ぼすことを懸念し、デジタルカメラを市場に投入しなかった。当時は収入のほとんどをアナログ写真用フィルムの販売と現像から得ており、カメラ本体の製造は大した事業ではなかったのだ。同社はアナログ写真はデジタルカメラの影響を受けないという考えに盲目的に固執していた。1999年になってデジタル写真用のさまざまな技術や商品が市場に出回り始めたときに、コダック社は今後10年間でデジタル写真が獲得する市場シェアは5％を超えないという、有名な市場予測を発表した。この判断の誤りが致命傷になった。2009年までに5％の市場シェアとなったのはアナログ写真であり、残りはすべてデジタル写真になってしまったのだ。1990年代、遊び半分にマイクロソフト社 (Microsoft) と興した合弁企業で開発したデジタル画像処理技術は収益上の役には立たず、コダック社が研究開発コストを削減し、かつアナログ写真技術との決別を明確にするため2008年にロチェスターのR&D施設をTNT火薬で爆破解体した頃にはすでに手遅れであった。コダック社は自社の常識に縛られて身動きが取れなくなり、2012年に破産申請した。

音楽業界の「ビッグ5」であるユニバーサル社 (Universal)、ワーナー社 (Warner)、BMG社、ソニー、EMI社の5社にも同じような逸話がある。5社すべてが現状に固執し、適切なタイミングで業界の常識を打ち破ることができなかったのだ。フラウンホーファー研究所 (Fraunhofer Institute) で1982年に開発されたMP3技術により、1990年代には画像同様に音楽も簡単にファイル共有できるようになっていた。その結果、著作権を無視した違法なファイル共有は山火事のように拡がっていた。ところがMP3技術が音楽業界に革命をもたらしたことを認めず、代わりにこの5社はナップスター社 (Napster) のような市場の新規参入者を相手に法廷闘争を始めたのだ。その後にアップル社が合法的な音楽ダウンロード事業を開始し、ようやくビッグ5各社も業界の常識が変わったことに気づいたが、いまさら時計の針を巻き戻すことは不可能であった。言うまでもなく、世界最大の楽曲販売会社となったのはアップル社である。

業界の常識を打ち破った成功事例としてストリートライン社（Streetline）の例があるが、この事例の背景にはIBM社の多大な貢献があることにも言及すべきであろう。駐車場業界の売上規模は250億米ドルを誇り、長らくイノベーションとは無縁であった。ストリートライン社は全米の何千もの駐車スペースに超低消費電力でコスト効率の高いセンサーを設置し、全駐車スペースにおける車の有無と、車がある場合には停止しているのか動いているのかを把握できるようにした。センサーの情報は無線のメッシュ型ネットワークを通じて街中の街灯に設置された発信機まで送信され、その情報はインターネットを通じてリアルタイムで各種のアプリケーションに反映される。

　ストリートライン社では、車の運転手を主な対象顧客とするのではなく、市やその他の自治体を対象顧客として設定した。実際、このシステムを利用すれば市や自治体は多額の収入をあげることができるため、このビジネスモデルに対する強い興味が寄せられていた。一般的に車の運転手の5～8割は料金を支払わずに公営駐車場を利用していたが、このシステムを利用すれば支払いをしていない車を特定して直接訴追できる。例えば支払い済みの駐車時間を超えて駐車し続けた車は端末上に記録される。また、このシステムを使えば、市はより多くの収入をより低いコストで得られる。なぜなら駐車違反を摘発する要員が少なくて済むため、結果的に駐車スペース当たりの粗利が大きく改善されるからだ。

　さらに第2段階としてビジネスモデルをより高度に活用できる。市や自治体の駐車スペース収入の3割は、一時的な駐車スペース利用者による駐車料金である。このソリューションを使えば、駐車場を探す車による交通渋滞を減らし、無駄な燃料消費を抑え、そしてなによりも利用者の不便を解消できる。

障壁2：技術や製品でなく
ビジネスモデルという視点で考えることの難しさ

　画期的な新技術がなければビジネスモデルイノベーションは生まれないという伝説（ビジネスモデルイノベーションの伝説については後述）の影響も大きいが、この2つ目の障壁が、ビジネスモデルイノベーションがほとんど生まれない理由のひとつである。確かに新技術はビジネスモデルの変革要因となり得るが、新技術は単なる機能であり一般公開されて

いるものも多い。例えばインターネット、RFIDのようなIDの自動認識技術、あるいはクラウドコンピューティングのような技術は広く知られておりだれでも利用可能である。こういった技術を自社のビジネスにうまく適用し、その結果としてビジネスをどう変革できるか？　という点が頭の使いどころなのである。真の意味での革新とは、新技術に適したビジネスモデルを見つけることである。

このような状況を説明するのにちょうどよい例が、保険業界における走行距離課金（Pay As You Drive = PAYD）ポリシーの事例である。さまざまな新技術を活用して、2010年頃から多数の自動車保険会社がこの新たな保険ポリシーの提供を始めた。テレマティクス自動車保険とも呼ばれるこの新ポリシーの基本原理は、保険会社が運転状況を直接監視して、そのデータを保険に反映することである。通常は、ブレーキ、時間、走行距離などのさまざまなデータを測定するためのボックスを自動車に取り付ける。それらのデータをもとに、保険会社が運転手の事故リスクを計算し、料率を算定する。このシステムにはGPS機能がついていることが多く、事故発生場所の自動特定や、その他のさまざまな用途に活用されている。

素晴らしい技術を活用しているのにもかかわらず当初PAYDは想像以上に不評であった。なぜなら、適切なビジネスモデルが適用されなかったからだ。2004年には、ノーウィッチ・ユニオン社（Norwich Union）をはじめ多くの保険会社が顧客を獲得できないという理由で同サービスを終了した。ノーウィッチ・ユニオン社のPAYDの場合は、サービスのメリットがわかりにくいことが不評の原因であった。保険の加入者がいつ、どこで、どのように運転しているかをまるで番犬のように見張り続け、しかも、乱暴な運転をする契約者に罰としてより高い保険料を請求するという収益モデルであったのだ。一言で言えば、ビジネスモデルがよく考えられていなかった。これでは顧客は集まらず、事業として成立しない。

スマートな企業が多い自動車保険業界らしく、その後に提供開始されたサービスでは先人の失敗からの学習効果で保険ポリシーが劇的に単純化された。具体的にはオーストリアのユニカ社（UNIQA）やスイスのアリアンツ社（Allianz）が、緊急連絡ボタン、事故センサー、自動車の位置特定の3つの機能をヘルプデスクサービスの一環として提供

開始した。利用技術は単純なインターネット電話、センサー、GPSであるが、事故や自動車盗難といった緊急時に、このシステムにより迅速な対応が可能となる。このビジネスモデルは最初のモデルに比べてずっとよく考えられている。サービス内容はわかりやすく、保険には特別割引が適用され、プロセスにも透明性がある。顧客の不評を買わないように、保険会社は非常時以外には自動車を監視しないことを確約し、収益モデルも計測装置の取りつけは無料で月額サービスとして利用できるように設計された。

　このような経緯を受け、後続の各社はさらにわかりやすい仕組みとして衝突レコーダーを開発して提供を開始した。衝突レコーダーは、事故発生時に衝突前30秒間の縦方向と横方向の加速度を日付、時間とともに記録する装置である。衝突レコーダーを搭載していれば、そのデータをもとに事故発生時の状況を迅速に再現し、責任の有無を示す客観的な証拠として利用できる。ビジネスモデルはヘルプデスクサービスの場合と似ており、装置で法的な確証を得ることで事故発生後の調査費用を低減する代わりに保険料を安くし、緊急時以外はデータを保存せず、装置は保険契約の一環として無償で取りつけられる。

　すぐそのあとで、プログレッシブ社（Progressive）が非常によく練られたビジネスモデルに基づくスナップショット装置の提供を開始した。顧客は自分の運転の癖を知るためにスナップショット装置をオプションとして自由に取りつけることができるが、装置には場所や運転速度は記録されずGPSも搭載されていない。記録される数値は、時刻、走行距離、急ブレーキの回数のみであり、これらの数値を分析した結果、事故を起こす確率が低いと判断された顧客の保険料が減額されるのだ。このサービスは非常に好評で、米国でのサービス開始以降、すでに100万件以上の顧客がスナップショット装置を取りつけている。

　続いて英国の保険会社のインシュアザボックス社（insurethebox）がもっとも有望かつ画期的なビジネスモデルを開始した。同社はPAYD技術をカスタマーロイヤルティ（ビジネスモデル10参照）、アドオン（1参照）、アフィリエイト（2参照）、体験の販売（14参照）といった各種のビジネスモデルと組み合わせることで、PAYD史上で最速の成長率を達成し、2013年の英国保険大賞を受賞したのだ。その仕組みを以下に紹介する。

- インシュアザボックス社は運転の癖を記録する計測装置を契約者の自動車に無償で取りつける。契約者はインターネットの専用ページで自分の癖を確認できる。
- インシュアザボックス社の提供サービスは多岐にわたるが、まず契約者は月々の走行距離（走行マイル数）を自分で選択する。この走行マイル数に基づいて保険料の負担額が決まり、余った走行マイル数は追加割引の対象にはならず、破棄される。
- 走行マイル数はインセンティブプログラムと連動しており、よい運転をすると最大で毎月100ボーナスマイルが加算され、その分長い距離を運転でき、しかも翌年の契約更新時に基本料率が減額される場合もある。顧客にはスナップショットの場合のような直接的な金銭メリットはないが、飛行機のマイレージプログラムに似たお得感が得られる。
- 当初選択した以上の走行マイルを追加で購入する場合には費用は割高になり、アドオンモデルの原理に則っている。
- さらに、インシュアザボックス社はパートナープログラムを運営しており、パートナー企業の対象商品を購入することで契約者は追加マイルを獲得できる。これはアフィリエイトモデルであり、同社は顧客の商品購入に応じてパートナー企業から報酬を得る。
- 最後に、同社では保険商品を感動的なものとするためにフェイスブックなどと連動させ、よい運転をして追加マイルを獲得する際に、顧客がソーシャルネットワーク上で幸福な体験を得られるように気を配っている。

　英国最大のテレマティクス自動車保険会社となった同社のサービスは大々的な成功を収め、月に6,000件の新規保険契約者があり、2010年以降の3年間で10万件の契約を獲得し、契約者の事故率は40％も低減したとのことだ。調査会社の市場予測によれば同社の将来は非常に明るく、2017年までに4,400万人がテレマティクス自動車保険に加入し、市場規模は2020年に500億ユーロに増加すると推測されている。
　PAYDの事例は、圧倒的な成功は技術そのものがもたらすものではなく、技術を画期的な方法で活用し、革新的なビジネスモデルを実

現することでもたらされることを物語っている。

障壁3：システマチックなツールの欠如

　我々が認識しているもうひとつの大きな課題は、画期的なビジネスモデルを生み出すうえで必要な、創造的かつ発展的な思考をうながすシステマチックなツールが存在しないことである。これは致命的な問題だ。米国の科学者であるジョージ・ランド氏は年齢と発展的思考の相関性について面白い調査を実施した。この調査を進めるために、同氏はさまざまな年齢の1,600名の子どもに創造性テストを実施した。利用したテストは革新的なエンジニアや科学者を採用するためにNASAが開発したものをベースにしており、質問内容を子どもの年齢に合わせて修正して使用された。10点満点で10点をとった子どもは天才的な思考力を持つグループとして分類された。

　テストを実施したところ、以下のような驚くべき結果が得られた。

天才的な思考力を持つと判定された割合
- 3～5才の子ども：98パーセント
- 8～10才の子ども：32パーセント
- 13～15才の子ども：10パーセント
- 成人：2パーセント

　1993年のランド氏の論文によれば、「人は成長するにつれ創造力を失う」とのことだ。大人は子どもに比べて創造力が乏しく、したがって創造的な思考の支援ツールが大いに有効と言える。ところが面白いことに、世の中には数多くのツールが存在するにもかかわらず、ビジネスモデルの創造を手助けするツールは見当たらないのだ。

　つまるところ、いまだにビジネスモデルイノベーションはつかみどころのない業務であり、マネージャーの多くは恐れをなして近寄ろうとしない。マネージャーの間では、ビジネスモデルイノベーションに関する以下のような伝説がまことしやかに語り継がれている（図1.4）。

- **初登頂伝説**：「商業的な成功はこれまでだれも思いつかなかったアイデアによってこそもたらされる」。実際には新たなビジネスモデ

図1.4 ビジネスモデルイノベーションの伝説：ビジネスモデルを革新するためにこれらの伝説を克服する必要がある

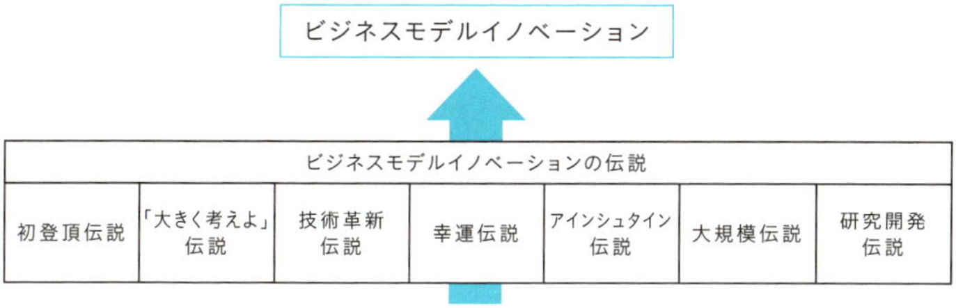

```
                    ┌─────────────────────────────┐
                    │ ビジネスモデルイノベーション │
                    └─────────────────────────────┘
                                  ↑
┌─────────────────────────────────────────────────────────────────┐
│               ビジネスモデルイノベーションの伝説                 │
├────────┬──────────┬────────┬────────┬──────────┬────────┬───────┤
│初登頂  │「大きく  │技術革新│幸運伝説│アインシュ│大規模  │研究開発│
│伝説    │考えよ」  │伝説    │        │タイン伝説│伝説    │伝説    │
│        │伝説      │        │        │          │        │        │
└────────┴──────────┴────────┴────────┴──────────┴────────┴───────┘
```

ルは他の業界からの借りものであることが多い。例えば、チャールズ・メリル氏はメリルリンチ社（Merrill Lynch）を創業するにあたりスーパーマーケット（ビジネスモデル49参照）のコンセプトを銀行業界に当てはめた。そうすることで、金融業界のスーパーマーケットというビジネスモデルを作り出したのだ。

- **「大きく考えよ」伝説**：「ビジネスモデルイノベーションは常に世界に新たな革命を起こす」。新たなビジネスモデルと聞いたときに、多くの人々はインターネット企業が起こすような大転換を連想しがちだ。実際には、ビジネスモデルイノベーションは製品のイノベーションと同様に段階的であってもよい。例えばネットフリックス社が当初導入した、DVDを顧客に郵送するというビジネスモデルイノベーションは疑う余地もなく小さな転換であるが、その小さな転換で同社事業は大成功を収めた。インターネットの登場で、ネットフリックス社は徐々に進化を遂げて一大オンライン動画配信サービス事業者となったが、それ以前から同社は成功していたのである。

- **技術革新伝説**：「すべてのビジネスモデルイノベーションは新たな製品を生み出す技術革新に基づいている」。確かに新技術は新たなビジネスモデルの原動力となり得るものの、だれもが利用可能な場合も多い。新技術を自社のビジネスにうまく適用し、その結果としてビジネスを変革できるか、という点が頭の使いどころなのである。他社との差別化は、新技術の独自の活用法によって達成されるのである。技術のための技術開発がイノベーションのプロジェクトにおける一番の失敗要因である。真の革新は、新技術の経済的な有用性を目に見える形にすることである。

- **幸運伝説**：「ビジネスモデルイノベーションの成否は純粋に運不運であり、系統立てて実施できるものではない」。ところが実際には、新たに製品、技術、アフターセールス業務、物流施策などを立ち上げるのと同様に、新たなビジネスモデルを生み出すには多大な労力をつぎ込まなければならない。ビジネスモデルイノベーションには粘り強さと実行力が要求される。未開の土地を探検するのと同じく周到な計画と準備が必須なのだ。系統立てて実行することで成功が保証されるわけではないが、成功率は劇的に向上する。

- **アインシュタイン伝説**：「真に革新的なアイデアをひらめくのは、天才的な想像力の持ち主だけである」。今日では、成功条件に占める個人の並外れた能力の必要性は低下し続けている。象牙の塔で発明を行っていたエジソンやライト兄弟のような過去の発明家たちに代わり、縦割りの部門やグループ企業間をまたぐ横断チームでイノベーションを推進するのだ。今やイノベーションは個人の成果でなく、チーム競技に変わったのだ。特にビジネスモデルイノベーションの場合には、まさにその通りであり、協業体制が欠如している場合には、一個人のよいアイデアは単なるアイデアのまま先に進めない。一般に信じられていることとは異なり、iPodを発明したのはスティーブ・ジョブズ氏自身ではない。外部のフリーITエンジニアであったトニー・ファデル氏が、iPodとiTunesのアイデアを考えついてアップル社に持ち込んだのである。その後、アップル社の主導で35名のチームが最初のプロトタイプを作成した。そのチームはアップル社、デザイン会社のアイデオ社（IDEO）、コネクティックス社（Connectix）、ジェネラル・マジック社（General Magic）、ウェブTV社（WebTV）およびフィリップス社（Philips）の混成チームであった。iPod向けのコントローラーチップであるポータブルプレイヤーのデジタル回路設計は、販売されたiPod端末1台当たり15米ドルを受け取る契約で、ウルフソン社（Wolfson）、東芝、テキサス・インスツルメンツ社（Texas Instruments）のコンソーシアムが担当した。iPodの成功物語は、さまざまな能力を持つ人々をプロジェクトチームとして一体化したことで可能になったのだ。

経営学の有力者たちは、ひとりの天才の閃きの瞬間を伝説的な物語として語りたがるが、それはヒーロー物語としてわかりやすいからである。ジョブズ氏のような天才も周りの人々の協力なしに成功は成し得なかったというのが、真実の姿である。

- **大規模伝説**：「大きなブレイクスルーには大きなリソースが必要とされる」。実際には、重要性の高いビジネスモデルの変革ほど、小さなスタートアップ企業が担っているケースが多い。単純に世界でもっともクリック数の多いウェブサイトとその運営会社を見ればそれがわかる。上位3つのサイトはいずれも新興企業が所有している。グーグル社は1998年にラリー・ペイジとセルゲイ・ブリンの両氏が、フェイスブック社は2004年にマーク・ザッカーバーグ氏が、ユーチューブ社は2005年にチャド・ハーリー、スティーブ・チェン、ジョード・カリムの3名が、それぞれ創業した会社である。リソース豊富な大企業でなく、数名の個人で始めた会社であってもブレイクスルーを成し遂げられるのだ。「オールドエコノミー」企業でもっとも順位が高かったのはBBCオンライン社（BBC Online）で、もっともクリック数の多いサイトの40位に食い込んだ。ほかの企業はすべてスタートアップ企業として設立された会社である。ビジネスモデルを市場展開し、普及させるには莫大な投資が必要とされるが、実は、もっとも成功したインターネット企業各社は、小規模でスマートにスタートしている。オートスカウト24社（AutoScout24）の創業者であり、繰り返し成功を収めているシリアルアントレプレナーのジョアキム・ショース氏から以下のような話を聞いたことがある。「成熟企業はブレイクスルーを成し遂げられない、その理由は明らかでリソースが過剰なのだ」。適切なアイデアと健全な勇気の方が、リソースよりも重要である。

- **研究開発伝説**：「重要なイノベーションは研究開発部門から生まれる」。実際にはビジネスモデルイノベーションはその性質上、複数部門をまたがる横断プロジェクトである。技術が重要な役割を果たすのは間違いないが、技術はビジネスモデルと組み合わせることで初めて役に立つ。イノベーションを生む変化のきっかけは組織内のどこからでも発生するし、変化の軸はビジネスモデルの4軸（who-what-how-why）で表現される通りである。イノベーションは、

新たな製品開発をミッションとする研究開発部門だけから生まれるものではない。事業戦略部門、マーケティング部門、アフターセールス部門、IT部門、製造部門、物流部門、購買部門のすべてが高い重要性を持つ。「ビジネスモデルイノベーションは株主や警備員を含む各部門すべての人々の業務の一部である。」とは教育サービス会社フエスト・ダイダクティック社（Festo Didactic）の執行役員であるセオドア・ニーハウス氏の弁である。

我々の狙いは、これらの伝説の嘘を暴き、その正体を明らかにすることである。イノベーションはすべてのマネージャーの責務であり、単に日々のビジネスを管理しているだけでは、マネージャーの高い給料に見合わない。ビジネスレベルでイノベーションを発想し、その原動力となることが単なる管理者と創造的なリーダーとの違いなのだ。そのようなリーダーには起業家精神とイノベーションを推進する能力が必要とされる。

2 ビジネスモデル・ナビゲーター

The business model navigator

　ビジネスモデル・ナビゲーターの基本原理は、機械工学分野の製品開発ツールであるトゥリーズ(TRIZ)の設計ルールに似ている。ちなみに、トゥリーズの名称の由来は「発明的問題解決理論(theory of inventive problems solving)」を意味するロシア語の頭文字である。トゥリーズの問題解決法の特徴は、産業システムにおける技術的、物理的な矛盾の識別、強調、排除である。4万件の特許を分析した結果、さまざまな業界における技術課題は限られた基本原理を使って解決できることが判明した。この研究の成果として開発されたのが、有名な技術課題解決の発想ツールであるトゥリーズの40種の発明原理である。原理の例としては「分割か分類か」、「分離原理」、「非対称原理」、「組み合わせ原理」、「先取り反作用原理」、「先取り作用原理」などがある。トゥリーズを基にした課題解決ソフトウェアは、近代工学の中核をなしている。

　我々自身の研究目的は、ビジネスモデル用にトゥリーズのような工学的手法を開発することであった。トゥリーズの生みの親であるアルトシュラー氏が分析した4万件の特許は世界全特許のほんの一部かもしれないが、機械工学の主要な設計ツールであるトゥリーズ開発の源となった。我々が分析したビジネスモデルは、過去50年に開発され成功した主要なものであるが、最長過去150年までの先駆者的ビジネスモデルも含まれている。成功したものの分析だけでなく、企業でビジネスモデルがうまく機能しない理由についても考察した。

　ビジネスモデル・ナビゲーター(図2.1)は行動をうながす手法であり、ビジネスモデル・ナビゲーターを使えば、どの企業でも業界の常識を打ち破りビジネスモデルを革新できる。また、組織形態、業種、企業を

図2.1　ビジネスモデル・ナビゲーターの概要図

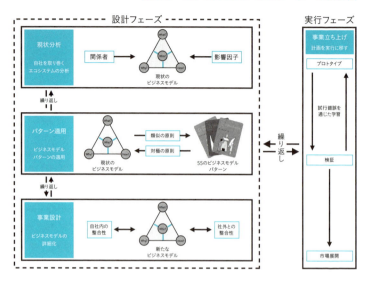

問わずにこの手法が機能することを確認済みである。ビジネスモデル・ナビゲーターの根本思想は、成功モデルの創造的模倣を行い、かつモデル組み換えを行うことで、成功するビジネスモデルを生み出すということである。

創造的模倣とモデル組み換えの重要性

　イノベーションは、別の業界、市場、状況において実績がある施策の流用であることが多い。新たなプロジェクトやイノベーションを構想するたびに、何度も車輪を発明する必要はないのだ。もし新たに車輪を発明したとしても、車輪に盛り込まれるべき先人の知恵を活かせず、結局は失敗に終わるだろう。それよりも、すでに存在するものから着想を得るべきだ。我々の研究結果によると、成功したビジネスモデルイノベーションのおよそ9割は実際には既存のビジネスモデル要素の組み合わせである。つまり自社業界に合わせて成功パターンを、理解、変換、再構成し適用することでイノベーションを生み出せるのだ。

> 新たなビジネスモデルの9割は、既存の55モデルに基づいており、まったく新しいモデルというわけではない。他業界のビジネスモデルを創造的に模倣することで、自社が業界のイノベーションリーダーになることができる。重要なのは、単にマネするのではなく、成功例を学び理解することである。

　このような結論に至ったことは、当初ビジネスモデルイノベーションは非常に抜本的な変革であると予想していた調査チームにとって想定外の結果であった。ビジネスモデルイノベーションが抜本的な変革であるのは対象業種においてであり、全業種で見れば特に目新しいものではなく、結論としては抜本的と言うより相関的と言える。他業種のビジネスモデル要素やその関連を理解し、自社の状況に当てはめるという創造的な模倣の世界が、ビジネスモデルイノベーションなのだ。

　分析の結果、ビジネスモデルの核となる55種類のモデルが明らかになった。ひとつのビジネスモデルとは、Who-What-How-Why（だれに・なにを・どのように・なぜ）という4軸で構成され、成果が証明されている。本書PART 2では、55種類のビジネスモデルをそれぞれ詳細に説明するとともに、特定のビジネスモデルを利用した企業を年表形式で列挙し、路線図で表現している。複数のパターンを同時に活用したイノベーション例もあり、路線図では列車の乗換駅として表現している。

> ビジネスモデル・ナビゲーターの路線図は、ビジネスモデル同士のつながりを表現しており、自社の事業がどこに当てはまるかを見つけ出すために役立つ。路線図にすればモデルの一貫性は非常に明白であり、またイノベーションをある業界から他の業界に移す場合の障壁は予想よりもかなり小さいことがわかった。

　以下では、サブスクリプションとサプライ品モデルの2つのパターンを例に、創造的な模倣とモデルの組み換えの重要性を説明する。他のパターンやその詳細はPART 2を参照されたい。

サブスクリプション

　サブスクリプション（図2.2、ビジネスモデル48参照）では月額あるいは年額の料金を支払うことで（Why?）、顧客は製品やサービスを利用できる（What?）。このモデルはかなり昔から利用されているが、今日においても新たな状況に適用することで劇的なイノベーションを起こすことができる。例えばクラウドコンピューティングのグローバル企業であるセールスフォース社は、ソフトウェア業界で初めてライセンスの期間契約サービスを提供し、それまで当たり前であったライセンスの一括販売をしないことで業界のビジネスモデルを変革した。セールスフォース社が全世界トップ10の成長速度を成し遂げた原動力はソフトウェア期間契約の市場導入である。

　サブスクリプションに基づくビジネスモデルイノベーションのほかの例としては、欧州の着メロ販売会社ジャンバ社（Jamba）や、無償で数百万曲の音楽ストリーミングサービスを提供し、有償プレミアサービスを期間契約で販売しているスポティファイ社（Spotify）がある。ネクスト・イシュー・メディア社（Next Issue Media）は米国で幅広い分野の雑誌の電子版を期間契約で購読できるサービスを提供しており、月額15米ドルを支払うと、70種以上の雑誌を自由に読むことができる。

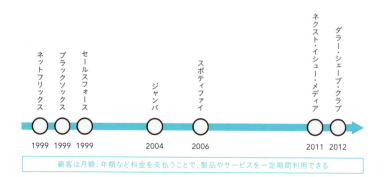

図2.2　サブスクリプションモデルの採用企業年表

サプライ品モデル

　サプライ品モデル（図2.3、ビジネスモデル39参照）では、まず本体製品を低価格もしくは無償で提供し、次に本体に必要なサプライ品の販売で高い利益を稼ぐ（What?、Why?）。サプライ品で確実に収益をあげるために、製品メーカーは特許や強力なブランド構築などで他社製品への乗り換えを防ぐ（How?）。ジョン・ロックフェラー氏のスタンダード石油社（Standard Oil Company）がサプライ品モデルの先駆者とされている。同社では19世紀の終わりに安物のパラフィンランプと、灯をともすための高価な燃料を同時に販売した。このパターンはカミソリの替え刃の業界にも適用された。ジレット社（Gillette）はカミソリ本体を顧客に無償提供し、替え刃を高い価格で販売した。

　ヒューレット・パッカード社はこのモデルをプリンター業界に適用できることに気づき、低価格なプリンターと高価なインクカートリッジを市場投入した。ネスレ社はネスプレッソにサプライ品モデルを適用しており、コーヒーマシンは150米ドル以下とお買い得だが、マシン専用のコーヒーカプセルは通常のコーヒー豆の5倍の価格である。

　現時点で世界最大のイノベーターであるアップル社もサプライ品モデルを活用しているが、同社はこのモデルを逆転させた。つまりソフトや楽曲、電子書籍は安く買えるが、本体製品であるiPod、iPhone、iPadなどのデバイスが割高なのだ。アップル社の2010年のハードウェア販売額は合計300億米ドルに達し、わずか5億米ドルの楽曲、ソフトウェア、電子書籍の販売額の60倍にのぼる。

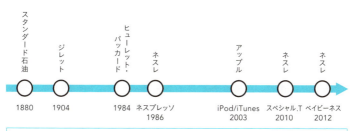

図2.3　サプライ品モデルの採用企業年表

新たなビジネスアイデアに関する戦略

我々のチームが経験した過去のプロジェクトにおいて、55種類のビジネスモデルから新たなビジネスアイデアを作りだすために、以下の3つの基本戦略を利用している。

1. **転用**：既存のビジネスモデルを新しい業界に適用する。ほとんどの企業がこの戦略を利用している。

   例：ジレット社のカミソリの替え刃で実績のあるサプライ品モデル（ビジネスモデル39参照）をコーヒー業界に適用。

   主な利点：他社の事例を下書きとして活用することで、事前に過去の失敗要素を取り除くなどビジネスモデルの成功率を上げ、自社業界におけるイノベーションリーダーになることができる。

   主な課題：自社業界に適合させるための試行錯誤に十分時間をかける必要がある。

2. **組み合わせ**：2種のビジネスモデルを転用し、組み合わせる。画期的な企業では3種のビジネスモデルを同時利用することもある。

   例：ネスレ社はサプライ品モデル、ロックイン（ビジネスモデル27参照）、直販モデル（12参照）をネスプレッソに適用。

   主な利点：複数モデルの相乗効果が働き、他社による模倣を防ぎやすくなる。

   主な課題：計画、実行が複雑になる。

図2.4 新たなビジネスアイデアに関する3つの戦略

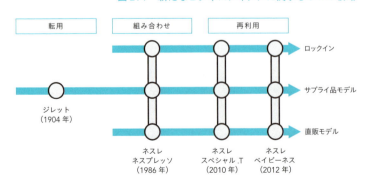

出典：Gassmann, Csik and Frankenberger(2012) 'Aus at mach neu', Harvard Business Manager, 2012

3 **再利用**：自社で実績のあるビジネスモデルを他の製品に再利用する。このような果実を収穫できるのは非常に画期的な企業だけである。
例：ネスレ社はネスプレッソの成功実績をスペシャル.T（Special.T）、ベイビーネス（BabyNes）にも適用。
主な利点：過去の経験から相乗効果が期待できる。リスクも管理できる。
主な課題：変革と安定性のバランスをとるのが難しい。

　これらの基本戦略はひとつずつ使うこともできるが、まとめて使うこともできる。世界に心を閉ざさず、他の業界から学ぶ心構えがあれば、産業革命時代の成功例が将来のビジネスの可能性を見出す役に立つかもしれない。ただし、ビジネスモデルの単純な複製では奇跡は起きない。猿真似ではなく、学習効果を活かした創造的な模倣だけが自社業界に真の革命を起こすことができる。企業ごと、業界ごとの違いを認識し、理解し、適用可能な機能だけを拾い上げるのだ。ビジネスモデルの転用は単純な模倣にすぎないと感じるかもしれないが、実際には創造力を要する難題である。図2.5のビジネスモデルイノベーションの路線図では、認知度の高いパターンとそのパターンを新たなビジネスモデルに利用した企業が路線図として表現されている。
　我々の手法では、業界の常識を打ち破るために外部から多数のアイデアを持ち込んで混ぜ合わせる。ただし、外部のアイデアを適用する際は、「NIH症候群」に陥るのを避けることが重要だ。ビジネスモデル・ナビゲーターでは設計と実行の2つにフェーズを分割している。最初に分析と創造の段階、すなわち反復する設計サイクルをこなす有望なビジネスモデルを見出し、企画の最初のたたき台が出来上がったら、実行フェーズに入る。すなわち組織の構築、最初のパイロットプロジェクトの定義、先進ユーザーと先進市場の洗い出しを実施する。ビジネスモデル・ナビゲーターは以下の4ステップで構成される。

1 現状分析
2 パターン適用
3 事業設計
4 事業立ち上げ

図 2.5　ビジネスモデル・ナビゲーターのイノベーション路線図

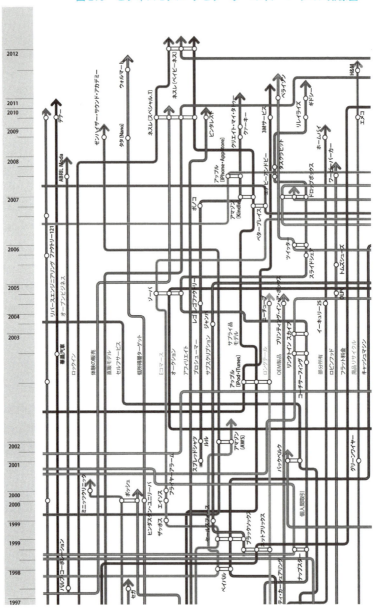

※全体像はPDFで確認ができます。ダウンロード方法は最終ページをご覧ください

現状分析：自社を取り巻くエコシステムの分析

　ビジネスモデルの検討を始める前に、まずは現状認識を共有し、目指すべき方向性を定める。ビジネスモデルは外界から孤立した建造物でなく、常に変化し続けるエコシステムと自社ビジネスが相互に依存しあう複雑なネットワークである。したがって、ビジネスモデルイノベーションを成功させるには、自社既存のビジネスと、ビジネスモデルを深く理解するだけでなく、自社ビジネスに関係する各プレイヤーの果たす役割や、自社ビジネスに影響を及ぼすさまざまな外的要因についても深く理解する必要がある（図2.6）。現状のビジネスモデルの詳細な説明資料を作成し、自社ビジネスの関係者や外部の影響要因を盛り込むことで、ビジネスモデルを考える下準備を行う。作業を進めるうえで重要なことは、状況は不変ではなく、常に変化する可能性があることを念頭に置くことだ。

　これまでのワークショップの実施経験を踏まえると、自社のビジネスモデルを把握することは意外に難しい。業界経験20年以上のベテランでさえ、自社のビジネスモデルとその背景にある業界の常識を記述するのに苦労することがある。このステップを完了するには時間をかけてじっくり取り組まなくてはならない。大企業においては、ビジネスモデルの全体像を把握するために、異なる業務を担当するそれぞれの部署に相談することが必要になるが、それには副次的効果もある。相手にビジネスモデルとはなにかを説明するよい機会となり、現状認識を共有する意味でも役立つのだ。マーケティングでも財務でも他のどの部署においても、自分の担当以外の業務のことをよく知らない社員が

図2.6　現状分析：自社を取り巻くエコシステムの分析

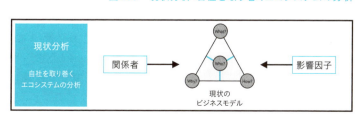

多い。しかし、過去に成功したビジネスモデルイノベーションは、企業内の複数の部署に影響を及ぼすものであることが多く、したがってビジネスモデルイノベーションの担当者には、自分の所属部署の範疇を超えた分野の基礎的な知識が必要である。ベテラン社員ほど「木を見て森を見ず」になりがちであり、理想的には自社を取り巻く業界構造に属さない部外者をメンバーとして加えて全体を俯瞰する外部視点を確保したい。

　自社のビジネスモデル説明資料を準備する際には、第三者的な視点で行いたい。また、細かな議論になって全体を見失わないように注意する。あくまでも目的はビジネスモデル全体と業界の常識を把握することである。それと同時に、資料は肝心な点を浮き彫りにできる程度に具体的でなければならない。「限定合理性」の理論でノーベル賞を受賞したハーバード・サイモン氏は次のように鋭く指摘している。「問題を解決するためには解決策を探し求めるだけではなく、問題そのものを探求することも必要である」。

> しばしば陥りがちな問題として、ビジネスモデル分析を過度に詳細に進めた結果、自社の日々の課題にとらわれてしまうことがある。この問題に陥ることを避けるため、地上でなく3万フィートの上空から問題を精査するイメージで進めてほしい。そうすれば間違いなく、業界全体の常識をより正しく理解できる。

　自社のビジネスモデルを定義すること自体が、すでに変革への重要な第一歩である。と言うのも分析を進める中で、それまで隠れていた弱点や矛盾が明るみに出ることが往々にしてあるからだ。それと同時に、現状の精査によってイノベーションの重要な要素である変革へのエネルギーが生み出される。自社のビジネスモデルが業界全体の常識とほとんど変わらないという事実に気づくことで、変革したいという意志や欲求が呼び起こされるのだ。企業のほぼすべての経営幹部は、アップル社やグーグル社が成功した理由が、業界のルールに則って行動したためではなく、自分自身でルールを作り業界の常識を破壊したためであることをよく理解しているはずだ。

　自社のビジネスモデルを記述する際には、Who-What-How-Why

（だれに・なにを・どのように・なぜ）の4軸を基準とすることを推奨する。この作業を進めるうえで以下の質問リストを参考にしてほしい。

- **Who?/だれに?**（顧客軸）
  - 自社の主たる顧客と顧客セグメントは?
  - 顧客はどのような付き合い方を期待しており、自社はどのように応えているか?
  - 自社にとってもっとも重要な顧客はだれか?
  - 顧客以外に考慮すべき重要な利害関係者はだれか?
  - 自社が利用している顧客向けの流通チャネルはなにか?
  - 顧客はだれの影響を受けているか?（業界の著名人、顧客の関係先、社内ユーザー）
  - 自社の別々の部署が、同一の顧客セグメント向けに別々の事業展開をしていないか?
  - 顧客を背後で支えているのはだれか? 10年後も同じ人々が顧客を支え続けているだろうか?（特に法人ビジネスにおいては、顧客を支える存在を忘れがちである）
  - 業界慣習や法規制が現状の対象顧客にどんな影響を与えているか?

- **What?/なにを?**（提供価値軸）
  - 自社が解決するのは顧客のどんな問題であり、どんなニーズを満たしているのか?
  - そのために当社が提供する製品やサービスはなにか?
  - 顧客の視点から見たときの価値はなにか? 通常それは製品やサービスの単なるスペックとは異なるはずだ
  - 自社が顧客にもたらす価値やメリットはなにか? そのことを顧客にどのように伝えているか?
  - 競合製品が提供する価値と自社が提供する価値との違いはなにか? 顧客には他にどのような選択肢があるか?
  - 自社のビジネスモデルは現時点で顧客のニーズを完全に満たしているか?
  - 業界慣習や法規制が現状提供している価値にどんな影響を与

えているか?

- **How?/どのように?** (提供手段軸)
  - 自社の提供価値のベースとなっている主要な経営資源はなにか?（例:物的な資産、労働力、資金、知財）
  - 自社に必要とされる能力と主要な事業活動はなにか?
  - 現状の提供手段で自社の持つ中核能力を完全に活用できているか?
  - 顧客に対する提供価値を実現するうえで、自社にとってもっとも重要なパートナーはだれか? そのパートナーは自社のビジネスモデルにおいてどんな位置づけで、どんな役割を担っているか?
  - 顧客に対する提供価値を実現するうえで、自社にとってもっとも重要な仕入れ先や取引先はだれで、どんな役割か?
  - 業界慣習や法規制が現状の提供手段にどんな影響を与えているか?

- **Why?/なぜ?** (収益モデル軸)
  - 自社の製品やサービスに顧客が対価を支払うのはなぜか?
  - 主たる収入源はなにか?
  - 収入はどのように生み出されるか? 顧客はどのような価値に対して支払いをするのか?
  - 主たるコストはなにか? もっともインパクトの大きいコスト要因はなにか?
  - 自社の収益モデルにおける財務面での最大のリスクはなにか?
  - 業界慣習や法規制が現状の収益モデルにどんな影響を与えているか?

関係者についての理解

ビジネスモデルイノベーションを成功させるためには、自社のエコシステム内のすべての関係者をよく理解する必要がある。実際、2000年以降のインパクトの大きなイノベーション（iPod、iTunesなど）の多くは、内部だけで生み出されたものではなく、外部関係者との協業の産物

である。

　我々の研究パートナーであり、ドイツを拠点とする企業向けソフトウェアのグローバル企業であるSAP社は、多数のパートナーや顧客とのネットワークを構築し、そのネットワーク上で非常にうまくビジネスモデルを展開している。同社は、このネットワークを出発点として自社ビジネスモデルの分析、開発を行った。すべての関係者間のネットワークを示したものが図2.7である。自社に加え、顧客、パートナー、競合企業でネットワークが構成されている。

顧客

　顧客のニーズこそが、ビジネスモデルイノベーションのアイデアを考えるうえでもっとも重要な情報源である。つまり顧客ニーズの徹底的な分析がエコシステム分析の基軸となる。分析対象を既存顧客に限定せず、潜在的な顧客や将来の顧客のことも考えなければならない。

　例えばスターバックス社は、顧客が単にコーヒーを飲みたいのではなく、温かい雰囲気で迎えてくれる気持ちのよい場所でコーヒーを飲みたいのだということにいち早く気づいた。その結果、2万店舗を超える大人気のコーヒーチェーンとなった。スペインのアパレル企業のザラ社（Zara）は、移ろいやすい顧客ニーズに即座に対応できるように自社のビジネスモデルを整備した。具体的にはデザイン、製作、販売すべてを統合して自社で実施することで、わずか数週間で新たなコレクショ

図2.7　SAP社のビジネスモデルにおける関係者ネットワーク

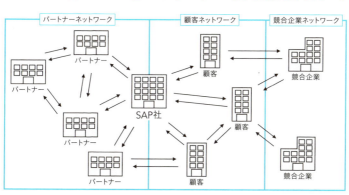

ンを市場に展開できる体制を整えたのである。この手法は、同様の作業に通常9ヵ月を要していたアパレル業界に革命を起こした。

　最近は、企業がさらに踏み込んだ取り組みをするようになり、製品やサービスに対する意見を直接顧客に聞いたり、さらには顧客個人に製品開発に参加してもらうケースまで出てきた。産業用写真現像の欧州大手企業であるCEWE社は、同社のチャットフォーラムへの顧客の書き込みをもとにビジネスモデルイノベーションを実現した。その結果として生まれたのが、チラシなどのオンライン印刷を行うビアプリント社（viaprinto.de）である。CEWE社に印刷を依頼する顧客の多くが、マイクロソフトオフィスやPDFの文書を商業印刷のように高品質で印刷したいと要望したことがきっかけである。2010年に設立されたビアプリント社は短期間でさまざまな業界の顧客を獲得した。同社のビジネスモデルはイノベーションに関する各種の賞を受賞している。

　Tシャツメーカーのスプレッドシャツ社（Spreadshirt）では、顧客が自分でデザインしたシャツを購入できる。同社創業者のルーカス・ガドフスキ氏は次のように表現している。「我々は顧客が自分だけのオリジナル品を作れるようにする」（クリストファー・サイドラー氏の2006年2月23日付Spiegel Online記事より）。スプレッドシャツ社は顧客ニーズを自社ビジネスモデルの中心に据え、この言葉をTシャツという商品で実現している。

　新たな製品やビジネスモデルのイノベーションを進める際に、顧客を蚊帳の外に置くことは大失敗するリスクを冒していることを意味する。以下は、顧客を十分に理解していなかったことが原因でビジネスモデルイノベーションがうまく進まなかった例である。

- クライスラー社（Chrysler）は1950年代に、女性の社会的な地位の高まりという今日まで続くトレンドを察知した。女性が重要な顧客グループになることに気づいたクライスラー社は、同社の自動車ブランドであるダッジ（Dodge）の女性向け戦略車として「ラ・ファム（La Femme：フランス語で女性の意）」という名前のピンク色の乗用車を開発した。ところが販売後ほとんど売れず、後になって先進的な取り組みとして高く評価されたものの、その当時のクライスラー社の試みそのものは大失敗に終わった。
- カーゴリフター社（CargoLifter）は古い技術を新しい用途に活用し

た企業だ。1996年に設立された同社は、道路や鉄道では輸送できない非常に重くて大きな荷物を運ぶために飛行船を利用することにした。市場調査では需要が存在するとの結果を得ており、また営業の初期段階では興味を持つ取引先が何件もあった。アセア・ブラウン・ボベリ社（Asea Brown Boveri〔ABB〕）、GE社、シーメンス社（Siemens）といった重機メーカー各社には、組み立てと完成品検査を完了したうえで重機をそのまま運べるというメリットがあった。同様にプレハブ産業では、資材を橋梁工事の現場に直接輸送して施工できるというメリットがあった。しかし同社が話をしていた製造マネージャー、建設会社、物流専門企業などはヒアリング先として不適切であった。実際に契約をする段階になって、重量物を空路で輸送することには重大なリスクを伴うと弁護士が指摘したのだ。もし巨大なガスタービンが一般家庭に落下したらどんなひどいことになるか？　そのようなリスクを十分検討していなかったことに加え、技術的な詳細の検討を進めるにつれてコストが上昇し続けた結果、カーゴリフター社は事業を実行に移すための資金調達に失敗してしまった。結局、CL160型飛行船用の資金調達の目途が立たず、カーゴリフター社は2002年に破産申請した。

- グーグル社のような大企業ですら顧客を十分に理解していなければつまずくことがある。おそらくほとんどの人はグーグルビデオ（Google Video）のことを覚えていないと思うが、当時グーグル社はグーグルビデオでユーチューブ社のシェアを奪おうと目論んでいた。ところがそのサービスは、ユーチューブの利便性に慣れた一般ユーザーには非常に扱いづらいものであった。最終的にグーグル社に残された選択肢は自社の動画サービスを完全に廃止し、ユーチューブ社を多額の費用で買収することのみであった。

パートナー

　顧客に加え、重要な関係者である仕入先、流通業者、ソリューションプロバイダー、間接的にエコシステムに参加している研究者、コンサルタント、業界団体などが、顧客に対する価値創造になんらかの形で貢献している。そのようなパートナーは顧客と同じように新たなアイ

デアを発想するきっかけを与えてくれる可能性があり、また実際に新たなコンセプトを実現するうえでも役に立つことが多い。

　ビューラー社（Buhler）は加工技術のグローバル大手企業であり、間違いなく欧州の隠れたチャンピオン企業の1社である。特に食品業界と高機能材料分野の製造技術や製品開発サービスに強みを持つ同社は、サプリメントメーカーと密に協業し、「ニュートリライス（NutriRice）」という名前の栄養強化米を開発した。ビューラー社は、潜在顧客にこの製品を試してもらうべくDSM社とジョイントベンチャーを設立し、栄養強化米の製造と精米所への販売を行わせることにした。それによって精米所は、製造設備に投資をすることなく、ジョイントベンチャーから栄養強化米を購入するだけで市場参入ができる。もし新たな栄養強化米に対する市場の反応がよければ、精米所はジョイントベンチャーから栄養強化米を買い続けるか、自社用の製造設備に投資をして栄養強化米を製造するかのどちらかを選択できる。ビューラー社は米の販売、自社技術の販売のいずれでも収益をあげることができる。

　企業各社の外部協業に対する評価が高まるにつれ、パートナーとの偶発的なイノベーションを期待する段階から、イノベーション創出の活動に、仕組みとしてパートナーを組み込む段階に移行する企業が増え始めた。中にはクラウドソーシング（ビジネスモデル9参照）を利用して特定の業務を外部のコミュニティに委託する企業も出てきた。消費財メーカーのプロクター＆ギャンブル社（Procter & Gamble、以下P&G社）は新たな製品やビジネスモデルのアイデアをクラウドソーシングするノウハウを習得し、自ら「コネクト＋デベロップ（Connect + Develop）」プログラムを立ち上げることで世界最高レベルのイノベーターたちとの協業を実現しようと目論んでいる。従来型の自社内での研究開発の代わりに、同社は「外部の知見」を製品開発や商品化に取り込むことに注力している。すでに、P&G社の新製品開発の半分以上は外部パートナーとの協業から派生したものである。同社のパートナーは非常に幅広く、中小企業、グローバル企業、研究者、個人の発明家、時には世界のどこかでは競合している企業までもが含まれる。同社は社内に閉じたクリエーター型企業から、動きが速く、商品化を目的としたタスクフォース型企業へと変貌したと言える。

競合

　競合企業からも学ぶことができる。2001年にスペイン・メトロ新聞社（Metro Newspaper Spain）は、完全に広告収入に依存するスペイン初の無償新聞を発行開始した。既存の新聞各社はこのビジネスモデルを模倣したが、その中には無償新聞ケー！紙（Que!）のレコレートス社（Recoletos）も含まれる。国際的に成功しているメトロ新聞社（Metro）の子会社であり最初に革新を起こしたスペイン・メトロ新聞社は、競争の激化に伴って、2009年に無償新聞の発行を停止せざるを得なくなった。その一方で、ケー！紙は1日に100万部近くを印刷し、順調に推移している。この事例が示すところは明白で、もともとイノベーションのアイデアを考えたのが競合企業であったとしても、迅速に対応することでパイの一部にありつけるということである。ダイムラー社グループのカートゥーゴー社は、分単位のレンタカー事業を始めた最初の企業である。これに対して、ドイツ鉄道社（Deutsche Bahn）の子会社フリンクスター社（Flinkster）、BMW社のドライブナウ社（DriveNow）、フォルクスワーゲン社（Volkswagen）のクイッカー社（Quicar）など多くの競合各社は素早く反応して成長市場でシェアを獲得しつつある。各社が獲得した顧客数で比べると、フリンクスター社が最大手企業であり、2012年時点のドイツで19万人以上の顧客を獲得している（シェア49％）。2番手はカートゥーゴー社（同18％）で、ドライブナウ社（同11％）、クイッカー社（同1％）と続く。

影響因子の分析

　主要な関係者を徹底して理解するのに加え、もっとも影響力が大きいと思われる影響因子とそれが自社のビジネスモデルにどのような影響を及ぼすかについて把握しておかなければならない。エコシステム分析において検討すべき主要な影響因子としては、(1)新技術、(2)メガトレンドの2つがある。

(1) 新技術

　これまでに非常に多くのビジネスモデルイノベーションが、技術の進歩を契機に誕生または具現化された。早い段階で破壊的な技術を採用したり、ボトルネックの解消に技術を適用したりすることは、ビジネス

モデル開発の主たる成功要因となり得る。その一方で、技術進歩は重大なリスク要因ともなり得る。新技術や代替技術の潜在的な重要性に気づかずにいたために、一時は成功していた事業が破綻に至るという事例が過去数多くあった。前述したコダック社の例が非常によくこれを物語っている。しかし幸いなことに、自社の置かれた環境をよく観察していれば、このような脅威を避けられるだけでなく、逆に自社だけの事業機会にすることもできるのだ。

新技術に関してもっとも重要なポイントは、常に将来を念頭に置き、備えを怠らないことだ。技術発展のスピードは速いが、一般に信じられているものと異なり直線的な伸びをするのでなく指数関数的に進む。今日の技術はほんの数年前までの技術と大きく異なり、時が進むにつれて発展のスピードは加速を続けている。したがってビジネスモデルイノベーションを起こす可能性がある技術変化に常に注意を払っておくことが必要であり、それを怠れば既存のビジネスモデルが大きく侵食されるリスクがある。自社内での新技術の研究開発とともに、技術動向全般が自社の現状および将来にどのような影響を与えるのかを常に想定しておくことが必須である。そのような技術進歩は自社のパートナーあるいは競合により開発される可能性もあり（例：自社のサプライヤーが発明した新技術の結果、自社のビジネスモデルが侵食される）、あるいは既存顧客層の技術動向に端を発することもあり得る（例：B2Cのビジネスモデルにおける、スマートフォン普及への対応策の必要性）。

時計の針を巻き戻してみよう。最初に広く普及したスマートフォンは、2002年にリサーチ・イン・モーション社（Research in Motion）が市場投入したブラックベリー（BlackBerry）であった。その当時のスマートフォンは非常に高価で、ほぼ法人用に用途が限定されていた。他の製品の市場参入が進むにつれ、スマートフォンの購入層は広がっていった。2009年にはすでに、スマートフォンとタブレットPCの全世界総販売額は、従来型PCの全世界の販売額を追い抜いていたが、それは最初の市場投入からたった7年後のことであった。同様に、スカイプ社の成功によってテレコム業界の状況は一変し、VoIP技術が広く浸透した。

しかしながら、技術を開発した企業が自動的に報酬を得るわけではないことを、ここで言及しておきたい。技術から価値を生み出し、そこ

から収益を得るには、適切かつ革新的なビジネスモデルが必要なのだ。ハーバード大学のクレイトン・クリステンセン氏のチームが2009年にこのテーマに関して次のように言及している。「イノベーションの歴史は、破壊的な技術を自分の手にしながら、破壊的なビジネスモデルと組み合わせることができずに失敗した企業の歴史でもある」。ドイツのフラウンホーファー研究所は、1982年に音楽デジタルフォーマットであるMP3の開発に大きく貢献した。フラウンホーファー研究所はこの技術から年間数千万米ドルの収益をあげている。一方、2003年にアップル社はMP3技術を利用した製品であるiPodとiTunesを市場に投入し、それから3年で年間数百億米ドルもの利益を稼ぎ出していたのだ。この技術を実際に発明したフラウンホーファー研究所にとっては苦い教訓と言える。

イリジウム社（Iridium）の事例も、高価な衛星携帯電話を適切なビジネスモデルと組み合わせられなかった失敗例だ。同社は50億米ドルもの費用をかけて、1998年に66基の人工衛星を静止軌道上に打ち上げた。電話機は高価で大きく、1分間に8米ドルも電話料がかかるので、明らかに一般大衆には高すぎた。そのうえ、屋外でしか通話ができなかった。したがってオフィス内で働く管理職には不向きなのだが、イリジウム社はその管理職を想定顧客として考えていた。実際に製品を購入したのは5万5,000人で、計画の200万人には遠く及ばなかった。結果的にイリジウム社は2000年に倒産した。

ゼロックス社（Xerox）は何度も失敗を繰り返したのち、やっとのことで画期的な技術に適したビジネスモデルを見つけ出した。1959年に、同社は従来よりも圧倒的にスピードの速い新たな複写技術を開発した。ところが装置の価格が高すぎたため、その問題の解決方法を見つけ出すまでは、2～3台しか売れなかった。解決方法とは新たなビジネスモデルで、顧客は高額な装置を購入する代わりに妥当な価格でリースし、実際にコピーした枚数に応じて追加費用を支払うというものであった。この新たなビジネスモデルは大成功をおさめ、ゼロックス社の売上は1959年時点の3,000万米ドルから1972年には25億米ドルに拡大した。

ITがもたらす注目のビジネス動向7選

　インターネット、クラウドをはじめIT業界が次々と生み出す最近の新技術は、新たなビジネスモデル創造の源となっている。ここではWeb 2.0の新ビジネスモデルの起点となった技術動向（動向(1)～(2)）と、これから多数生まれるであろうWeb 3.0を活用した画期的なビジネスモデルの源泉となり得る技術動向（動向(3)～(7)）を解説する。これらの動向は、当大学内（訳注：著者の所属するスイス・ザンクトガレン大学）でITを活用したビジネスモデルについて共同研究を行っているエルガー・フライシュ氏のチームの協力を得て選定したものである。

(1) 顧客接点としてのソーシャルメディアの重要性の高まり

　インターネットの普及よりもさらに急速にソーシャルメディアが拡散している。ソーシャルメディアの利用者は指数関数的に拡大しており、今日では1985年以降に生まれた携帯電話の利用者のうち60%が、携帯電話で電話や電子メールでなく、主にソーシャルネットワークやアプリを利用している。ソーシャルネットワークやブログは数年前までは存在すらしなかったが、今やオンラインでなにかをする際には欠かせないものとなった。フェイスブックのユーザーは10億人以上で世界の人口の10%以上である。また、ビジネス向けネットワークであるリンクトイン（Linkedin）のユーザー数は全世界で2億7,700万人以上だ。フェイスブック上に7,800万人以上のファンを持つコカ・コーラ社（Coca-Cola）同様に、今やほぼすべての企業がこれら広く普及したインターネットプラットフォームの利用価値を認めている。より深い顧客情報を得るために、ソーシャルメディアや掲示板を通じて顧客とコミュニケーションを取ることが当たり前となった。

(2) オンライン上のコミュニティとネットワーク化

　技術は社会に影響を及ぼし、その結果として消費者の嗜好にも

影響を与える。インターネットによってオンラインユーザー間のネットワークが生まれたが、中古品のオンライン販売（イーベイ社〔eBay〕）、民間ローンの提供（ゾーパ社）、宿泊場所のレンタル（エアビーアンドビー社〔Airbnb〕）などなど、挙げればいくつでも例がある。米国で結婚するカップルの7組に1組以上はオンライン上で出会ったとのことだ。欧州でもこの動きが加速すると予測したパーシップ社（PARSHIP）は、2000年にオンラインのお見合い斡旋事業を始めた。このサービスは、プロファイル適合アルゴリズムで似通った趣味趣向のカップルを選び出すのが特徴だ。パーシップ社は、この分野において欧州で7割以上の市場シェアを誇る。これほどまでに発展した理由は外部ネットワーク効果であり、すなわち会員の数が多いほどネットワークの価値は高まり、新たに加入を検討している潜在ユーザーにとって、より魅力あるネットワークとなる。ロックグループのアバが情感豊かに歌い上げた通り、勝者総取りなのである。その意味では、競合他社より先行して市場での存在感を高めることが、競合への最大の参入障壁となる。

　Web 2.0の次に、Web 3.0が企業の事業運営にさらに大きな影響を及ぼすはずだ。すでに地球上で人間を超える数のスマートデバイスがネットワークに接続されており、シスコシステムズ社（Cisco Systems）によれば、ネットワーク接続されたデバイスは2020年に500億個以上にまで増加する（Cisco Internet Business Solutions Groupのホワイトペーパー "The Internet of Things: How the Next Evolution of the Internet Is Changing Everything" 2011年より）。インターネットオブシングスすなわちIoTで物理的な世界とデジタル世界との接続が促進されるが、企業にとっては顧客向けに新たな付加価値サービスを生み出すチャンスと言える。

(3) フリーミアムで現物を提供しデジタルのアドオンを販売

　最近消費者の間では、インターネット上で提供される無償で使いやすいサービスが当たり前となっている。ウィキペディア（Wikipedia）の情報、オンラインのニュースサイト、無償の動画やソフトウェアなど、その数は限りない。その結果、物理的なサービスも無償で当然だと感じ始めている。アマゾン社、ザランド社

(Zalando)、ベスト・バイ社 (Best Buy) の各社は、特定の条件に基づく無償配達だけでなく、商品の再配達まで無償で提供している。

　さらにIT業界では、製品をいつでも好きなように利用したいという顧客要望への対応が進んでいる。スマートフォンの各種機能はアプリでパーソナライズ可能であり、タブレットから利用するサーバーの性能やデータの保存容量はクラウドコンピューティングでアップグレード可能である。物理的な製品が価値提供の中核である企業はこのコンセプトをよく研究し、どのように自社の競争力として活用できるのか、またデジタル技術を使ったアドオン機能をどう開発するかを考える必要がある。このようなアドオンの適用例として、物理的な製品の各種機能をアプリで拡張することが考えられる。

　全世界のアプリのダウンロード合計数は、2009年の40億件から2013年には700億件まで急増している。ところがこのような動向に反して、職業としてのアプリ開発は今のところあまり儲かるものにはなっていない。例えば英国ではアプリ開発者全体の35%は月に1,000米ドル以下の収入しかなく、ドイツでも19%のアプリ開発者が同じ状況だ。この状況を勘案すると、アプリ業界の成長は必ずしも金銭的な成功に結びついておらず、成功するには優れた製品や新たな技術開発だけでは不十分で、現実的なビジネスモデルが不可欠である。

(4) デジタル化で製品を強化する

　デジタル時代になって魅力を失った製品を再度売り込む有望な手段として、製品に小型センサーを埋め込んでスマートデバイス化するという方法がある。この方法で提供価値を多様なサービスに拡張することが、企業における事業革新の最新トレンドである。

　例えばフランスのアプリ開発会社のウィッシングス社 (Withings) は、赤ちゃんの監視モニター、血圧計、活動量計などの開発に成功した。これらのハードウェアと無償のモバイル用アプリで、ユーザーは測定結果の分析をはじめとするとするさまざまな機能を利用できる。これはサプライ品モデルを逆向きに適用した例で、顧客の生活における実際の付加価値は、無償アプリによるアドオンサービ

スにあり、このモデルのおかげでウィッシングス社のビジネスは成長し同社製品は高い人気を誇っている。2013年に同社はベンチャーキャピタルから3,000万米ドルの資金を調達した。他の例としてリメックス社（Limmex）は同様の方法でイノベーションを実現して表彰されている。同社は腕時計に緊急通話機能を追加することで、高齢者、危険を伴うエクストリームスポーツの愛好家、幼児などに必要不可欠な価値を提供している。

　ほかにも、高性能車のBMWやハーレーダビッドソンのチューニング用に、部品の提供を行う多数の企業が、馬力を上げたりエンジン音を変更したりするソフトウェアをダウンロード販売している。ソフトウェアが何回ダウンロードされても追加で発生する費用はほぼゼロであり、ビジネスとしても魅力的である。

(5) センサーのオンラインサービス化

　センサーのオンラインサービス化を通じて、まったく新たな展望が開ける可能性がある。製品に組み込んだセンサーを、製品稼働時間の測定、システムの最適化、利用状況に応じた付加価値サービスなどに利用できる。製品販売後も顧客との関係を継続し、センサー接続を通じて製品を追跡、監視するのだ。このようなサービス提供を通じて顧客にとっての価値を生み出すことが、顧客との密接な関係構築に不可欠である。例えばこの方法により、トラブルの予防や事後対応から、トラブルの発生をピンポイントで予測して未然に防ぐ予知保全に転換できる。言い方を変えると、ユーザーデータの分析を通じて、装置やシステムの部品交換や保全が必要なタイミングを検出できるため、ユーザーにとっては部品交換や保全のタイミングを最適化することでコスト削減を実現できるのだ。

　センサーのオンラインサービス化によりネスレ社は、店頭に設置されたSIG社製パッケージ装置を通してチョコレート工場の製造効率をリモートで最適化している。ホルシム社（Holcim）が所有する、世界中の全セメント製造工場に設置されたデンマークのFLスミス社（FLSmidth）製セメント複合材料用プラントシステムについても同様である。これらに共通する特徴は装置のパラメーター化であり、パラメーター化することで高度なエンジニアリングノウハウを遠隔

地からコントロールできる。

　別の例として、24時間365日装着するフィットビット社（Fitbit）のアームバンドがある。日中は歩数、移動距離、消費カロリーを記録し、夜間は睡眠リズムを記録、朝にはうるさい音を鳴らすことなく上手に起こしてくれる。無償のオンラインツールやモバイル用アプリで自分用に設定を変更したり記録したデータを確認したりできる。

（6）オンラインとオフラインの体験を融合する

　シミュレーションやバーチャルリアリティは、長らく大手技術企業の研究所で内部利用されているのみであった。しかし技術の着実な進歩と必要な設備価格の低下により、これら技術を一般消費者の活動に適用できる可能性が見えつつある。AR（拡張現実）を販売促進やサービス向上に利用しようという試みもある。またBMW社では、車のディーラーやサービスセンターで修理工が車を修理する際の複雑な作業の支援にARを適用するという、先進的な研究を行っている。近い将来、ARを利用して顧客が自分用にカスタマイズした車を仮想的に構成し、現実世界と近い形で実際に目で見て車を選べるようになるとのことだ。

（7）分析からビッグデータへの進化

　データの転送、保存、加工技術の急速な発展と、ネットワーク接続された多数のデバイスが利用可能になったことにより、革新的なビジネスモデルを実現する環境が整った。ビッグデータが示唆するのは、ある特定用途向けにセンサーやネットワーク接続されたデバイスが生成するデータを、それ以外の用途に利用可能ということである。現状の課題は、集めたデータをどう分析するかということであり、その目的はコスト削減機会の発見、適切な顧客情報の取得、もしくはそれ以外の競争優位性の獲得による利益拡大である。例えばGE社は、2014年に製品のネットワーク接続分野で800名のエンジニアを採用し、同分野での事業構築を狙っている。適用シーンの例としては、沖合の風力発電タービン同士が互いに連絡しあって自己診断を行うことで、あるタービンだけが突如動作停止することを防げる、といったことが考えられている。B2Bの法人向けビジ

> ネスの世界では前述のような取り組みが次々と進んでいるが、ビジネスモデルによっては一般消費者が新たな顧客ターゲットとなることも多い。ビッグデータとネットワーク接続された新たな製品の登場で、従来のB2Bの世界が、B2B2Cに進化しつつあるのだ。このようなIT動向に伴い、ほぼすべての業界でまったく新たなビジネスモデルの具現化が進んでいる。

(2) メガトレンドと規制の変更

　新たなビジネスモデルを設計するうえで、今後の世の中の発展と将来動向は極めて重要な意味を持つ。マネージャーが世の中の動きを変えることはできないが、定期的に動向を確認して適切なタイミングで対応すれば、ある程度先手を打つことができるかもしれない。すでに紀元前5世紀の時点で、古代ギリシャの将軍ペリクレスは、将来を見据えて行動することの重要性を認識しており次のような言葉を残した。「将来を予測できるかどうかが重要なのではなく、将来に備えておくことが重要なのだ」。新たなビジネスモデルに関する次の例では、社会や経済の動向を早期に把握することが企業にどのようなメリットをもたらすかを知ることができる。

- アジア市場の着実な成長を目の当たりにしたインドのテレコム企業であるエアテル社(Airtel)は、自社のビジネスモデルを低価格サービスを求めるアジアの顧客グループのニーズに合わせてカスタマイズすることを決断した。そのために同社は業務プロセスの90%をアウトソースしてコストを大幅に削減するとともに、スケールメリットを実現するために、1営業日当たり1万人というすさまじいペースで新規顧客を開拓した。その結果、1分当たりの電話料金を欧米競合他社の5分の1にまで下げることに成功した。同社の料金体系はあまりにも魅力的であるため、ついには欧米の顧客までもが同社のサービスを利用し始めた。エアテル社は現在20ヵ国でサービスを提供し、顧客数は2億6,000万人を超える。2012年時点において同社は世界最大のテレコム企業の1社となった。
- 低所得国における市場発展の兆しをとらえて、グラミン銀行(Grameen Bank)は低所得国市場に適した金融ビジネスモデルを

開発した。具体的には、お互いが連帯保証人となった地域コミュニティグループのメンバーにのみ貸し付けを行うことにしたのだ。この仕組みにより債務者がローンをすべて返済するように地域社会から圧力がかかる。それというのも、当該地域コミュニティで先に借り入れを行ったグループメンバーがローンの返済を終えない限り、他のグループメンバーはお金を借りることができないからだ。この銀行の貸付先の98%は女性であるが、それは女性が信頼性の高い貸付先であることが過去の実績から判明しているからだ。このビジネスモデルはノーベル賞の授賞者であり、前CEOであるムハマド・ユヌス氏が開発したものである。同銀行は非常に好調で合計80億米ドルもの小口貸出を実施している。

企業は自社のビジネスモデルに重大な影響を及ぼすと考えられる影響因子とその動向に対象を絞って注視すべきである。常に多くの動向が新たに生まれており、さらに市場が異なれば注視すべき動向も異なる。例えばミニッツクリニック（MinuteClinic）とギーク・スクワッド社（Geek Squad）が見出したのは、北米社会が高い利便性を追求するサービス社会へ移行しているという動向である。

- CVSケアマーク社（CVS Caremark）の1事業であるミニッツクリニックは、予防接種、軽いけがや病気の手当てといった基本的な医療サービスをコンビニエンスストアや薬局の各店舗で提供している。年中無休で毎朝開店するこの医療クリニックは顧客にとって非常に利便性が高い。
- ギーク・スクワッド社は、日常生活において技術の重要性が増し、技術依存が高まっていることに目をつけ、家電やインターネットなどに関する一般消費者の困りごと全般を解決するサービスを提供することにした。ギーク・スクワッド社は、パソコン、インターネット、テレビ、ビデオ、電話、カメラ、オーディオ機器の困りごとを解決するが、顧客は喜んでこのサービスにお金を支払っており、想像以上に人気は高い。ギーク・スクワッド社は10年前にベスト・バイ社に300万米ドルで買収されたが、現在では10億米ドルを超える年間売上をあげている。

全世界的な潮流

成功している多くのビジネスモデルは、社会的なメガトレンドに的確に応えている。以下は我々の同僚であるピーター・マース氏のグローバル調査に基づく2050年までの予測である。

1 知識社会：成熟社会では基本的なニーズは必要以上に満たされる。その結果として各人の人としての充足感を満たすことが重要になる。
2 ネットワーク化と接続性：輸送と通信コストの低下により、世界はさらに狭くなる。特にインターネットによって、社会の姿が一変しつつある。
3 一極集中化：富裕国だけでなく低所得国においても、都市への集中のペースがより加速する。
4 マイホーム主義：グローバル化した世界では、人々は騒々しい環境や閉鎖社会から逃れて安らぎたいという願望を持っている。
5 資源の欠乏：資源の供給は限界に達しつつある。二酸化炭素と地球温暖化の議論は始まりに過ぎない。
6 アイデンティティの追求：多元的社会において、個人は個性を追求し続ける。
7 安全保障：自然災害、テロ、政情不安の継続により安全保障の必要性が高まる。
8 地方自治：グローバル化の反動により、地域によっては地方分権と地域問題が改めて重要になる。
9 人口動態の変化：BRICs諸国と対照的に、豊かな先進国は高齢化と出生率の低下の問題に直面する。

自社を取り巻く規制の変化は、ビジネスへの影響因子の動向と同じく重要である。例えば、テレビ業界が20年以上前に民間に開放されていなければ今日スカイ社（Sky）のような有料放送事業者は存在しえなかった。動向や規制の変化は必ずしも単純でなく、察知するのが難しい場合も多い。しかし動向や規制の変化がビジネスモデルイノベーションに非常に重大な影響を及ぼすのも事実である。アインシュタイン

氏が残した次の言葉に従うことを推奨したい。「私は過去よりも未来に興味がある、というのもそこで暮らす予定だからだ」。

ここまで自社を取り巻くエコシステム分析に関して、関係者である顧客・パートナー・競合の分析と、影響因子である新技術・規制などのメガトレンドの分析の重要性について議論した。まとめとして重要な視点を網羅した質問事項をリストアップしたので、ぜひ役立ててほしい。

関係者と影響因子に関する分析チェックリスト

1. 自社のビジネスモデルにおける関係者はだれか?
2. 関係者のニーズはなにで、どんな事項から影響を受けるか?
3. 過去から現在に至るまで時とともに関係者はどう変化したか?
4. 関係者の変化は自社のビジネスモデルにとってなにを意味するか?
5. 競争環境の変化で新たなビジネスモデル適用の機会が生まれるか? そうであれば、どんなビジネスモデルに機会があるか?
6. 自社の業界で過去に重要なビジネスモデルイノベーションが起きたことがあるか? それはどんなイノベーションで、その際の変化の引き金はなんであったか?
7. 現時点で自社のビジネスモデルに影響を与えている技術はなにか?
8. 技術はどのように変化しているか? 3年後、5年後、10年後には技術がどのようになっているか?
9. 将来の技術は自社のビジネスモデルにどのような影響を与えるか?
10. 自社のエコシステムにおけるどんな動向が自社に関係するか?
11. これらの動向によって、自社のビジネスモデルのさまざまな関係者はどのような影響を受けるか?
12. これらの動向によって、自社のビジネスモデルの強みや弱みは強調されるか、それとも意味が薄れるか?

エコシステムの分析

1. 3人か4人の小グループを複数作り、マジック・トライアングルの4軸（Who-What-How-Why）を使って自社のビジネスモデルを詳細に記述する。
2. 自社の既存ビジネスモデルが、存続できなくなる可能性があるとすれば、それはなぜか？　あるいは自社の既存ビジネスモデルのどこに弱点があるのかを考える。関係者や変化をもたらす影響因子をエコシステムの要素として念頭に置きながら考える。
3. 前項の発見事項に基づき、自社の既存ビジネスモデルが存続できなくなったという前提のもと、既存ビジネスモデルに対する追悼の言葉を書く。
4. エコシステム分析による学習事項を書き出し、他のグループに結果を発表する。

ビジネスモデルに対する追悼の言葉を書くのは馬鹿げていると感じるかもしれない。しかしこの作業には重要な目的がある。たとえ自社の事業が現在はうまくいっているとしても、どのような理由でどのように破綻する可能性があるかを予測できる。少し悪ふざけをしてブラックジョークを盛り込んでもまったく構わない。この作業は既存のビジネスモデルから必要な距離を置くための重要なステップであり、そうすることで批判的な目で自社を分析できるようになる。

パターン適用：ビジネスモデルパターンの適用

自社のエコシステムとビジネスモデルを分析する中で、たいていはビジネスモデルイノベーションに結びつきそうななんらかの可能性が浮かび上がってくる。しかしそれを明確にして新たなビジネスモデルとして具体化するのは容易ではない。実現性のありそうないくつかの選択肢からひとつを選ばざるを得ないことも多い。しかも顧客の意見にそのまま素直に従うことは、必ずしも現状を打破して第三者的な視点から考えることにはつながらない。その点においてヘンリー・フォード氏の次の言葉はまさに的を射ている。「もしみなさんになにが欲しいか尋ねていたら、もっと速い馬が欲しいという答えばかりで、だれからも自動車

が欲しいとは言われなかったでしょう」。

　ビジネスモデルイノベーションの出発点は、価値創造の元となりそうな漠然としたアイデアから、直面している明確な課題まで、さまざまな場合がある。しかし一連のイノベーションのプロセスを経た最終結果に、初期のアイデアや課題が反映される割合は微々たるものである場合が多い。むしろ、成功するビジネスモデルは最初の直感に反するものであることが多いのだ。ほとんどの企業ではビジネスモデルを抽象的なパターンとして考えることがうまくできず、直感的にわかりやすい実際の製品にとらわれてしまうため、その点で苦労することが多い。

　「世の中には55種類の異なるビジネスモデルがあり、それらを組み合わせることで画期的なビジネスモデルイノベーションの9割は説明がつく」という研究成果に基づき、我々はパターンの適用とアイデア出し（図2.8）という系統的な手法を開発した。基本的な考え方は55種類ビジネスモデルのパターンを既存のビジネスモデルに当てはめることで、新たなビジネスモデルのアイデアを生み出すというものだ。例えば、世界有数の神経科学者であり神経経済学者であるグレゴリー・バーンズ氏はこのような手法の有用性を唱え、2008年の論文で次のように主張している。「問題に対して異なった視点で臨みたければ、それまでにはまったく検討しなかったアイデアを強制的に自分の脳に押し込み、脳内の情報を再分類することで習慣的な思考パターンから頭脳を開放する。そうすることで初めてまったく新たなアイデアを生み出すことができるようになる」。この主張は、類推思考と創造性に関する研究

図2.8　パターン適用：自社事業へのビジネスモデルパターンの適用

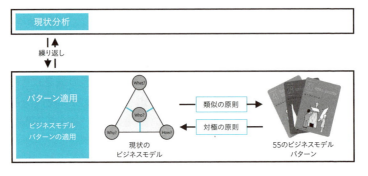

結果とも合致している。

既知のビジネスモデルのパターンを利用することで、新たなビジネスモデルを一定の枠組みに基づいて生み出すことが可能になる。このプロセスに基づいて進めると、ビジネスモデルパターンがアイデア創造の起点となるため、自社を起点とする業界の常識にとらわれにくくなり、ビジネスモデルのパターンを自社の状況に当てはめた画期的な適用案を生み出すことが可能となる。この時点で自分自身のアイデアや創造性が不可欠となるが、最終的には外部から持ち込んだ新たなアイデアと自社を起点とする自分自身の創造性との均衡点に到達する。

> パターン適用のプロセスを進めやすくするために、我々は実績のある55種のビジネスモデルを55枚のカードとして用意した（日本語版あり。別売）。カード1枚にビジネスモデル1種類が対応しており、ビジネスモデルの名称、概要説明、採用企業や適用方法の例を記載してある。カードの情報量はアイデア出しの作業に適切な量に調整してあるため、情報が少なすぎて自社や業界の常識から抜け出せないことも、情報が多すぎて創造性を阻害するようなこともないはずだ。

55種類のパターンを適用する方法には、類似の原則と対極の原則がある。2つの方法それぞれに有用な点があり、組み合わせて利用することもできる。

図2.9　ビジネスモデル・55パターンカード（別売）

※詳細は最終ページをご覧ください

類似の原則に基づくパターン適用

類似の原則では、自社の内側から出発して外側に展開していく。具体的には、自社のビジネスモデルへの応用を、自社の業界に関係の深いビジネスモデルパターンのカードから始めて、徐々に関連の薄いパターンへと進めていく。

類似の原則を利用する際は、以下の手順で進める。

1 関連業界を特定するためにカード選択の条件を決める。例えば、エネルギー業界のサービス企業であれば、次のような選択条件が考えられる。在庫できない商品（サービス業界）、規制緩和（テレコム業界）、変動幅が大きい（金融業界）、一次産品（化学業界）、製品からソリューションへの進化（工具製造業界）、資本の集中（鉄道業界）、といったものである。

2 次に、決定した選択条件と関連業界をもとに、55枚のカードのうち対象業界で実績のあるものを選び出す。理想的には、6～8枚のカードを選び出せるとよい。

3 選択したカードに記載されたパターンを自社のビジネスモデルに当てはめる。具体的には、自社でうまく機能し、既知の課題に対応できそうな具体案を、パターンごとに考え出す。

4 初回の作業で現実味のあるビジネスモデルイノベーションの具体案が出てこない場合には、同じプロセスを繰り返す。対象となるカードが足りない場合には条件を拡げて対象とするビジネスモデルを増やす。

> 類似の原則で考えるべき最重要事項：「このパターンを自社に適用することで、既存のビジネスモデルがどのように変わるのか？」

類似の原則では系統だった分析を徹底して行うことが求められる。現状の業界の常識から始めて少しずつ離れていくため、大きく異なる業種のパターンは意識的に避けるようにする。例えばファストフード業界はテレコム業界からはかなり距離が離れている。我々のコーチは、次のような質問をよく使う。「もしあなたの会社が買収されたとしたら、買収した会社はこの事業をどう運営するだろうか？」。この質問に答え

れば、結果的にパターンが自社にどのように適用できるかを考えたことになる。

類似の原則では、調査の対象範囲が比較的絞り込まれるので、イノベーションチームのメンバーに抽象的な思考が必要とされる度合いは低いが、アイデア出しにはアナロジー的な発想が求められる。自社事業と選択したパターンとのアナロジーを見つけ出すプロセスを経ることで、適切なソリューションやアイデアを見出す可能性が高まる。したがって、類似の原則では、革新性の度合いで言えば、ほんの少しの、あるいはある程度緩やかなビジネスモデルイノベーションが導き出される。

あるスイスの大手印刷会社は、類似の原則をうまく利用した。競合他社と同様に、同社は過剰な生産能力の扱いに悩まされていた。印刷の仕事が減るにつれて、工場のプレス印刷機の非稼働率は上昇するばかりであった。同社は低コスト航空会社が採用した格安製品パターンを目にして、同社の余剰生産能力を単純で低コストの印刷サービスに活用できる可能性に気づいた。印刷の依頼はインターネットで受け付け、印刷機の空きが出るまでは印刷されない。既存顧客はこの新サービスにあまり興味を示さなかったが、これまで印刷を海外の低コストの会社に発注していた顧客層の間で人気を得た。彼らは価格に敏感でそれ以外には柔軟な顧客層だった。

ある食品加工機のメーカーは、イケア社のモデルを活用し、セルフサービスのビジネスモデル（バリューチェーンの一部を顧客自身に任せてしまうこと）を適用した。具体的には、同社の装置をDIYのツールキットにして販売することで、装置の品質検査を顧客に委ねることに成功した。これによってメーカーは、顧客に対する製品保証から解放され、顧客が正しく組み立てプロセスを完了できるように適切なツールを提供するだけでよくなった。

対極の原則に基づくパターン適用

関連する業界から新たなビジネスモデルを注意深く探す類似の原則とは異なり、対極の原則は、まったく関連のない業界のビジネスモデルと自社の既存ビジネスモデルを突き合わせ、現状のビジネスモデルに想定されるインパクトを検討する極端な手法である。進め方としては、

外部環境から内部環境、すなわち自社のビジネスモデルに一歩ずつ踏み込む。現在の状況と潜在的ビジネスモデルとの間にある大きな差異を通じて、既存のビジネスモデルに異を唱えることになる。この手法の意図は、参加メンバーを常識的な考えという枠から解き放ち、まったく新たな未知の領域でビジネスモデルイノベーションを導き出す点にある。ベテランの船乗りの決まり文句の通りだ。「なるべく船から遠くにいかりを放り出せ。海の底につくまでに、自分で勝手に船の近くまで戻ってくる」。

　対極の原則は、自社の課題がわからない場合、あるいは課題が十分に明確でない場合に特に有効である。例えば、売上の減少、競争の激化による粗利の低下、その他の問題に対してなにか対策を講じなければならない状況にあるが、具体的な計画を打ち出せない場合などである。同様に、潜在的なビジネスモデルイノベーションの可能性を積極的に探索したい場合にも、対極の原則は非常に優れた手法である。

　プラント会社の従業員たちを会議室に集め、次のように質問したとしよう。「アップル社だったらこの会社をどう経営するか?」。おそらく最初は次のような反応だろう。「我が社とアップル社ではやっていることが違うから、アップル社の成功要因が我が社で機能するはずがない」。しかし、いったん議論が始まれば、必ず新たなアイデアが生まれるはずだ。このようなワークショップ形式での集中討議で、対極の原則を利用した際に生まれる新たなアイデアや施策案の数には、毎回驚かされるばかりだ。

　以前、機械工業の会社と一緒にサブスクリプションのパターン、すなわち月額利用料で顧客に製品やサービスを提供するモデルを、新たなビジネスモデル案として検討したことがある。このとき活用した対極的なビジネスモデルパターンから触発されて生まれたアイデアは、自社装置の操作方法に習熟した作業員を育成して、顧客に派遣するというものであった。加えて、この新たなビジネスモデルを導入すれば顧客とより密接な関係を構築できることが明白になったが、そもそもこの機械工業の会社が新たなビジネスモデルを模索していた主な理由が顧客との密接な関係の構築であった。対極の原則では、このような偶然が生まれることもある。

製鉄会社が従量課金の仕組みを適用して、顧客に納品した鉄鋼に対して単純に費用請求するのではなく、実際に顧客が利用した鉄鋼のみに課金するというアイデアを生み出したこともある。従量課金とは、公共インフラの利用料のように、顧客が実際に利用した製品やサービスの費用のみ請求するというモデルである。余った鉄鋼は製鉄会社が回収し、リサイクルされる。

アップル社のiPhone向けに部品を供給するあるサプライヤーは、素材ブランディング、すなわちその部品が最終製品の特長的な機能であることを顧客に宣伝する手法を活用した。同社はこのビジネスモデルによって自社製品の価値を高めてアップル社への依存度を下げることに成功し、新たな市場へビジネスを拡大した。

対極の原則を利用する際は、以下の手順で進める。

1 最初のステップとして、自社の業界で一般的なビジネスモデルとは明らかに異なるビジネスモデルを55種類のパターンの中から6〜8種類選択する。パターンの選択は自分の直感でよい。過去に開催したワークショップの経験から、各チームが10種類のカードを適当に抜き出し、チーム内で短時間相談して、その中から面白そうなものをいくつか選ぶというやり方も効果的であった。その場合にはパターンを選択する時間を短く制限し、自発的、直感的にパターンを決定する。

2 次に、選択したパターンを自社のビジネスモデルと突き合わせる。過去の経験で言うと、参加メンバーが常識的な考えに陥ってしまうことを避けるには、次のような現実世界での想定シーンを利用するのがもっとも効果的だ。「もしX社が我が社の事業を経営したらどうなるか？」。より深く検討を進めるために想定シーンをより具体的にし、もしX社が実際に当社のビジネスを買収したら経営スタイルや社内の判断基準がどのように変わるか、という観点で考えることを推奨している。一例としてパターンに応じて以下のような想定シーンを設定する（行頭の数字はPART 2のビジネスモデルの番号）。

・18）フリーミアム：スカイプ社が我が社の事業を経営したらどうなるか？
・17）フランチャイズ：マクドナルド社（McDonald's）が我が社の事

業を経営したらどうなるか？
- 39）サプライ品モデル：ネスレ社ネスプレッソが我が社の事業を経営したらどうなるか？
- 28）ロングテール：アマゾン社が我が社の事業を経営したらどうなるか？
- 48）サブスクリプション：ネットフリックス社が我が社の事業を経営したらどうなるか？
- 52）両面マーケット：グーグル社が我が社の事業を経営したらどうなるか？
- 54）プロシューマー：Tシャツのデザインを一般募集するスレッドレス社（Threadless）が我が社の事業を経営したらどうなるか？
- 6）キャッシュマシン：デル社が我が社の事業を経営したらどうなるか？
- 45）セルフサービス：イケア社が我が社の事業を経営したらどうなるか？

ビジネスモデルのカード1枚に対してひとつではなくふたつ以上アイデアを考え出すことが必要だ。これは必ずしも容易ではなく、特にビジネスモデルが自社の業態からかけ離れている場合は難しい。初めのうちは、それぞれのパターンに対して無理やりにアイデアを考え出さなければならず、参加者は負担を感じるだろう。

3 1回で十分な数のよいアイデアが出なかった場合には、別のビジネスモデルと入れ替えて想像力を充填し、上記のステップを繰り返す。

> ビジネスモデルを見た瞬間に、チームがそのモデルを気に入ることはめったにない。自動車の部品メーカー向けのワークショップで、マクドナルド社だったら御社の事業をどう経営するだろうかと聞いたところで、おそらく参加しているメンバーは疑わしげに首を横に振るだけであろう。そのような質問は青天のへきれきに聞こえるのである。しかしマクドナルド社のビジネスモデルを掘り進めると様子が変わる。マクドナルド社では新入社員をたった30分で教育し、即戦力化している。マクドナルド社のフランチャイズビジネスは簡素化と再現性に立脚している。ここまでくればチームメンバーのほとんどが、この質問の自社ビジネスに対する重要性を理解するはずだ。実際には、この質問は世の中すべての会社に当てはまる重要な質問だ。
>
> 「目からうろこが落ちる」まで深く突っ込んで考える必要があるのだ。すぐにあきらめずに頑張ろう。

　対極の原則を利用する場合には、積極的かつ想像力に満ちたチームが必要となる。かけ離れたパターンから自社事業への応用を考え出すのはかなり厄介な作業である。一目見ただけでは、各ビジネスモデルから大した進展は望めないため、突っ込んで深く考えることを要求される。作業が停滞してしまったとき、経験豊富な進行役であれば適切な質問をして議論を前進させることができる。創造性を要する作業全般に言えることだが、適切な方向に向かうためのヒントを与えてくれる知識豊かなコーチがいると作業がスムーズに進行しやすい。

　表2.1は類似の原則と対極の原則の比較であり、推奨する適用シーンも記載してある。もしビジネスモデルイノベーションが自社にとって最重要の戦略課題であるなら、55種類のパターンすべてをじっくりと考えることが合理的な選択だ。通常は15種類のパターンを検討すれば、いくつかの具体案が得られることが多い。55種類のパターンすべてを検討する場合には、先にパターンを絞り込んでしまうのではなく、まず55種類のパターンを自社の事業に当てはめてアイデアを創出し、第2段階として絞り込む方法がよい。

表2.1 類似の原則と対極の原則の比較

類似の原則	
原則	（図：What?/Who?/Why?/How? の三角形 → 類似の原則 カード）
選択基準	○ 類似の業種
モットー	○ 既存の知見への執着を捨てよう
メリット	○ 現状の枠組みに当てはめやすい ○ 創造的作業に不慣れでも取り組みやすい
デメリット	○ 現状課題の抽象化の度合いによるが、既存モデルの革新が不十分になる可能性がある ○ すでに明らかになっている顧客の課題に縛られるリスクがある
推奨する適用シーン	○ 特定の課題に対するイノベーションプロジェクト

対極の原則	
原則	（図：What?/Who?/Why?/How? の三角形 ← 対極の原則 カード）
選択基準	○ 異なる業種
モットー	○ 知らないことを積極的に取り入れよう
メリット	○ 現状の枠組みを打ち破ることができる ○ 想像もしなかったイノベーションの可能性を切り開くことができる
デメリット	○ 高いレベルの創造性を要求され、実現に際し、高い力量が求められる
推奨する適用シーン	○ 不特定の課題、あるいは不明瞭な部分がある課題に対するイノベーションプロジェクト

パターン適用のプロセスをうまく進める方法

　アイデア出しのプロセスは、ビジネスモデル・ナビゲーターの根幹である。したがって、アイデア出しには十分な労力を費やすべきである。進め方は後述のようにさまざまであるが、通常はアイデア出しのプロセスをワークショップ形式で行うことが多い。創造的なアイデアという成果物が得られるかどうかはワークショップの出来に依存するため、ワークショップを成功させるためのアドバイスを以下に記載した。

パターンの適用

　まずはなるべく多くのアイデアを生み出すことだ。そして、ふたつのステップでアイデアを発展させる。最初に各人がパターンカードを見て自分でアイデアを考え、次に参加者同士でアイデアを議論し、発展させ、修正し、改善する。各ステップを明確に分けて行うか、あるいは新たな論点を追加投入できるように繰り返し型で行う。ワークショップの運営方法は以下の通りさまざまなものがある。

- 集合型かオンラインワークショップか：専用ソフトウェアの発達により、現在では集合形式とオンラインワークショップ形式の双方を開催できる。オンラインワークショップ形式の主たるメリットは地理的な所在地にかかわらず多くの参加者を募ることができる点だ。より多くの従業員が参加すれば、より多くのパターンカードを検討できる。多国籍企業の場合には、我々のような外部コーチも世界中の参加メンバーすべてを直接教育できないので、このようなオンラインワークショップ形式は非常に有効である。参加者のモチベーションを高めて積極的な貢献をうながすには、ソーシャルメディアも活用できる。特にグローバル企業において、ビジネスモデルのグローバルなコミュニティを形成するにはITが有効だ。それだけでなくコミュニティを製品開発、設計、マーケティング、物流など、各部署のマネージャー全般に拡大することもできる。言い方を変えると、単に本社の戦略部門だけでなく、自社内のすべての意思決定者が共通のビジネスモデルの軸で考えるべきなのである。その一方で、オンライン形式のグループディスカッションは、活気の面でも生産性の面でも集合形式のワークショップに比べ大きく

見劣りする。理想的には、集合形式とオンライン形式のワークショップを組み合わせて、それぞれの強みを活かし弱みを補うことが望ましい。
- 連続型か並列型か：ビジネスモデルのパターンをひとつずつ順番に検討するか、あるいはすべてを一度に並列で検討するか、どちらも可能だ。後者の並列型の場合には、各チームメンバーは決まった枚数のカードを受け取ったらまずひとりで考え、グループの他のメンバーに対してパターンごとにひとつかふたつのビジネスモデルを発表する。連続型の場合には、グループ全体で各ビジネスモデルの評価とアイデアの生成に取り組む。順番にパターンを見ていく場合には、パターンの組み合わせの可能性に気づきにくくなる面がある。
- 静的か動的か：プロセスをどの程度まで動的に進めるかも調整できる。静的な場合は、ブレインライティングの手法で各人がアイデアを考え（訳注：ブレインライティングは課題を記した用紙を回付して順にアイデアを記入するアイデア創出方法）、その後にグループでディスカッションを行う。動的な場合は、アイデアを考え出したらすぐにグループメンバー全員に発表する。ブレインライティングでは参加者全員が強制的にアイデア出しをさせられるため、グループ全体の創造性を十分に吸い上げることができる。まず参加者に一定の枚数のビジネスモデルカードを配布し、各パターンについて最低ひとつのアイデアを出すように依頼するとうまく進められる。ブレインライティングでは、作業の中断を最小限に抑えることができるため、せっかくのアイデアが批判的な社員につぶされてしまうのを防げる。しかしながら、個人の作業になるため、グループディスカッションの活気が生み出す創造性は期待できない。
- 検討の速度：最後に、参加者が各ビジネスモデルパターンに費やす時間を調整することができる。もっとも創造的なアイデアは最初の3分間に生まれ、それ以降はほとんどアイデアの改善であると言われている。この説に基づいて、短時間で作業を楽しく進めるため、参加者に各パターンのアイデア出しの時間を3分間だけ与え、ディスカッションを活性化させる。ただし、速いペースを苦痛に感じる参加者がいた場合には、心理的なプレッシャーで想像力

が損なわれてしまうこともある。ワークショップを速く進めるか、ゆっくり進めるかは、対象グループの性質とメンバーがどの程度慣れているかによって判断する。

> 最低でも2～3回連続でアイデア出しを実施したい。ほとんどの場合、参加者は2回目のアイデア出しの際にもっとも創造性を発揮する。3回目は最終回で、深い部分にあった創造性を解き放つために行う。1回ごとにルールを変えて実施すると、うまくいくことが多い。
>
> 経験豊富な進行役は、業界の常識と新たなビジネスモデルをうまく紐づける手助けができる。特に進行役が業界の部外者であれば議論が過度に詳細に陥るのを防げるため、アイデア出しに必要な適度な抽象性を保ちやすい。
>
> 中立的な進行役のもと、競合しないさまざまな企業から参加者が集まって実施するオープン参加型のワークショップもうまく機能しやすい。

パターン適用フェーズの鉄則

パターン適用の際に有効な鉄則を以下に示す。

1 すべて吐き出せ：新たなアイデア出しを始める前に、まず既存のアイデアをすべて吐き出すこと。そうすることで古いアイデアに固執せず、パターンに基づくアイデア出しに専念できる。
2 創造性に制限なし：どんなアイデアもOK。ひとつひとつのアイデアすべてに価値があることを明言し、「間違ったこと」を言ってしまうのではないか、という参加者の不安を払拭することが重要である。不安を抱えたままでは創造性が阻害され、作業がうまく進まない。否定的な発言や嫌味はもちろん厳禁だ。
3 著作権フリー：アイデア出しには著作権は伴わない。原則としてアイデアはすべて参加者全員に帰属し、チームメンバーのだれでもそのアイデアをさらに発展させることができる。最初にだれがそれを発案したかは問題ではなく、だれが何個出したかを数える必要もまったくない。アイデアはチームワークを通じて生まれ、発展す

るのである。

4 質より量：アイデア出しの際には、多数のアイデアを生み出すことが重要だ。一見して「突飛なアイデア」が、後になって実はもっとも画期的なアイデアだとわかり、チームを新たな境地に導いてくれるかもしれない。とにかくたくさんのアイデアを出すように参加者を活気づけるのだ。アイデアの評価をするのは、その後の話だ。

5 否定の禁止：「でも、それはもう試したことがある！」といった反応は非生産的であり、アイデア出しのプロセスには不要だ。これを防ぐうまい方法は、会話を止めるような悪い発言の例を部屋中に掲示し、作業開始時に注意事項として全員に念押しすることだ。

6 10秒ルール：アイデアや連想したことを忘れてしまわないように、思いついたら10秒以内に書き出すこと。創造的なひらめきは、驚くほどの速さで地平線のかなたに消え去ってしまう。参加者がこの鉄則を実行しやすいように紙とペンをたっぷり用意する。

7 風呂敷を広げる：アイデア出しのフェーズでは、そのアイデアが採用されるかどうか、あるいは戦略的に重要かどうかにかかわらず、段階的ではなく劇的なアイデアを生み出すことに集中すべきだ。一般的に劇的なアイデアを分割して実現可能な段階的施策に落とし込むことは比較的容易だ。逆に、段階的なアイデアを拡大して画期的なアイデアに昇華させることはほぼ不可能である。その理由は明らかで、既存の思考パターンに縛られてしまうからだ。

8 例示と適切な質問：カードを分析する過程において、進行役から参加者に適切な質問を投げかけ、ひとつひとつのパターンを詳細に考えるようにうまく仕向ける。採用企業の例を逸話として紹介することも思考の活性化に役立つ。前述のマクドナルド社の話がちょうどよい例で、同様の手法を自社に適用すれば劇的に業務を簡素化できないか？　という問いかけは、リーンプロセス、複雑さと規模拡大の排除、その他の観点から、間違いなく数限りない変革のアイデアを生み出すからである。マクドナルド社のキス原則（KISS=Keep it Simple, Stupid：物事をシンプルに保つ）は、どんな会社にとっても理に適っている。

　上述の成功要因はゲームのルールとして説明し、場合によっては紙に印刷して作業の開始前に参加者に配布する。ほとんどの参加者は

このルールをすでに知っていることが多いが、約束事として明確化しないと守られないことが多い。

アイデアの絞り込み方法 ── NABC手法の活用

ビジネスモデルのアイデアを評価し選定する際に、ベンチャーキャピタリストがよく利用するNABC手法（訳注：Need〔ニーズ〕、Approach〔取り組み方法〕、Benefits〔メリット〕、Competition〔競合〕の観点でビジネスモデルの有効性を評価する手法）は非常に有用である。アイデア出しの際に上がってきた各アイデアを単体で評価するだけでなく、複数のアイデアを組み合わせ、その組み合わせごとに評価するのも有効である。NABC手法の観点でアイデアを評価したら、次に「エレベーターピッチ」を行う。この手法は1980年代に生まれたもので、エレベーターに乗っている程度の時間が相手を説得する制限時間として発表者に与えられる。ちなみにベンチャーキャピタリストはスタートアップのエレベーターピッチを聞いて、新たなビジネスのアイデアを効率的にふるいにかける。我々の用途としては、各グループがNABCの視点に基づいて8〜10分間の手短なエレベーターピッチを準備する。それ以上長くしても重要な内容が追加されることは少ない。エレベーターピッチは、アイデアを批判的な目で評価し、ふるいにかけるのに最適な方法である。NABC手法のエレベーターピッチで使われる4つの視点を図2.10に示す。

ビジネスモデルイノベーションとベンチャーキャピタルの大きな違いは、ビジネスモデルイノベーションではアイデアを簡単に却下しないことだ。ベンチャーキャピタルは瞬時に却下の判断を行うが、ビジネスモデルイノベーションではアイデアはさらなる発展のための材料として利

図2.10　アイデア評価へのNABC手法の適用

ニーズ Need	取り組み方法 Approach	メリット Benefits	競合 Competition
自社にとっての事業機会はなにか？	自社の提供価値はどんなものか？	顧客のメリットはなにか？ 自社のメリットはなにか？ それは定性的,定量的にはなにを意味するか？	競合状況はどうか？ 最大の競合先はどこか？ 顧客にとっての代替手段はなにか？
顧客視点	内部環境視点	価値視点	外部環境視点

用される。ここで有効になる手法は、デザイン思考の繰り返し型アプローチである。1回のサイクルは以下の4ステップで構成される。

1. 開発：前述のプロセスが完了したら、NABCの原則に基づき、もっとも有望なアイデアのプレゼンテーション資料を作成する。
2. 共有：各グループがエレベーターピッチの要領で、アイデアを他の参加者に発表する。ポイントを押さえ、手短に、見出し中心で、重要な事実をベースに、というのがポイントだ。「エレベーターピッチ」という名称は、エレベーターに乗っている短い時間で、自社のコンセプトの主要なアイデアを伝えられるべきだ、という考えに由来している。もしエレベーターで投資家や意思決定権者に出会ったら、自分のアイデアをどのように伝えるだろうか？
3. 水飲み場：ビジネスアイデアの発表後に、発表したグループは他のグループからフィードバックを受ける。発表したグループからのフィードバックに対する発言は、不明瞭であった部分の明確化のみ許される。どんな批判に対しても直接的に反論せず、あくまでもフィードバックを聞くことに集中し、無駄な議論に陥ることのないように気をつける。すべての批判は次回の検討のために持ち帰る。ベンチャーキャピタリストはこの作業を「水飲み場テスト」と呼んでいる。なぜなら他者から新たな視点が注入されることで心機一転し、既存のビジネスアイデアが見直されるからだ。そしてもちろん、水飲み場テストで提供されるフィードバックは建設的であるべきで、会話を止めてしまうような破壊的なフィードバックは厳禁だ。例えば、発表されたビジネスアイデアの前提条件について質問するのは適切な行為だ。全般的なルールとして、NABCの各視点から本音ベースで議論し、隠し事はしない。なんらかの矛盾や不都合が表面化したら、進行役の指示のもと率直な話し合いを行う。
4. 再設計：最終フェーズでは、フィードバック時に明るみに出たり、指摘されたりした弱点や課題を新たなアイデアとして取り込む。その際に場合によっては以前考えたアイデアに戻ったり、新たなビジネスモデルを検討したりする。仮説を再度評価し、新たに刺激を受けた要素も取り込んで、新しいNABCのエレベーターピッチを行う。チームでのアイデア選定は、チーム内の合意形成と効率

性の両面で有効だ。プロセスが思うように進捗しない場合には、既存のアイデアを捨てて初めからやり直すか、あるいは早い段階で除外されたアイデアを現状のアイデアと組み合わせてみるとよい。

再設計フェーズのあとは新たなサイクルが始まり、各チームが改良版のアイデアと考え方を発表する。NABC手法を繰り返し適用すること（図2.11）はアイデアの具体化に非常に効果的であり、この段階でアイデアの弱点が明るみに出ることも多い。

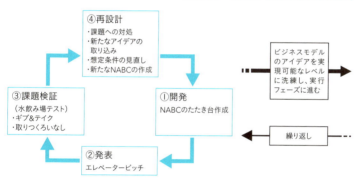

図2.11　NABC手法の繰り返し適用

事業設計：ビジネスモデルの詳細化

パターン適用の手法を採用すれば、通常は新たなビジネスモデルのアイデアが多数得られる。もし業界の常識を打ち破るつもりであれば、新たにパターンを見出し、適用することが不可欠である。ただし、この作業を新たなビジネスモデル設計と混同すべきではない。イノベーションを実際に実行可能にするには新たなアイデアを、自社の内部要求と外部環境の両方に整合する形でビジネスモデル（Who-What-How-Why）に落とし込まなければならない（図2.12）。ビジネスモデルイノベーションを成功させるためには業界の常識を打ち破るだけでなく、既存モデルにとらわれることなく高いレベルで社内外の一貫性を実現しなければならないのだ。

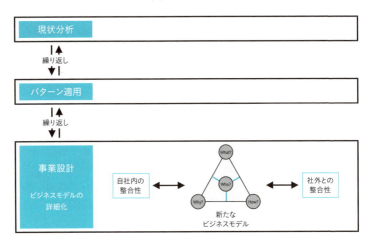

図2.12　事業設計：ビジネスモデルの詳細化

自社内の整合性

　自社内の整合性の定義は、Who-What-How-Whyの各軸が調和していることである。新たなアイデアをビジネスモデルとして具体化できずに苦労するマネージャーも多い。以前、あるCEOから次のように聞いた。「ビジネスモデルのひとつの軸を変えることは比較的たやすい。問題は他の軸をどう適合させるかだ」。通常、初期の段階では、製品や市場に関する事項を扱い、売上や価格に関する事項は設計フェーズのより後の段階で扱う必要がある。

　Who-What-How-Whyの4軸がうまく調和するように、新たなビジネスモデルをこの4軸に基づいて詳細に記述することを推奨している。このステップを完了させるために、表2.2のチェックリストを参考にしてほしい。

　自社内で4つの軸の整合性がとれた段階で、競合には簡単にまねされることのない競争優位性を確立できたと言える。戦略の天才であるマイケル・ポーター氏の1996年の論文に次の言葉がある。「ライバル企業にとって、単純に営業施策をまねたり、プロセスに同じ技術を導入したり、同等の製品を追加したりすることに比べ、相互にからみ合った一連の事業活動に対抗するのは難しい」。

表 2.2　4軸のチェックリスト

Who? だれに?	顧客	○ 自社の対象顧客はだれか?
	関係者グループ	○ 自社はだれに(付加)価値を創造するのか?
	流通チャネル	○ 自社が顧客に対して利用している流通チャネルはなにか? ○ これら流通チャネルは自社の他の事業活動と連動しているか? ○ これら流通チャネルは自社顧客のニーズに対して適切か?
	顧客セグメント	○ 自社では顧客のセグメント分けをしているか? ○ それぞれの顧客セグメントにどのような取引関係を構築したいのか?
What? なにを?	提供価値	○ 自社が解決しようとしているのは顧客のどのような問題か? ○ 自社が満たそうとしているのは顧客のどのようなニーズか? ○ 自社は特定の顧客セグメントに対応した製品やサービスを提供しているか? ○ 自社が顧客に対してもたらしている価値はなにか? ○ 自社の提供価値と競合先の提供価値はどのように異なるか?
How? どのように?	内部リソース	○ 自社の提供価値を提供するために必須のリソースはなにか? ○ リソースを効率的に配置するにはどうしたらよいか?
	事業活動と能力	○ 自社の提供価値を提供するために必須の事業活動はなにか? ○ 自社の既存能力で実施可能な事業活動はなにか? ○ 自社が追加しなければならない新たな事業活動や新たな能力はなにか?
	パートナー	○ 自社にとって最も重要なパートナーはだれか? ○ 自社の主たるサプライヤーはだれか? ○ 自社の主たるパートナーが受け持つ事業活動はなにで、パートナーが保有する本質的な能力はなにか? ○ 自社の主たるパートナーが逃げ出す理由はなにで、自社がパートナーをつなぎ止めるにはどうしたらよいか?

Why? なぜ？	コスト要因	○ 自社のビジネスモデルの主たるコストはなにか？ ○ 財務リスクはなにか？ 自社はどのように対処しているか？
	お金の流れ	○ 自社の収入源はなにか？ ○ 顧客はなにに対して喜んでお金を出してくれるのか？ ○ 現状の顧客の支払い手段はなにか？ 将来的には支払い手段はどうなるか？ ○ 売上全体に対して、それぞれの収入源がどのくらい貢献しているのか？

社外との整合性

　社外との整合性とは、自社の新たなビジネスモデルと自社を取り巻く環境との適合性のことである。自社の新たなビジネスモデルは、利害関係者のニーズをよく満たしているか？　自社に重大な影響を及ぼす動向や競合への対策は十分に練ってあるか？　このように、このステップでは自社の新たなビジネスモデルという観点から、自社の置かれた環境をよく精査することが求められる。環境は常に変化しているため、新たなビジネスモデルの開発プロセス全体を通じて、このことを肝に銘じておくことが重要だ。

　社内外を問わず、解決できない不整合が発覚した場合には、不整合のないシステムができあがるまで、前述のステップを繰り返さなければならない。一般的に繰り返し開発を行うことで、創造性を保つことができ、よい結果に結びつくことが多い。新たなビジネスモデル設計の教科書的な事例として、建設業界向けの高級工具メーカーであるヒルティ社が、定額費用の工具貸出システムであるフリートマネジメントサービスを導入した際の例を示す。

ヒルティ社ケーススタディ

　2000年にフリートマネジメントを開始して以降、ヒルティ社はビジネスモデルのイノベーターとして有名になった。その当時のCEOのコメントによると、変革のきっかけは「顧客は穴を開けたいのであってドリルを買いたいわけではない」という事実に気づいたこと

であった。新たなビジネスモデルでは、顧客がヒルティ社から購入するのは工具そのものではなく、「いつでも工具を利用できる権利」であった。つまり顧客はヒルティ社から一連の工具をリースし、工具の提供、修理、交換、盗難防止などの責任はすべてヒルティ社が負うというものだ。

　しかしフリートマネジメントは、ヒルティ社のビジネスモデル開発の始まりに過ぎなかった。定額費用の工具貸出システムは建設業界において画期的な価値提案であったが、「What」の答えにしかならないからだ。ヒルティ社は多大な労力をかけて分析を行い、この新たな価値提案を一貫性のあるビジネスモデルとして組み立てた。Who、How、Whyの残り3つの軸についても、新たなアイデアが顧客に価値をもたらし、ヒルティ社も収益をあげられるように適切に修正しなければならなかった。

　計画では、「Who」の軸については、新たなビジネスモデルも従来と同じであった。この新たな価値提案は、中小企業や新興国の建設会社など新たな顧客層の興味を引く可能性はあったが、ヒルティ社は従来の顧客を狙うという決断をした。

　「How」の軸は、ヒルティ社の既存のバリューチェーンをほぼ全面的に変更する必要があった。例えば営業部では訪問する顧客は同じであるものの、今後は工具を現場のマネージャーに直接販売するのではなく、上層部の経営陣を相手に複数年のサービス契約交渉をすることになる。この差し迫った課題に対応するため営業チーム向けの研修の仕組みを開発する必要があった。物流とパーツの調達についても、顧客と交わした利用保証の契約を果たすために確実な配送が必要となり、全製品の修理交換サービスについても同様だ。これらの部署における別の課題は、契約終了時に工具を回収して管理することであった。最後に重要な点として、ヒルティ社はITベースのプロセスを新たに設計、開発し、自社およびフリートマネジメントを契約した顧客が、工具の在庫やリース契約を管理できるようにした。

　「Why」の軸、すなわち収益モデルについても完全に再設計する必要があった。なぜなら従来はヒルティ社が工具、交換部品、保守サービスを直販していたからだ。新たなビジネスモデルでは、

多額のまとまった売上の代わりに定期的な少額の支払いを受けるようになり、資産は顧客の貸借対照表から消える。リース契約の基本的な枠組みは自動車業界から比較的容易に転用できたが、価格の問題が残った。利用を保証する対価として、月額あるいは年額でいくらを請求すべきか？　事実上ヒルティ社が工具を所有し続けることになった途端に、不具合報告が急増するのではないか？　盗難をどう防ぐか？　別々の市場には別々の価格を適用すべきか？　さまざまなオプションを用意すべきか？　顧客の効率性向上の価値は、ヒルティ社がオールインワンパッケージを提供する追加コストに見合うだろうか？　最終的にヒルティ社はこれらのリスクを最小化し、その結果として新たな収益モデルの導入に成功した。

　ヒルティ社は画期的なアイデアを採用し、ビジネスモデルのほかの３軸を適合させて、非常に一貫性の高い優れたビジネスモデルの開発に成功した。今やいくつかの市場では、このビジネスモデルが工具販売額全体の50％を担うまでとなった。クロスセルやアドオンの販売を通じて、このモデルからさらに多くの売上が生み出されている。このイノベーションによりヒルティ社は、競合に対して劇的かつ中長期的に差別化できるようになり、同社にとって大きな意義のある一歩となった。ヒルティ社の最高技術責任者（CTO）がイノベーションの重要性について次のように語っている。「長年の間ヒルティ社では、数多くの画期的な製品でイノベーションを行ってきたが、フリートマネジメントのビジネスモデルと比較すると色あせて見える。ビジネスモデルの開発は、ヒルティ社の歴史上でもっとも重要なイノベーションである」。

　ボッシュ社（Bosch）を含む多くの競合が、ヒルティ社のフリートマネジメントのビジネスモデルをコピーしようとしたがうまくいかなかった。このモデルは直販の営業体制がなければ、導入が複雑で難しすぎたのだ。結局、競合企業がコピーに成功したのは、直販営業をしている大手企業顧客向けのみであった。フリートマネジメントの導入により、ヒルティ社は長期的な競合優位性の獲得に成功したのだ。

事業立ち上げ：計画を実行に移す

　ビジネスモデル・ナビゲーターの最初の3つのステップが完了したら、ビジネスモデルの設計を無事終えたことになる。次は最難関の事業立ち上げだ（図2.13）。具体的には、新たな協業先との契約交渉、新たな販売チャネルの構築、パートナーとの販売協力の策定などがある。これまでの想定をすべて検証し、市場、協業先、顧客、社員を含む各方面からの頑強な抵抗を押しのけて進むことが鍵だ。この難関を突破するためには、死力を尽くさなければならない。

　ビジネスモデルイノベーションの展開を進める際には段階的に進めることを推奨する。一気に事業立ち上げを完了しようとせず、まずプロトタイプを開発して小規模なテスト導入をした方が賢明だ。プロトタイプから始めることでリスクを最小化し、またその機会を利用してプロセスについての学びを深め、戦略を適切に修正できる。

　このトピックに関する取り組み方法の大部分は、スタンフォード大学のラリー・ライファー教授との協業によるものである。デザイン思考で有名な同教授のデザインスクール（d.School）は、画期的な製品開発の分野における先駆的な存在である。協業の主目的は、新たなビジネスモデルを実導入に移すプロセスを開発することであった。我々は企業各社との共同研究プロジェクトの中で、このプロセスについて、テスト、検証、構築を行った。プロセスは以下の3ステップのサイクルで構成

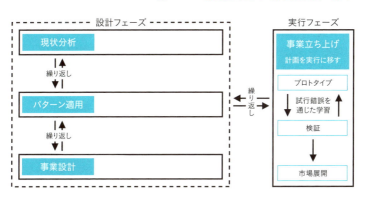

図2.13　事業立ち上げ：計画を実行に移す

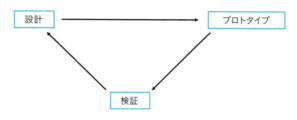

図 2.14　ビジネスモデルイノベーションの基本サイクル

される（図2.14。ラリー・ライファー氏とマーティン・シュタイネール氏による2011年1月の論文 "Dancing with Ambiguity: Causality Behavior, Design Thinking, and Triple-Loop-Learning" より）。

ステップ1：設計

前述したように、新たなビジネスモデルイノベーションの設計フェーズは現状分析、パターン適用、事業設計の3つのプロセスで構成される。設計フェーズが完了するまでに、理にかなった4軸を持つ革新的なビジネスモデルを1～2個は用意できているはずである。

ステップ2：プロトタイプ

次のステップの目的は設計を固めることである。スタンフォード大学にいる仲間の気の利いた言葉を借りるが、「ひとつの図は千の言葉に匹敵し、ひとつのプロトタイプは千の図に匹敵する」。言い方を変えると、アイデアを正確に評価し、練り上げるには、物理的なプロトタイプを作る必要があるということだ。建築家は、実際の建物の工事を行う前に常に模型を作成し、長年この言葉を体現している。プロトタイプがあると理解しやすく、新たな製品に対する信頼性が向上する効果もある。その意味では簡易プロトタイピング手法は特に効果的である。なぜなら迅速かつ低コストでテストを実施でき、リスクも非常に小さいからだ。プロトタイプによりアイデアの長所と短所をすぐに洗い出せる。

「口で説明するだけでなくモノを見せてくれ」。この言葉がビジネスモデルイノベーションにおいてどういう意味を持つのか？　ビジネスモデルイノベーションのプロトタイプは一体どうやったら作れるのか？　ビジネスモデルのプロトタイプは、詳細なプレゼンテーション資料、小規模

な市場向けの事業計画、パイロットプロジェクトの実施など、さまざまな形式をとり得る。ただひとつ覚えておくべき重要な注意点は、プロトタイプの些細な点に気を取られて大事な時間とお金を無駄にしないことだ。そもそもビジネスモデル自体があいまいな状況なのだから、些細な点にこだわるのは労力の無駄である。

　設計、プロトタイプ、検証のサイクルを回していく際にもうひとつ有用なデザイン思考の原則がある。それは幅広い分野の経験と知識を持ったチームで行うことがもっとも効率的という原則だ。準備が整ったらビジネスモデルイノベーション開発の各サイクルを繰り返し実施することで全体を完成させる。ビジネスモデルの最初のプロトタイプは粗削りだが、次第に洗練されたプロトタイプに差し替えられ、その結果ビジネスモデルの詳細が定義される。仮説の反証を利用して新たな知識を獲得するというポッパー氏の反証可能性の原則に従い、仮説を構築したらリアルタイムで迅速に評価する（"The Logic of Scientific Discovery" カール・ポッパー著、Columbia University Press、1968年）。このやり方では、チームメンバーが新たな知識を迅速に獲得し、先入観や偏見が存在することを共通認識として再確認し、それらを克服するために協力してことに当たることが要求される。

ステップ3：検証

　プロトタイプの検証を通じて新たなビジネスモデルのどの軸が機能し、どの軸が機能しないかを見極める。その際には、社内外の重要な関係者、顧客、取引先のフィードバックを得るべきだ。重要なポイントは、プロトタイプに対するフィードバックを可能な限り多く集めることである。ここで受けたフィードバックをすべて次回のプロトタイプ作成に反映して、改善、洗練を図る。場合によっては、現状のプロトタイプをボツにして新たな道を探ることが必要になる。プロトタイプの廃棄は、一見悪いことに思えるかもしれないが、イノベーションのプロセスにおいてはむしろ喜ばしいことである。ラリー・ライファー氏は、試行錯誤を繰り返すことの重要性をなによりも強く訴えている。失敗こそ学習の源なのだ。スタンフォードのデザイン思考の経験が物語っているのは、失敗がきっかけとなって、既存のアイデアを改善する新たな方法や、まったく新たなアイデアが見出されるケースが多いことだ。

事業立ち上げのプロセスにおいては、ビジネスモデルを試行錯誤するうえで拡散思考と収束思考の双方が求められる。拡散思考のフェーズでは対象を広げ、可能な限り多くのアイデアを生み出す。一方で収束思考のフェーズでは対象をソリューション候補となる2〜3のもっとも有望なアイデアに絞り込む（図2.15）。これだと思えるソリューションに行きつくまで、すなわち新たなビジネスモデルを市場展開する準備が整うまで、このサイクルを繰り返す。すでに1990年代には、迅速に試作品を製作する簡易プロトタイピング手法を使い、設計→プロトタイプ→検証のサイクルを素早く回すことで学習を高速化する方法が広く普及していた。昔ながらの体裁が整った事業計画を準備することの重要性は相対的に低くなってきている。つまり立派な計画を策定するよりも、まずは実行し、高速で学習のサイクルを回すことの方がより重要になっているのだ。事業計画資料の完全廃止は特に推奨しないが、迅速に実験を繰り返すことに集中し、プロジェクトを前進させることが肝要であると肝に銘じてほしい。

設計→プロトタイプ→検証のサイクルを成功させるための10の鉄則を以下に示す。

1 **心を閉ざさない**：自分たちがやっていないことだからといって、それがダメだとは限らない。

図2.15　ビジネスモデルイノベーションの繰り返しプロセス

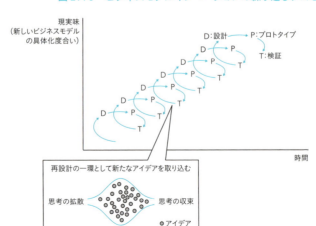

2 **勇気**:「虎穴に入らずんば虎子を得ず」。
3 **繰り返し**:改善はさらなる改善への道を開き、改善を続けることでよりよい結果を得られる。
4 **多様性**:チーム組成では、拡散思考と収束思考の人をバランスよく組み合わせる。
5 **変革**:重要な転換点を見逃さず、具体的にフォローアップする。
6 **要点の整理**:それぞれのテストサイクルで学んだことを忘れずに記録する。
7 **失敗**:我々はみな学ぶ必要があり、失敗こそ成功への道だ。結果よりも学習の方が重要だ。
8 **挑戦**:何度もたくさん質問すること。そうすることで実導入時によりよい成果が得られる。
9 **コーチ**:拡散思考と収束思考を体得している変革思考の持ち主を活用し、プロセスを早回しする。
10 **方向**:まったく違う方向に話を進める「ダークホース」的アイデアも受け入れる。

ここでもう一度ネスレ社のネスプレッソを例として解説したい。ネスレ社のビジネスモデルが成功するには長期間の試行錯誤があった。ネスレ社の研究員であるエリック・ファーブル氏が、コーヒーカプセルに関する特許を最初に申請したのは1970年代であった。その時点では、ネスレ社のコーヒー商材はインスタントコーヒーのネスカフェのみであった。コーヒーカプセルは焙煎コーヒー豆の市場におけるネスレ社のポジショニングを強化する施策の一環として発明された。1986年にネスプレッソは、ネスレ社本体から切り離された別会社となった。コーヒーカプセルは長らく無名の存在のままで、経営トップは売却を検討していた。ところが1988年に新たなCEOがネスプレッソの事業モデルに目を留め、事業の立て直しを始めた。事業モデルの狙いは、将来的に同社が卸業者向けの販売から一般家庭向けの販売に事業を転換するというものであった。このアイデアに基づき、ネスプレッソは各家庭へ向け商品の直接配送を始めた。事業を進めるうちに、小売店を通してコーヒーマシンを販売し、カプセルはオンラインもしくはネスプレッソの専門店で販売するという同社の新しいビジネスモデルが非常に理に

かなったものであることが明らかになってきた。さらに、イメージキャラクターにジョージ・クルーニー氏を起用したことが当たって成長に拍車がかかり、2000年以降は年率35%で成長した。2013年にネスプレッソ社は、年間50億個を超えるコーヒーカプセルを販売し、30億ユーロ以上の売上を稼ぎ出すまでに成長した。

スペインの健康食品チェーンのナチュール・ハウス社（Natur House）もまた、今日の確固たるソリューションに至るまでに、ビジネスモデルの試行錯誤を続けた例と言える。同社の当初のビジネスモデルは、自社製品のサプリメントを、小売店を通じて販売するものであった。ところがスペインで健康補助食品市場の規制緩和が進んだ結果、利益が激減してしまった。その対策として同社の創業者は、将来的にフランチャイズ化することを念頭に自ら小売店舗を開発することを決断した。プロトタイプの1号店舗は、1992年にバスク地方に開店したが、いくつかの理由で失敗し、すぐに閉店となった。店舗開拓時の立地調査が不十分であったこと、店舗を借りずに購入したこと、あまりに大量の製品を並べたことなどが閉店に至った主な理由である。ナチュール・ハウス社はこれらの過ちから学習し、特に小売店舗マネージャーからのフィードバックを重視した形でビジネスモデルを再設計した。その結果、最初のパイロット店舗を開店してからわずか5年後に、年率40%で成長するようになっていた。同社の店舗数は世界で1,800店以上となり、世界最大のフランチャイズ事業者の1社に成長した。

> 事業立ち上げのプロセスでは、投資回収の計算に無駄な労力をかけるより、定性的な面から事業モデルの評価を行うべきである。例えば、自社のビジネスモデルを試すのに最適な市場はどこか？ 初期顧客のフィードバックをどこで入手するか？ 技術進歩に伴う機会とリスクはなにか？ 自社にとって成功の鍵となる新ビジネスモデルに飛びつく顧客はだれか？
>
> ビジネスプランは、仮説に基づいてよく練られた夢である。プロトタイプは仮説が誤っていないかをテストし、学びをうながす。なにを考えるかより、なにをやるかが重要なのだ。

3

変革の管理

Managing change

　ビジネスモデルイノベーションにおける最大の障壁は社内の抵抗である。抵抗勢力に打ち勝つことが、イノベーションの導入を成功させる唯一の方法だ。では、従業員たちが変革に全力で抵抗してくるのはなぜなのか？　簡単に言えば変革に不信感を持っているからだ。マッキンゼーの年次調査によれば、変革プロジェクトの7割は失敗に終わる。変革の成功を阻害する最大要因は、従業員の抵抗と経営陣の後押しがないことであり、ほぼ6割がこれに該当する。変革を嫌うのが人間の本質であり、この状況はずっと変わらない。新たなビジネスモデルが導入され、過去の経験やノウハウをきれいさっぱり忘れるように強制されることは、だれも望まない。現状を失うのは、だれにとっても怖いことなのだ。ビジネスモデルイノベーションを遂行する際には、次のような懸念をほぼ確実に従業員が口にする。

- ビジネスモデルイノベーションが実施されたら、我が社はどんな風になるのでしょうか？
- 既存の事業と競合するのではないでしょうか？　新しいことをするためのリソースがあるのでしょうか？
- 組織はどうなるのでしょうか？　イノベーションで我々の組織になにかメリットがあるのでしょうか？　今やっていることをやり続けた方がよいのではないでしょうか？
- すべて順調なのに、どうして今、変革しなければならないのですか？　競合他社はなにも変えていないじゃないですか。
- 他の部署との仕事のやり方はどう変わるのでしょうか？
- 新会社で私はどうなるのでしょうか？　私に新たな業務を担当するためのスキルはありますか？

- 仕事がなくなってしまったら、私はどうなるのでしょうか?
- 今後も私の居場所はあるのでしょうか?

そして、だれもが心の中では以下のように心配している。
- 私の所属部署や事業部はどうなるのか?
- 私の予算や権限は奪われてしまうのか?
- 私にとってのリスクはなにか?
- 私になにかメリットがあるのか?
- 私はどうなるのか?

　変革の管理には、鉄のように強固なリーダーシップが求められる。社員に講習を受けさせたり、変革の実施についての社内文書を掲示したりするだけでは不十分だ。変革への抵抗は恐ろしく頑強なのだ。過去に我々が実施した変革プロジェクトで、ベテラン社員のひとりが次のように言い放った。「ビジネスモデルイノベーションのプロジェクトが完了したら、報告書のコピーを1部ください。イノベーションのアイデアでしたらこれまで何度も他のコンサルタントからもらっていますので、同じように机の引き出しにしまっておきます。これまでもそうでしたが、今回の施策も我々が実施することはないでしょう」。

① 変革の推進

　変革の実行なくしては、徹底して考え抜いた分析もなんの役にも立たない。ビジネスモデルは実行されて初めて意味を成すが、どんなに素晴らしいアイデアであっても経営トップの後押しがなくては失敗してしまう。経営トップが変革を推進するための5つの重要な方策を以下に示す。

経営トップのコミットメントを示す

　フォルクスワーゲン社のマーティン・ビンターコルン会長は自身のイノベーションプロジェクトへの関与について、「1台1台の車が私の分身だ」という言葉で語った。そして新たな車種の生産開始前には、同氏が自分自身で完成検査を行うことでコミットメントを示した。老舗ボード

変革の管理

　ゲーム会社のラベンスバーガー社（Ravensburger）が新たに販売開始した電子教育システムのチップトイの場合、ビジネスモデルイノベーションの担当役員が常に自分で事前テストを行った。スティーブ・ジョブズ氏は自分でiPadのプロジェクトマネージャーとしての役割を果たし、SAP社を創業したハッソ・プラットナー氏はコア技術である「インメモリー技術」の動向について自分自身で管理統括していた。

　経営陣の行動は、変革プロジェクトに対する経営トップのコミットメントを従業員に認知させる広告塔となる。経営陣がどのくらい変革プロジェクトにコミットしているかについて、従業員は多くの疑念を持っている。経営トップは、新規事業のプロジェクトマネージャーとの打ち合わせにどの程度の時間を割いているのだろうか？　ビジネスモデルプロジェクトの件で、トップマネジメントはどのくらいの頻度でディスカッションを行っているのだろうか？　プロジェクトマネージャーは、経営トップレベルの戦略的な機密情報をどの程度持っているのだろうか？　公式プレスリリースや年次レポート、株主総会などにおいて新たなビジネスモデルはどのように公表されているのか？　既存事業を含めギリギリの経営資源でなんとか運営している状況下で、経営トップはよちよち歩きの新事業をどう支えていくつもりなのか？

　スイスのロンザ社（Lonza）は製薬やバイオ産業向けに製品やサービスを提供している。数年前に当時のCEOが認識した課題は、同社が顧客主義という強みを持つ一方で、画期的なイノベーションを自前で生み出すリソースが欠如していることであった。現状を打開するためにCEOは新たにベンチャーチームを組織して、業界に強い影響力を及ぼす画期的な技術、製品、ビジネスモデル開発への投資を行った。LIFT（Lonza Initiative for Future Technologies：将来の技術動向を踏まえたロンザ社変革プロジェクト）と命名されたこのプロジェクトのミッションは、15年以内に年商5億スイスフランを稼ぐビジネスを作ることであり、目標達成のために毎年最大でおよそ2,000万スイスフランの予算が投入された。金融危機で全社資金が行き詰まったときでさえもLIFT向けの予算が削られなかったことから、このプロジェクトに対する経営トップのコミットメントは明白となった。CEO自身がこのプロジェクトに自社の将来を託しており、従業員、経営陣、取締役会の前でこのプロジェクトを守り抜いたのである。

マハトマ・ガンジー氏の有名な言葉に、「世の中で見たいと願う変化そのものに、あなた自身がなりなさい」という言葉がある。経営トップの後押しが明確でなければ、社員は変革プロジェクトへの協力に否定的なままである。イノベーションには経営トップの積極的な推進が必要不可欠で、そうでなければ失敗に終わることは目に見えている。我々はエグゼクティブMBAワークショップなどの経験から、これまで現場レベルや中間管理職レベル主導で行われた数々の組織構造変革プロジェクトが、すべて失敗に終わったことを知っている。結局のところCEOが「知らないことには手を出さない」というスタンスに逆戻りしてしまうのだ。どんな結末を迎えるかはプロジェクトのスタート時点で決まってしまう、ということを決して忘れてはならない。
　結局のところ、ビジネスモデルイノベーションの立ち上げは、トップダウンでなければ絶対に成功しない。大企業の現場レベルや中間管理職、中小企業の従業員が大して役に立たないと言いたい訳ではない。しかし、いざというときに経営トップの後押しの有無がプロジェクトの成否を決めることを肝に銘じておくべきだ。もちろんプロジェクトの推進に必要なリソース確保の意味もあるが、トップダウンの本質的な重要性は、いざとなったら抵抗勢力に真っ向から対抗できる手立てとしての意義である。

変革の推進に従業員を巻き込む

　変革の推進、プロセスの設計、タスクの定義には社員を直接関与させることが重要だ。こういった活動に参加してくれる社員は変化に柔軟な心の持ち主である。以前、ある自動車部品メーカーで次のような的を射た発言があった。「変革のプロセスに社員を巻き込むのはハイキングにバックパックを背負って行くようなものだ。バックパックを背負えば思ったほど速く歩けないが、その代わりに必要なものをすべて持っていける。疲れたらちょっと休憩して元気を取り戻し、目的地に向かってまた出発すればよいのだ」。
　ドイツ語圏のある中堅印刷会社では、競合他社と同様、値下げ圧力を強く受けていた。そのような状況下、同社の経営陣のひとりは未来の印刷ショップ構想を夢見て、終業後や週末の時間を使って画期的な新会社構想の策定を進めた。ところが、この苦労の成果を戦略

ワークショップで発表したところ、驚くべきことにほとんどの社員が否定的で、新たな構想に正面切って反対したのだ。実際にはこのような問題は頻繁に発生している。自身がCEOでありベストセラー作家でもあるジム・コリンズ氏は、これを面白い例えで表現している。彼によれば、会社は路線バスのようなもので決まった行き先に向けて出発するのだから、それ以外の場所に行きたい人は別のバスに乗った方がよいというのだ。したがってCEOにとって重要なのは、まず初めにプロジェクトへの参加意思をチームメンバーに確認することだ。だれをどの役職につけてなんの仕事をさせるかは、そのあとで相談すればよい。すなわち、だれがバスに乗るのかをまず確認し、そのあとで座席を決めればよいのだ。

ところが現実には、このような形のリーダーシップは面従腹背にあいやすい。社員が表面上は変革を受け入れたようなふりをし、実際にはあれこれと言い訳をして一向に進まないというケースだ。そんな状況に陥ってしまったら対処が難しい。

ではどうすればよいかと言えば、会社組織の全レイヤーの従業員を巻き込むことがイノベーションを進めるうえでの有効な戦略となり得る。我々が大手の物流会社でイノベーションのプロジェクトを進めていたとき、プロセスの検討を進める際に必ずトラックの運転手たちをチームに入れるように徹底した。そして資料ベースで検討をする代わりに、新たなプロセスの検証と、どのように (How?) 実現するかの検討にレゴブロックを利用した。トラックの運転手たちはレゴブロックを使った検討方法をすっかり気に入って、検討段階の後も自分たちが設計に協力した新たなプロセスの現場への導入を非常に積極的に推進してくれた。トラックの運転手たちはだれひとり休むことなく新たなビジネスモデルの導入に向けた作業を進めてくれたが、これはレゴブロックのようなちょっとした小道具が従業員の参加意欲を高めるうえで非常に有効に機能したよい事例と言える。どんなに感動的なスピーチをしたとしても、これほどのやる気を出させることは無理であったはずだ。

この話の面白いところは、やり方次第で従業員のやる気を引き出せるという点である。ただし、やる気を引き出すのは容易でなく、やる気をなくさせるのは一瞬であるため、そんなに簡単な話ではない。CEOの何気ない一言が、社員のブログで瞬く間にグローバル拠点全体に

広がってしまうこともあり得る。そんなことになれば、失言を訂正するまでにCEOと広報担当者は何ヵ月も無駄な労力を費やす羽目に陥ってしまう。数秒間の軽率なふるまいが、リーダーに対する従業員の信頼を回復不能にしてしまうのだ。

変革推進のスターと変革推進リーダーを育てる

変革の推進プロセスにおいては、変革のスターがエバンジェリストとして企業内で変革を推し進め、他の大勢を動かす必要がある。通常そのような変革推進のスターはイノベーションプロセスに多大な貢献をする先駆者である。しかし、大きな影響力を持ち、もっとも声の大きい改革推進反対者にこそ先頭に立って変革を推進してもらうという作戦も理にかなっている。我々がハイテク企業で気の遠くなるほど遠い道のりのイノベーションプロジェクトを支援していたとき、中堅マネージャーのひとりが繰り返し変革に激しく反対し、他の社員にも同じく反対するように働きかけていた。そこでそのマネージャーに相談して変革推進タスクフォースに参画してもらい、逆に変革推進派の中核的な存在になってもらった。最初はかなり違和感があったものの、この戦略はまんまと成功した。もともとは自分が変革の犠牲者であるように感じていたこのマネージャーは、逆に変革を自ら設計して推進する立場となり、その結果、彼も彼を支持する社員たちも、モチベーションが劇的に向上したのだ。犠牲者を積極的な推進派に変身させるというこの戦略は、プロジェクト推進上大きな時間の節約となった。プロジェクト終盤における導入スピードの大きな改善が、初期段階での遅れを取り戻す以上の効果を発揮したのだ。

多くのイノベーションプロジェクトでは、15パーセントの反対派、5パーセントの支援派、そして80パーセントの無関心層が存在する。どのプロジェクトにおいても、新たなアイデアのメリットを反対派に説明して理解させるためにどれだけ時間を割くか、あらかじめ心づもりをしておく必要がある。例えば先ほどの例の場合には、多くの支持者がいる影響力のあるマネージャーを説得してこちら側についてもらうためであれば、相応の努力をして説得を行うことは理にかなっている。それとは逆に、例えば入社以来25年間ずっと同じ仕事をしている製造マネージャーが、自分の担当業務をアウトソースするという新アイデアに賛同

するとは到底考えられない。このような場合には反対派の説得に全エネルギーを向けるのではなく、脇で静かに様子見をしている8割の無関心層に働きかけるべきである。そのあたりを政治家はよくわかっていて、彼らは対立候補者の支持者たちを説得するのではなく、投票先を決めていない大多数から支持を得ることに全力を注ぐのだ。

認知バイアスを防ぐ

新たなビジネスモデルのアイデアを分析して選択する作業において、同じような判断ミスや誤った決断が繰り返し発生している。ここでは、もっとも典型的な原因のいくつかを紹介する。

一般的に人は、日常生活で1日におよそ1万回直感的な決断を下している。それらは例えばいつベッドから出ようとか、今日はどの服を着ようかといったことである。ところがエンジニアや科学者の世界において直感的な決断が許されるのはノーベル賞受賞者ぐらいである。一般的にプロジェクトチームが決定を下す際には、よく使われる分析手法できめ細かく判断の妥当性を示すことが求められる。その一方で事実としては、1970年代のハーバート・サイモン氏の研究結果が示す通り、企業におけるこのような集団的な決定そのものが極めて非合理的である。我々の意思決定には感情が大きな役割を果たしており、自分自身の直感は想像以上に重要なのだ。

マネージャーもまた人間であり、認知バイアスを持つ。アイデアの選択時に合理的でない判断をしてしまう特定の心理学的パターンがあり、主だったものは以下の7つである。

1. 現状維持バイアス：現状を維持したいというのは当然の感情であり、現状を乱すような新たなビジネスモデルではなく、業界の常識を適用したいというのは自然な感覚だ。よって、このような行動をする人が変化を恐れているわけではないということを認識しておくことが重要だ。
2. 松竹梅の法則：だれかに松竹梅3つのオプションを提示すればおそらく真ん中のオプションを選ぶはずだ。およそ世界中どこでもこの法則は機能する。人は極端を嫌うのである。
3. アンカリング効果：どんなにでたらめな数字でもいったん提示されると、その後の代替案は最初に提示された数字との比較で判断

される。ベテランの車の営業マンはこの心理効果を熟知しており、最初にフルオプションの高額な見積りを提示して顧客に印象づけておくことで、その後の価格提案を安く感じさせる。同様に、あるプロジェクトで3億米ドル稼げると経営トップが感じた後で、実際にそのビジネスから稼いだ金額が5,000万ドルだった場合には、せっかく売上拡大に貢献しても経営トップはがっかりするはずだ。

4 埋没費用：仮にイノベーションの収益化に失敗した場合、例えば300万米ドルといった大金を投下したプロジェクトの撤退は難しく、比較的少額の5万米ドルを使っただけのプロジェクトからは撤退しやすい。

5 刷り込み効果：ある事柄について何度も聞けば聞くほどそれは真実だと信じてしまう。取締役会が馬鹿げた営業予測数字を信じていることがあるが、往々にしてその原因は予測数字を何度も何度も繰り返し聞いたためであることが多い。いったん吹き込まれた数字を消し去ることは非常に難しい。

6 損失回避バイアス：さほど大きくないリスクをゼロにできるオプションAと、巨大なリスクを劇的に削減できるオプションBでは、オプションAが好まれる。たとえオプションBの想定リターンが大きく、オプションBの価値がAより高いと期待できる場合であっても、やはりオプションAが好まれる傾向にある。言い方を変えると、安全性を担保するためにはプラス面の大きな犠牲を厭わないということになる。その結果、高い現実価値を持つ新たなビジネスモデルであっても、既存のビジネスよりもリスクが高いとみなされやすい。

7 バンドワゴン効果：1951年にソロモン・アッシュ氏が実施した同調性試験は、周囲からの圧力の圧倒的な影響力をよく物語っている。人は群衆に従いやすく、反対の声がなく、上司が懸命に説得することがなければ、多くの社員は考えなしに流行に乗ってしまう。

戦略的な意思決定に比べ、日常的な意思決定は簡単に行われる。だからこそ逆に、日常的な意思決定ほどよく吟味することが重要である。日々の意思決定が対症療法になっていて、根本原因への対策に

なっていないことが非常に多い。それを防ぐため、トヨタでは「なぜなぜ5回」という手法を導入している。なにか問題が発生したら「なぜ？」を5回繰り返し、それぞれの答えに対してさらに「なぜ？」と自問自答していく。この手法を使うことで問題の根本原因を突き止め、因果関係を把握したうえで意思決定を行うことができる。

> **よい意思決定をするための鉄則**
>
> - 通常イノベーションを取り巻く環境は不確定要素に満ちているので、意思決定をする際には不確定要素の中にある事実を確実に押さえる。
> - 意思決定に関与する人数は最小限にすること。直接関与する必然性のない人が加わることはプロセスを煩雑にするだけだ。
> - 「なぜ？」と問い続けて、根本原因を分析すること。
> - 直感を進んで取り入れること。直感は過去の経験や潜在意識下にある知識に基づいており、複雑な決定をする際に非常に役立つ。
> - 認知バイアスを防ぐこと。認知バイアスの存在を知ることが第一歩である。
> - 意思決定者間でコンセンサスが得られれば、決定を実行に移しやすい。
> - 勇気を持って進むこと。間違いは修正可能であるが、意思決定をしなければだれも仕事を進められない。
> - 主導権争いや利害の不一致について率直に話し合うこと。
> - 失敗から学ぶこと。失敗はつきものだが、同じ失敗を繰り返さないことが重要だ。

肥満の喫煙者症候群

シャワー水栓メーカーのハンスグローエ社（Hansgrohe）CEOのハンス・グローエ氏が次のように語ったことがある。「イノベーションに必要なのは、思考力、忍耐、資金、幸運……そして頑固さである」。イノベーションとは変革を意味し、変革は簡単には進まない。あるカンファレン

スでのカトリック司教の話によれば、ローマ教皇からの手紙が世界中のローマカトリック教会の全司教へ行き渡るまでに、およそ50年かかるとのことだ。おそらく世界最大の団体であり10億人以上の教徒を抱えるカトリック教会よりも、ほとんどの企業が素早く動けることは確かだが、新たなアイデアを導入するのに要する時間を甘く見積ってはダメだ。研究者の推定によれば、画期的な開発が、初期のアイデア段階から成長を遂げて商用化されるまでには30年を要するそうだ。

　中間管理職は、市場環境に対応する短期的な戦略を高く評価する。例えばコダック社は短期戦略に基づいてアナログ写真事業を継続した。ところが「短期戦略」という言葉自体が実際には矛盾をはらんでいる。そもそも短期的な目的達成を図ることは、長期的であるべき戦略の定義と異なるからだ。市場、技術、消費者、競争環境の変化の結果、すでに現実とはほど遠い過去の業界常識から抜け出せない企業が実に多いのだ。

　そういった会社の社員は肥満の喫煙者と似ている。健康上のリスクに気づいており、実行可能な問題解決方法がわかっているにもかかわらず、決意と自己抑制力が足りないために実行できない。1本のたばこや豪勢な食事の誘惑が大きすぎるのである。それが専門知識の有無の問題でないことは、健康管理の専門家である医者の喫煙率が一般の人より高いことからもわかる。ビジネスの世界に話を戻すと、長期的にコスト全体を賄えなければ事業継続できないのに、固定費の一部を賄いたいと言って目先の契約獲得に奔走してしまう。誘惑に負けず目先の小さな契約を断り、将来を見据えた劇的な変革を優先することは非常に難しい。本来は、目先のビジネス獲得と将来への備えの両方が必要なのだ。企業が近視眼的に現状の事業にばかり集中するから、将来的な問題が生まれるのだ。

　もう一度、医療の例えに戻ろう。いったん腫瘍が大きくなってしまったら、たとえ切除には劇的な痛みを伴い、手術後の回復に時間を要するとしても、腫瘍の切除以外に対処策はなくなってしまう。コンサルタントでありハーバード大学の元教授であるデイビッド・メイスター氏は肥満の喫煙者症候群を深く研究し、それを解決すること、すなわちエネルギー、自己抑制心、集中力を養い、短期的な誘惑に負けることなく、持続可能な事業を構築することこそが、まさに経営者の使命であ

ることを見出した。

② アクションプランの定義

アクションプランの大枠を決めることは、変革をうまく進めるうえで根幹となるステップである。このアクションプランを日々の判断基準として社員が利用することで、不透明な将来への恐れが和らげられる。アクションプランとしては、行動指針となる長期的なビジョンと、着実な前進を確認する短期マイルストン達成の2つを目標として掲げることが必要だ。

ビジョンの検討

どの変革プロジェクトにも明確な長期ビジョンが必要だ。当社はどこに向かっているのか？ 3年、5年、7年後にどんな状況にあるのか？ なぜ変革しなければならないのか？ それらビジョンは明確に伝える必要がある。目標が不明確なために、ほとんどのビジネスモデルイノベーションが失敗に終わるのだ。

> ビジョンとは実施期限つきの夢である。ビジョンをいつまでに実現するのか定まっていなければ、それは夢のままだ。もし日々の予定で忙しくて夢を持てないのであれば、現状に甘んじるしかない。

ただし失敗原因の多くはコミュニケーション不足でなく、コミュニケーション過多である。今日の従業員は電子メール、社内通達、週次ミーティングをはじめとする情報の洪水に流されており、どの情報が重要でどの情報がそうでないかを判断することは容易ではない。あるビジネスモデルプロジェクトで一緒に仕事をしていたマネージャーのひとりが極端な行動に走り、自分の電子メールアドレスに次のような不在通知の自動返信の設定をして、電子メールをまったく読まなくなったことがある。「電子メールは読まないことにしました。本当に重要な要件がありましたら携帯電話にお電話ください」。

変革の推進をプロジェクトとして進める際は、どのように社員とコミュニケーションをとるのか、よく計画しておく必要がある。ハイテク業界に

おける我々のプロジェクトパートナーの1社では、社員集会を有効に活用している。この社員集会は変革推進者にとって理想的な場所で、社員やマネージャーと直接会って話ができ、しかも企業の主要な拠点すべてで開催され、拠点の従業員全員が参加する。また、ビューラー社では面白い方法で新たなイノベーションプロジェクトの社員への浸透を図った。プロジェクトのポスター、旗、ステッカーを自社敷地内のそこら中に掲示し、さらにはあちこちでプロモーションビデオを流したのだ。変革の管理においては"目に見える物こそが真実である"ということを思い出してほしい。アクションプランが決まっていなければ、社員は従うことができないのだ。

　問題は、なにをどのように伝えるかだ。計画を社員に伝える際には社員によくわかる言葉で話しかけることが重要だ。経営層向けのメッセージと、現場の営業担当者向けのメッセージとは当然違ってくるはずだ。さらに、変革の実施が話しかける相手にとってなにを意味するのかを明確に理解しておくことが必要である。それぞれの社員は変革が自分に及ぼす影響を理解する。オンライン販売の導入で営業担当の日々の生活がどう変わるのか？　どの業務が残り、どの業務がなくなるのか？　現状の業務がなくなった従業員の新たな業務はなにか？社員から変革へのコミットメントを得るためには、これらの疑問への明確な回答が必要だ。

早期に成果を得る

　自社が進む方向性について確固たる長期ビジョンを持つことに加え、短期目標を早期に達成することが重要だ。まず簡単に手に入る成果を収めよう。ビジネスモデルイノベーションにおける早期の成果とは、顧客からの前向きな反応、重要なパートナーとの交渉の成功、さらに、実際にビジネスモデルの導入が始まった時点では最初の顧客からの契約獲得など、さまざまなものがある。このようなちょっとした成功体験が重要である。というのも、それによって事業の変革がよい方向に向かっているという安心感を得られ、反対勢力を黙らせることができるからだ。これら早期の成果をみんなで祝うことで、前向きな流れを全社に生み出すのだ。

　2011年に、おそらく世界でもっとも革新的な企業と言える3M社が

いくつかの国でサービス事業を開始した。これは顧客別にカスタマイズされたコンサルティング、プロジェクト管理、トレーニング、製品サポートをワンストップで提供するもので、3M社の全製品が対象だ。5万種類以上の製品と45種類以上のコア技術を持ち、製品と技術の研究開発が企業DNAである3M社にとって、サービス事業の開始は非常に大きな転換であった。したがって、この試みに対する社内の抵抗は相当なものであり、経営陣としてはサービス事業が自社の製品ラインに対して有益であることを目に見える形で示さなければならない状況にあった。実際に1号案件を受注し、案件によって製品販売も増加したことがわかると、新たなビジネスモデルは急速に社内に浸透していった。

経営陣は早期の成果目標をあらかじめ計画に盛り込んでおくべきである。成果をただ待つのではなく、顧客のフィードバックを得られるように進めたり、ビジネスモデル全体の中で比較的容易に短期目標を達成できそうな施策に絞って推進したりするなど、ある程度はコントロールできる話である。特に初期の段階では、たとえ大した話でなくとも、うまく進んでいるという情報を継続的に社員に発信することが重要である。

しかしその一方で、長期ビジョンを見失ってはならない。短期目標と長期目標のバランスをとりながら健全に進めたい。

③ 構造と目標の定義

変革の推進における3つ目の重要な視点が、全体構造、プロセス、目標の正式な決定である。物事を進めるには、だれもがインセンティブを必要とするのだから適切な社内ルールを正式に定めて、ビジネスモデルイノベーションをプロセスとして進められるようにするべきだ。

全体構造を定める

ビジネスモデルイノベーションを実行する方法はいくつかある。具体的には、既存事業の一部としての実行、新たな事業組織としての実行、あるいは独立した新会社の設立などである。どのやり方が最適かはその時々の外部環境にもよる。先に触れた3M社のケースでは、自社の中核事業とは独立した存在であることを明確にするため、3Mサービスを新たな事業組織とすることを初めから考えていた。CEWE社も同

社の新たなデジタル印刷製品事業をスピンアウトさせた。そうしなければ、抜本的な革新を使命とする新会社が、同社が長年の積み重ねで確立した非常に効率的な自社製品や技術とぶつかってしまうからだ。この考えに基づいて、1997年にCEWEデジタル社（CEWE Digital）が設立された。既存事業との競合を避けるため、新会社のCEWEデジタル社では、ほとんどの従業員を異なる技術バックグラウンドを持つ他業界から採用したので、CEWE社との良好な協業関係構築に成功した。新会社には、新たなアプリケーションに利用する新技術、新製品、新プロセスの開発を進める十分な裁量が与えられていた。その後2004年にCEWEデジタル社は改めてCEWE社に再統合された。その結果、親会社の社員の多くは新たなデジタル製品を扱えるようになり、CEWE社の製品ポートフォリオはより多くのデジタル製品によって継続的に拡充、強化されていった。今日では、CEWE社は欧州のほぼすべての市場におけるリーダーであり、各市場におけるシェアの平均は4割を超えている。2009年時点で、同社は年間26億枚以上の写真、360万冊以上のデジタル写真アルバム、その他関連商品を販売した。

新ビジネスをスピンアウトするかどうかにかかわらず、初期の段階においてイノベーションを既存事業から「守ってやる」ことが非常に重要である。エボニック社（Evonik）では別の施設でイノベーションを実施し、同社のベンチャーチームはまるでスタートアップ企業のように扱われた。多くの企業ではさらに一歩進んだ仕組みとして、ビジネスモデルイノベーション用の施設にセキュリティシステムを導入して部外者の立ち入りを制限している。エレベーターやエスカレーターのメーカーであるシンドラー社（Schindler）では、物理的に外部から切り離され、セキュリティで守られた別建ての専用施設を抜本的なイノベーションを行う隠れ家とし、許可を得た社員のみに出入りを制限した。1980年代にはスティーブ・ジョブズ氏と彼が率いるチームが、マッキントッシュ製品群をアップル社敷地内の独立した建屋で開発したが、屋上には海賊旗が掲げられていた！

このような劇的な方法を採る理由は、新たなビジネスモデルが、競合する自社内の既存事業部隊から攻撃を受けることを避けるためである。大企業では新ビジネスに対する反対勢力が、新ビジネスで必然

的に発生する失敗やミスに襲い掛かろうと手ぐすね引いて待っているのだ。SAP社が、中堅企業向けにクラウド技術を使った新しいソリューションとしてSAPビジネスバイデザインの開発を進めていた際には、開発チームには厳しくセキュリティ管理された別棟の建物が割り当てられ、SAP社の他の社員が新ビジネスチームの作業を邪魔することのないように徹底された。

> 管理上も物理的にも既存事業から切り離すことで、新ビジネスモデル推進チームがもっともうまく機能する。そうすることで、業界の常識を打ち破り、抜本的な新アプローチを生み出しやすくなるからである。それと同時に、新ビジネスモデルが生き残る確率も高まる。初期の段階では必ずミスが発生するが、だからと言ってあきらめる必要はない。新たなビジネスモデルを受け入れさせるには、既存組織内に強引に押し込む必要があるが、これは容易な道ではない。

目標の設定

変革の推進においては、ビジョンと長期的なアクションプランに加え、インプットとアウトプットに関する具体的な目標設定も非常に重要である。目標設定の標準的な定義方法として、我々は以下のSMARTアプローチを推奨している。

- 具体的（Specific）：目標は具体的かつ詳細であること。
- 測定可能（Measurable）：目標は明確に計測できること。
- 受け入れ可能（Acceptable）：チームにとって受け入れ可能な目標であること。
- 現実的（Realistic）：目標が達成可能であること。
- 実現期間（Time-bound）：目標は定められた期間内に達成可能であること。

ビジネスモデルイノベーションでは目標設定を慎重に行う必要がある。特に最初の段階においては、固定的な目標でなく、創造性を生かすためある程度の裁量の余地を残した目標を設定することが重要だ。ある大手ソフトウェア会社での話だが、経営管理部門が事業開

発部門をしつこく監視し、ベンチャーキャピタルがスタートアップ企業を管理する方法で新規事業開発を管理するように求めてきたため、事業開発マネージャーが上司に対策を相談した。新規事業への投資を成功させるには、事業開発チームに職務遂行上の特権としてある程度の自由度が必要だからだ。幸いにも上司はその事業開発マネージャーの要望を聞き入れ、結果を示すことを求めないという条件で3年分の予算を割り当てた。

消費財メーカーのヘンケル社（Henkel）には「3×6チーム」という制度がある。6人の研究開発社員が、それぞれ6つの製品企画を、6ヵ月間自由に検討できるという制度である。期間終了時に結果として求められるのは6つの製品企画案だけであり、それ以上はなにも求められない。このアプローチがビジネスモデルイノベーションにも有効であることは疑う余地もない。イノベーションに自由度は欠かせないのだ。

あまりに早い段階で目標を設定すると、ビジネスモデルイノベーションがつぶれてしまう恐れがある。なんらかの目標数値を設定する前に、まず市場でパイロットテストを行うべきだ。いったん目標が設定されると、長期的な成功のために必要な条件を整えることよりも、短期的な目標達成を優先した意思決定がされやすくなる。3M社はこのような危険性に気づいていたことから、3Mサービス社の立ち上げにあたり、同社CEOに対して明確な目標やKPIを設定する前に、1年間は自由に活動をしてよいという裁量権を与えた。3Mサービス社のCEOは次のように話している。「まるまる1年間を具体的な目標設定なしに自由に使えるというのは夢のような話でした。そして実際にその戦略は正しく、ビジネスモデルがうまく回り始めるまでには時間が必要なのです」。時の流れが、同氏が正しかったことを証明した。今や3Mサービス社は、売上全体の約4分の1を中長期の統合型ソリューションからあげている。

成果管理システムの導入

目標を設定するのに加え、個々の社員、チーム、さらにはイノベーション全体の成果をさまざまな軸で測定することが重要だ。ダッシュボードで進捗を管理し、進むべき方向からずれてしまっている場合には必要な修正を行う。もちろん目標に対する進捗の管理が成果測定の主目

的だが、チーム間の競争意識を刺激することにも役立つかもしれない。例えば、我々が関与したあるイノベーションプロジェクトでは、毎週社内のカフェテリアで各地域のチームが達成した短期的成果の数々を掲示した。その結果、よい意味でチーム間の競争が激化し、イノベーション導入プロセスの加速に大きな貢献を果たした。

　目標達成を促進するうえでインセンティブの効果は絶大であり、ビジネスモデル導入を進める際にぜひ活用したい。言うまでもなく、インセンティブが金銭的なものである必要はない。表彰など他のインセンティブでも社員のモチベーションを高められる。CEWE社では優れた企画案にはボーナスが与えられ、さらに企画案が選定された場合には事業開発の候補として経営トップ向けのプレゼンテーションの機会が与えられる。このような機会に、社員が金銭以上の価値を感じることもある。スイスの技術会社であるビューラー社では社員向けのイノベーションコンテストを実施している。優勝したチームは、ハーバードビジネススクールの授業を受講するか、あるいは自分たちのアイデアを事業化するための資金提供を受けるかのどちらかを選べる。セメントや鉱物資材の大手サプライヤーであるデンマークのFLスミス社も同じようなインセンティブを実施しており、優勝チームはデンマークのMITと呼ばれるDTU（デンマーク工科大学）の専門家の指導のもと、業務時間の半分を使って自分たちのプロジェクトの事業化を推進できる。このような報酬は2つの側面でモチベーションを向上させる。ひとつは金銭や地位といった外的要因、もうひとつは事業の推進業務そのものが社員を鼓舞するという内的要因である。我々の経験上、内的要因がモチベーションとなっているチームの方がイノベーションに成功する確率が高い。

④ 実行能力の構築

　ビジネスモデルイノベーションの市場導入は、数々の実績によって積み重ねられた知識と実行能力があって初めて成功する。さらに言うと知識は必要条件で、それが現場で正しく実行されて初めて意味を成す。別の言葉で言うと、新たなビジネスモデルが実際に運用開始されるまで、同一チームで継続的に対応する必要があるということだ。

適切なチームメンバー選定

　他のすべてのプロジェクト同様、ビジネスモデルイノベーションにも資源が必要である。最初の設計フェーズでは、予算よりも明確なビジョンと決意が重要である。まずは経営陣をはじめプロジェクトに関与する全員がプロジェクトの背景を理解することが非常に重要だ。マーチン・ルーサー・キング氏の歴史的な名言「私には夢がある……」が、もし「私には予算がある……！」であったら、聴衆が彼を支持することはなかったであろう。しかしながら予算の有無が、経営トップがプロジェクトを明確に支持しているサインであることはまったく否定しないし、優秀な社員たちを日々の業務から外し、新たな任務を与えることによる損失費用は大きなものである。

　今日のビジネスにおいてチームワークは必須であるが、実際にはチームメンバーの選定はほぼ常に行き当たりばったりで行われている。プロジェクトの成果は、携わるチームの能力以上に優れたものになることはないということを鑑みると、これは大問題である。チームメンバーの選定は専門知識、業務形態、社交性といった個人の特性を踏まえたうえで、さまざまな業務機能や業務経験といったバランスを考慮して行われるべきである。また、創造力を働かせてチームに貢献できるメンバーを揃えることが必須である。ヘンリー・フォード氏が「なぜもっと手が欲しいと言っているのに頭まで付いてくるのか？」と嘆き悲しんだ逸話は、単純労働力だけを必要とした大昔の話に過ぎない。

　過去においてイノベーションの任務はエンジニアによる研究開発に限定され、「クリエイティブな」天才社員のみにイノベーションが委ねられていた。我々の理解では今日のイノベーションは、そしてビジネスモデルイノベーションの場合は特に、全社横断の相互作用的なプロセスであり、可能な限り多くの視点からの検討が求められる。ビジネスモデルイノベーションでは初期の段階から、研究開発部門に加え、マーケティング、戦略企画、営業、製造、物流、購買、さらには顧客や取引先を巻き込むことが必要だ。プロジェクトが小規模な中核チームだけで始まった場合には、必要とされる補完的な情報を収集しなければならない。そうでなければビジネスモデルの設計段階で盲点が生じるリスクがあり、盲点に気づかないまま進めてしまった場合、最終的に

致命的な事態に陥りかねない。

チームメンバーを決定する際に考慮すべき10の鉄則を以下に示す。

> ### チームメンバー選定チェックリスト
>
> 1. チームにはマーケティング、技術、戦略企画、物流、製造、購買など関連するすべての機能分野のメンバーが含まれているか?
> 2. 顧客や潜在顧客、あるいは最低でもその代理となる人が含まれているか?
> 3. 業界の常識や自社の常識にとらわれずに考えることができるメンバーが十分な人数含まれているか?
> 4. 自社の業界出身でないチームメンバーを含んでいるか?
> 5. 特に初期段階で社内のしがらみに打ち勝つために必要となるモチベーションを備えたメンバーか?
> 6. 単なる議論が目的でないことを全員が理解しているか? 日々の業務を実践する経験を積んだ実務に強いメンバーが十分な人数含まれているか?
> 7. チームメンバーの社内人脈は十分か? その一方で社内の人間関係に縛られずに自立した行動ができるか?
> 8. チームメンバーの中にプロジェクト推進役となるムードメーカーはいるか?
> 9. 一連のプロセスを進めるための十分なノウハウが社内にあるか? あるいはプロセスを進めるうえで社外の進行役が必要か?
> 10. 経営トップの中にプロジェクト費用の面倒を見てくれる人がいるか?

不足した能力の構築

ビジネスモデルの詳細を検討し始めると、プロジェクトを実施するうえで自社に欠落している能力に気づくことがある。その場合の対処方法として以下の3つがある。

- **社内での能力開発**:OJTを通じて必要な能力開発を実施したり、

新たな社員を採用したり、あるいは教育講座を開設したりして、社内で能力開発を行うことが可能だ。この場合にはプロセスに時間を要するため、辛抱強く行う必要がある。技術系コンサルティング会社のツルケ社（Zuhlke）は2010年にツルケベンチャーという新たな事業部門を作りスタートアップ企業への資金提供と技術支援を開始した。その時点で同社にはベンチャーキャピタルのノウハウがなく、ゼロから積み上げていく必要があった。同社は経営陣のうち2名を同事業に専念させることでベンチャー投資ノウハウの獲得に成功した。この成功により、同社は技術専門企業でありながらベンチャーキャピタル機能を持つ存在として、スタートアップや起業家の間で有名になった。

- **外部提携による補完**：能力構築の2つ目の選択肢は外部パートナーとの提携である。パートナーを通じて自社に必要なあらゆる機能を補完可能だ。同じ目的で新たに社員を採用するよりも、このやり方の方が簡単に目的を達成できる。例えば3Mサービス社は3M製品をベースとした各種のソリューションを提供することを決めたが、3Mサービス社自体には必要なリソースやサービス能力が欠落していた。一方で、業務を委託できる優れたサービス事業者が存在していたことから、必要なサービスはすべてパートナー企業に委託することにした。具体的には次のような仕組みである。ある車のディーラーが、車に使用するため3M社のビニール製ステッカーを注文する際、納入スケジュールから支払いまですべての工程について3Mサービス社の担当者に相談するが、実際にビニールを貼りつける作業は3M社の認定パートナー企業が実施する。この作業について3Mサービス社が提携しているパートナー企業は30社以上ある。なお、対象分野によっては3Mサービス社の委託先サービス事業者が1社のみという場合もある。

スイスを拠点とする衛生設備部品メーカーのゲベリット社（Geberit）は、2000年にプッシュ戦略からプル戦略へビジネスモデルを根本的に変革した（ビジネスモデル19参照）。製品を小売業者に販売する代わりに、消費者に対して直接販売を始めたのだ。同社はこれまで最終顧客に対する製品の直接提供の経験がなく、この戦

略を導入するために必要となるノウハウを持っていなかった。そこで水道設備業者とのパートナーネットワークを構築することを決めた。ゲベリット社はネットワークに加盟するインセンティブとして、パートナー各社に無償サポート、展示会への参加、継続的な教育プログラムやセミナーなどを提供した。この新たなビジネスモデルはうまく機能し、今やゲベリット社はスイスとドイツにおける市場リーダーの地位を獲得した。

- **買収による能力獲得：**能力獲得の最後の選択肢として、外部企業や事業部門の買収がある。これは能力獲得のもっともスピーディーな戦略である一方で、もっともリスキーな戦略でもある。

ルフトハンザドイツ航空社（Lufthansa、以下ルフトハンザ航空社）が、格安航空会社各社との競合に悩まされていたのはそれほど昔の話ではない。ルフトハンザ航空社のコスト構造では自社で格安航空サービス事業を構築するのは不可能であったため、代替策として同社はジャーマンウイングス社（Germanwings）を買収した。ところが買収後の同社は、格安航空会社に対する顧客要望と高級路線ビジネスへの顧客要望の板ばさみに直面し、てんやわんやの状況となってしまった。特に難しい状況であったのは、新たな事業モデルである格安航空サービス事業が従来型の事業領域へ侵食を続け、従来顧客にショックを与えるようなケースが生まれたことだ。同社サービスに不満をもったある顧客が、ルフトハンザ航空社のフェイスブックページに書いたコメントに次のようなものがあった。「ルフトハンザはきちんと仕事ができるのか本気で疑い始めたよ」。

オラクル社（Oracle）の創業者であるラリー・エリソン氏は派手な買収をすることで有名である。同社はもともとデータベースソフトウェアを扱っていたが、過去10年間で500億米ドル以上を費やして外部企業の買収を進めた。これらの買収の目的はオラクル社をITソリューションプロバイダーに変貌させることであった。今日、同社の企業顧客はすべてのITニーズをオラクル社で満たすことが可能で、データベースソフトウェア、オペレーティングシステム付きのハードウェア（サン・マイクロシステムズ社〔Sun Microsystems〕より獲得）、仮想化と管理ソフトウェア（バーチャルアイロン社〔Virtual Iron〕

より獲得)、ERPソフトウェア(ピープルソフトウェア社〔People Software〕、BEAシステムズ社〔BEA Systems〕、シーベル社〔Siebel〕の各社より獲得)、クラウドベースのCRM(ライトナウ社〔RightNow〕より獲得)といった各種製品を同社から購入できる。業界関係者の間では、技術的あるいはビジネス的な意味において、買収先とうまく連携できているのかどうか疑問であるといった声もある。同社のビジネスモデルは依然として発展途上であり、長期的に見て成功であったかどうかは現時点では判断できない。しかしオラクル社のビジネスは成長を続けており、フォーブス誌は同社を世界第2位のソフトウェア会社としており、少なくとも同社の成功要因の一部は買収による成果と言える。

　イノベーションもまた買収可能であり、多くの企業がコーポレートベンチャーキャピタル事業に参入している。一例として3Mニュー・ベンチャーズ社(3M New Ventures)があるが、同社は新たな投資機会を求めて継続的に市場調査を行っている。3Mニュー・ベンチャーズ社の特徴は、同社のコアコンピタンスを拡張できる戦略的に有望な事業領域に絞って投資機会を探っていることである。

イノベーション文化を確立する

　特に技術志向の企業が甘く考え、あるいは完全に忘れがちであるのが、変革の推進における企業文化の影響力である。これら企業では、しばしば企業文化を宿命的な、変えがたいものとして扱っている。例えば次のような具合である。「すべては我が社の文化の一部だが、我々は単なるエンジニア集団であり……それが我が社のやり方だから仕方がない」。ところが実際には、経営陣が企業文化を主体的に形作ることが可能である。

　3M社は強力なイノベーション文化を持つことで有名である。この文化の目に見えるわかりやすい例のひとつに「15%ルール」がある。3M社の全従業員は、通常の業務の範囲を超えて自分の時間の15%を創造的な作業に費やすことが認められている。3M社の施策に倣い、グーグル社のように多くの革新的な企業が同様の施策を実施している。3M社の人々と仕事をすると、新たなアイデアに対するオープンな

姿勢が同社のアイデンティティとして刻み込まれていることを感じずにはいられない。3M社は毎年イノベーションサミットを開催し、従業員が自由にイノベーションのアイデアを議論する場を提供している。

ゴアテックス素材で有名なW.L.ゴア＆アソシエイツ（W.L. Gore & Associates、以下ゴア社）にも同じようなイノベーションの精神が感じられる。8,000名を超える社員は、投票という民主的な方法で取締役会の会長を選出する。同社には、だれもが本質的に一生懸命働きたいというモチベーションを持っており特別な指図は必要ない、という確固たる運営指針がある。ゴア社の8,000名の従業員は全員が共同経営者であり、プロジェクトのリーダーはチームの同僚の中から投票で選ばれる。新入社員は上司の下につくのではなく、所属チームのだれかがメンターとなって相談に乗る。同社ではひとつの事業部の人員が150名を超えることは許されておらず、それによって柔軟性を保つとともに階層化を防いでいる。もし特定の事業部が150名を超えて拡大した場合は、同社がアメーバ原理と呼ぶルールに則って事業部が分割される。このアプローチのおかげで、非常に革新的で開放的なゴア社の文化は脈々と受け継がれ、繊維素材分野だけでなく、医療技術、エレクトロニクス、工業製品などに事業分野を拡大している。同社CEOのテリー・ケリー氏は見方によっては無政府主義とも言える同社の文化を全面的に支持しており、次のように言っている。「上下関係や役職は不要です。もし会議を招集してだれも来ないのであれば、それはすなわち自分のアイデアがよくなかったということなのです」。

ゴア社では以下の原則を指針としている（訳注：「指針となる原則」の詳細はゴア社ウェブサイト参照　http://www.gore.com/ja_jp/)。

1 自由（Freedom）：自分らしさを大事にし、自分を磨き、そして自分のアイデアを生み出しなさい。失敗や間違いは許容されます。ですから、それらを乗り越えなさい。間違いは創造プロセスの一部と見なされます。

2 コミットメント（Commitment）：私たちはだれかの指示で仕事をするのでなく、自分自身で仕事にコミットし、その状態を保ちます。

3 公正（Fairness）：ゴア社では、社員同士、サプライヤー、顧客、取引のあるすべての人に対し心より公正であろうと努めます。

4 喫水線（Waterline）：ゴア社では、「喫水線以下」で自社に深刻な

損害を与える恐れのある行動を起こすときは、事前に他のアソシエイトに相談します。それ以外は、実験することは推奨され、むしろ要求されます（訳注：喫水線とは船の側面の水面のことであり、喫水線以下に穴があくと船内に浸水し、沈没するなど深刻な被害を及ぼす可能性がある）。

ハーバード大学のマイケル・スターン教授は、強力なイノベーション文化を持つ企業に見られる具体的な特徴について研究を行った。

- **従業員の自発性：**権限委譲が重視されている。
- **非正規プロジェクトへの作業許可：**エリクソン社（Ericsson）ではイノベーションのための非正規な活動に社員が時間を割くことを会社として正式に認めている。非正規プロジェクトは経営陣に指示されたものでなくてもよい。BMW社でもっとも成功した車種のひとつであるツーリングシリーズは、BMW社では開発計画がなかったため、社員のひとりが自宅のガレージで開発した。初期のプロトタイプを見るまでは、このモデルが成功するとは経営陣には想像すらできなかったはずだ。しかしもちろんこの施策は諸刃の剣でもある。我々が耳にするのは水面下で開発をして成功を収めたプロジェクトの話だけであり、その陰に数百万件の失敗プロジェクトがあったかもしれないからだ。
- **セレンディピティ：**偶然の幸運というチャンスをものにする能力。ここでのポイントは、偶然現れた機会をとらえて現実のものにすることである。3M社でポストイットが生まれたのはこのような流れであり、偶然生まれたアイデアを後でうまく商用化したのである。ゴア社のアメーバ組織は、このプロセスを促進するように設計されている。
- **従業員の多様性：**技術、職歴、社会環境、国籍などに関して、多様なバックグラウンドを持つ社員を集めている企業はより革新的である。世界的なデザイン会社のアイデオ社では、多様性をクリエイティビティ促進の中核要素としている。
- **徹底したコミュニケーション：**ほぼすべてのイノベーションはコミュニケーションの結果として生まれている。すべてのビジネスモデルイノベーションの90％は既存のアイデア、概念、パターンの組み

合わせである。個人の発明家による画期的な発見は依然として重要であるが、チームワークによって達成し得るイノベーションの潜在的な可能性の前には色あせてしまう。

　上記すべての特徴は経営陣が意図的に方向づけたり影響を及ぼしたりできる類のものである。企業の文化を特定の方向に形作ることは、新たなツールの導入よりもずっと難しいことだが、不可能ではない。自分の手でコントロールできる重要な操作レバーは、従業員、目標設定、失敗の扱い方、そして全社の手本としての自分自身のふるまいである。

　ビジネスモデルイノベーションの成功には開放的な文化と失敗を学習の源として前向きにとらえる能力が求められる。これはパラドックスでもあるが、危ないことには手を出さない主義の人が新たなビジネスモデルのアイデアを却下するとき、10回中9回は正しいのである。ただし、そのような人が会社をコントロールしてしまったら、その会社でイノベーションが生まれる可能性はゼロとなり、いつかは競合企業に負けることになる。強力なイノベーションの文化は、業界の常識を打ち破るのに必要な勢いを生み出す下支えとなるが、そのような文化をそれほど容易に醸成できるわけではない。人間とは習慣の生き物である。現状維持に比べてイノベーションがどんなにワクワクする素晴らしいことなのかをみんなに気づかせるためには、不断の努力を続ける必要があるのだ。

PART 2

ビジネスモデル全55の勝ちパターン

我々の調査の結果、多くの新ビジネスモデルの元となっているのは、繰り返し発生する特定のパターンであることがわかった。これはビジネスモデルのイノベーションを目指すすべての人にとって朗報である。なぜなら、白紙の状態から外部視点で画期的な思考をするのは非常に難しいからである。新たなアイデアを生み出すための心理的な障壁を乗り越えようとする際に、枠組みとして整理された55種類のビジネスモデルパターンが的確に機能する。

　これら55種類のパターンを深く理解することは、ビジネスモデル・ナビゲーター手法をうまく適用する重要な前提条件である。パターンをもとに創造的な模倣と組み合わせを行うには、まずパターンを深く理解することが求められる。なぜなら模倣は単なるコピーとは異なるからだ。つまり、ビジネスモデルの全体的な意味合い、主たる成功要因や特徴をとらえ、個別の状況に適切に当てはめることが必須となる。そうすることで初めて、組み合わせと創造的な模倣の威力が発揮されるのだ。

　このPART 2では、55種類のビジネスモデルパターンを詳細に解説する。各パターンにその発祥、基本的な仕組み、活用するうえで自問自答すべき事項、イラスト、多数の事例と逸話を掲載し、各パターンについて深い洞察を得るとともに、イメージを膨らませることができるようにしている。

　PART 2の要点は以下の通りである。

- 自社のビジネスモデルを革新するために車輪を再発明する必要はない。過去に成功したビジネスモデルのほとんどは55種類のパターンの少なくともひとつに立脚している。
- ビジネスモデルパターンは特定の業界に縛られるものではなく、さまざまな業種業態に適用できる。ビジネスモデルイノベーション成功の鍵は、いずれかのビジネスモデルを過去に利用されていない形で自社の事業に適用することである。
- 自社のビジネスモデルを再考し、まったく新たなビジネスモデルを創造する共通基盤として55種類のパターンを活用する。
- 個々のパターンの定義に固執する必要はない。PART 2を読んでいる間にも、例えばパターンを組み合わせることで、画期的なアイデアが生まれるかもしれない。

※PART 2の文中では、ビジネスモデルイノベーションの路線図(p.44参照)に登場する企業・製品・サービスにマーキングをしています

Add-on

アドオン

= 追加オプションへの課金

| Add-on

基本パターン

アドオン（Add-on）のビジネスモデルでは、サービスや製品の本体部分を安価で提供し、さまざまな追加オプションで最終的な価格が高くなるようにする。顧客にとっては初めに思っていたよりも結果的に多く支払うことになるが、必要な

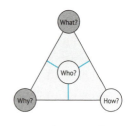

オプションだけを選択できるというメリットがある。よく知られた例としては格安航空券が挙げられる。基本料金は低価格だが、クレジットカード利用料、機内食、荷物への追加料金など、追加オプションが「アドオン」され、最終的な価格は高くなる。

アドオンのパターンでは非常に洗練された価格戦略が必要となる。一般的には、集客のために製品本体を思い切った低価格に設定する。製品本体を安くする戦略は、基本料金を比較するオンラインサービスと相性がよい。FareCompare.com や Skyscanner.net では低価格の航空チケットの料金を比較できるが、同じようにホテル、レンタカー、ツアー旅行などの料金比較サービスがある。価格を横並びで比較すれば、もっとも割安な商品へ消費者が集中し、「勝者総取り」が助長される。

上記の通り、顧客は追加のオプション部分にまとまったお金を支払うのだが（Why?）、オプションの内容としては、アップグレード、付帯サービス、製品の拡張パック、あるいは個別カスタマイズまで幅広く考えられる。アドオンに追加でお金を支払うか、あるいは本体部分のみ利用するかは、顧客の選択に委ねられる。この点がアドオンモデルの顧客メリットであり、自分の好みに合わせて製品をカスタマイズしたいのか、オプションはいらないのかは、選択の自由である（What?）。逆に、顧客が追加のオプション機能を選択した結果として（What?）、最終的な価格が類似の競合製品の価格より高くなることもあり得る。

一般的には、機能の検討段階において、最大数の顧客に必要最小限の機能を提供できるように基本製品の機能を絞り込む必要がある。そのうえで基本製品の主要機能に顧客それぞれが好みのアドオンを追加し、全体としての機能性を最適に調整できるようにする。

アドオンのビジネスモデルは、顧客の好みが広範囲に分散し、セグ

メント分けすることが難しい市場に特に適している。そのような市場では、多様な顧客の要望に対して、単に製品を異なるグレードやバージョンに分けるだけでは不十分で、最適な価値提案にならないからである。このような理由から、自動車業界では基本製品に複数のバージョンを用意するだけでなく、オプション機能やプレミアム機能を提供することが当たり前となっている。

ビジネスモデルの原点

このモデルについては、発祥がはっきりしない。追加オファーやモジュール形式の製品自体は古くから存在しており、特にサービスについてはお金に余裕がある顧客向けに特別サービスや追加機能を提供することは当然のこととして行われてきた。一方で、工業化に伴って製品のモジュール化が容易になり、結果的に追加機能やプレミアム機能の提供が進んだ。

だれしも過去の経験として、真夜中に、ホテルの部屋に備え付けられたミニバーのよく冷えたミネラルウォーターでのどを潤したい誘惑にかられたことがあるはずだ。ただし、ドリンクやスナック菓子の原価はタダ同然にもかかわらず、この追加サービスは極めて高額のプレミアム料金が課されている。ホテルの例を参考に、旅行業界ではアドオンのビジネスモデルが広く利用されている。例えば豪華客船クルーズなどのツアー運航業者は、基本的な交通手段と宿泊がセットになったパッケージを最安値に設定し、大々的に宣伝している。安値で顧客を獲得したうえで、バルコニー付きの特等室、海岸の散策、ドリンク、特別イベント、ジムやスパなどのすべてをプレミアムサービスとして顧客に提供するのだ。

ビジネスモデルの活用例

アイルランドで地場の航空会社として1985年に設立されたライアンエアー社（Ryanair）は、今日では欧州における格安航空会社（LCC）の最大手のひとつである。ライアンエアー社は明確に格安航空の戦略をとり、2011年の乗客数は7,640万名で、次に乗客数が多かったル

フトハンザ航空の6,560万名をしのぎ、欧州最大の航空会社となった。ライアンエアー社は、積極的な低価格戦略と低コスト構造により利益を確保しているが、これらのアプローチを可能にするために、アドオンのビジネスモデルを徹底活用した。

　ライアンエアー社は基本運賃を格安に設定し、搭乗中のサービス、食事、飲み物、旅行保険、優先搭乗、追加あるいは超過の荷物など、多くのオプションを別料金で提供した。加えて、その他の多くの費用もアドオンとして顧客の請求書に追加された。ライアンエアー社最高経営責任者でアイルランド出身のマイケル・オレアリー氏と数年前に戦略についてディスカッションをした際、彼は嬉しそうにこう語った。「ビジネスには大事なことが3つある。第1にコスト、第2にコスト、第3もコストだ。それ以外はビジネススクールの連中に任せておけばよいのだ」。普通なら、このような低価格路線に固執すれば血みどろの価格競争に陥る。ライアンエアー社の戦略が有効に機能した理由は、セルフサービス型のオンライン予約とサービス価格の透明化で、必要なサービスのみを顧客が取捨選択できるようにしたことである。

　アドオンのビジネスモデルは航空業界のコスト競争だけでなく高級品市場にも適用できる。自動車業界ではアドオンのパターンをうまく活用しており、オプション機能や周辺サービスが自動車そのものより収益に

アドオンがどのように積み上がっていくか

ライアンエアー御請求明細書	
基本料金	19.99 ユーロ
預かり荷物（15Kgまで）：	
片道1個25ユーロ（×2個）	50 ユーロ
スポーツ用品	50 ユーロ
座席予約：	
特別座席（優先搭乗）	10 ユーロ
小計	129.99 ユーロ
クレジットカード手数料（2%）	2.59 ユーロ
機内食およびお飲み物	
（ペプシコーラとプレミアムサンドイッチ）	7 ユーロ
合計	139.58 ユーロ

旅行シーズンにryanair.comで予約されたフライト料金（2014年3月の料金）

貢献することすらある。メルセデス・ベンツやBMWといった高級車では、顧客ひとりひとりに利益率の高い特注品を販売することで、アドオンモデルが特に有効に機能している。高級車メーカーは自社製品を高級ブランドとして位置づけ、多種多様な点で車をオーナー特別仕様にするべく、贅沢なオプションを用意して、顧客のさまざまな願望を満たしている。例えば、メルセデス・ベンツのＳクラスでは、100以上のプレミアムオプションから好みのものを選択できる。選択可能な機能としては、あらかじめコーディネートされたものもあれば、個別のアクセサリーもある。Ｓクラスをカスタマイズすると、価格はすぐに標準仕様より50％以上高くなる。ハーレーダビッドソンの場合には、カスタマイズに夢中になると本体価格の２倍や３倍になることもある。ハーレーダビッドソン社（Harley-Davidson）は、利益の出やすいカスタマイズ品販売の基盤となる本体製品を拡充する目的で、2000年以降（スポーツスター48のような）さらに低価格なバイクをエントリー製品として市場投入した。

　ドイツの製造業で自動車部品メーカーのボッシュ社では、エンジン製造部門がうまく市場に対応できず、新たなビジネスモデルを構築せざるを得ない状況にあった。理由は次の通りである。各エンジンの中核部品であるECU（エレクトロニック・コントロール・ユニット）は、ハードウェアとソフトウェアを組み合わせたもので、車やエンジンの種類ごとにカスタマイズする必要がある。これまでボッシュ社ではハードウェアとソフトウェアをカスタム開発し、カスタマイズ費用込みで１個当たりいくらという価格体系で自動車メーカーに販売していた。このやり方は量産型エンジンでは（ボッシュ社で一度だけカスタム変更を実施すれば、その後はスケールメリットが得られるので）うまくいっていたが、例えば生産台数の少ない特別仕様のスポーツカー向けエンジンのような、少量発注のエンジンには適していなかった。

　この問題を解決するために、ボッシュ社はボッシュ・エンジニアリング社（Bosch Engineering GmbH、以下BEG社）という新会社を、本社と完全に切り離した形で設立した。新会社ではハードウェアを標準化し、ハードに組み込むソフトウェアの開発は顧客ニーズに合わせて別サービスとして提供することにした。それ以降は大口の受注は従来通りボッシュ本社で扱い、少量発注にはそれに適したBEG社の新たなビジネスモデルで対応した。新たなビジネスモデルの専門部隊を創設すると

Add-on

いうボッシュ社の戦略的判断は大成功を収め、1999年の創業時点で社員10名だったBEG社は、2013年までには従業員1,800名、年間2億ユーロ以上の売上をあげるまでに成長した。

アドオンビジネスモデルの別の例として、大企業向けの経営管理ソフトウェアを提供するドイツのソフトウェア会社SAP社の例がある。同社は標準化したビジネスパッケージを手頃な価格で提供しているが、SAP社製ソフトウェアの潜在的メリットを十分得るためにCRM（顧客管理）、PLM（製品ライフサイクル管理）、SRM（サプライヤー管理）といった各種のアプリケーションを追加機能として購入することを推奨している。SAP社からソフトウェアを追加購入することで、ソフトウェアの適用範囲は格段に拡がる。もちろん顧客は基本機能のみでも購入できるが、実際には自社のニーズに合わせてさまざまな追加機能を購入することが多い。この方法で、SAP社は基本製品だけでなく顧客の要望に基づいた追加オプションからも売上をあげている。

最後に、世界各国に拠点を持つ日本のビデオゲームソフトウェア開発会社であるセガの例を紹介したい。同社はこの業界でアドオンのビジネスモデルを採用した最初の企業である。セガはもともと家庭用ゲーム機本体を製造していたが、その後に他社の家庭用ゲーム機向けのビデオゲームソフトウェアの開発に事業を絞り込んだ。ビデオゲームの中に追加機能を入れ込んだのは同社が最初である。ユーザーは、DLC（ダウンロードコンテンツ）と呼ばれるこれらの追加アドオンをセガから直接購入してダウンロードする。アドオンのコンセプト通り、セガはゲームソフトウェアの販売で利益をあげるだけでなく、さらにダウンロード可能な追加品の販売でも売上をあげることが可能だが、その一方で顧客側には自分のビデオゲームに好みのオプションを追加できるというメリットがある。

特定の技術やアクセサリーの市場への浸透を図るために、アドオンのビジネスモデルを利用することもできる。その場合には、価格の補填のためにアドオンのビジネスモデルを使うことが多い。例えば自動車業界で自動運転機能のような高コストの技術を普及させ、その販売数量を拡大するためには、自動運転機能の価格を割安に設定し、その代わりにほかの標準オプションの価格を高く設定してコストを補填する。

活用の視点

　アドオンのモデルは顧客が本体製品を先に選択し（例：ロンドンからパリのフライトや、アウディA4）、その後で価格のことはあまり気にせずオプションを選択するような場合にうまく機能する。最近の消費者行動調査によると、消費財に関しては特にこの傾向が見られる。顧客は価格など合理的な基準で最初に本体製品を選択するが、その後で感情的な購入パターンに突入するのだ。いったん窮屈なエコノミーシートに腰を落ち着けてしまったら、ビールやサンドイッチの値段は気にならない、というわけだ。

　複数の意思決定者が関与する場合には、B2Bでもアドオンがうまく機能する。投資家はたいてい初期投資を最小限に抑え、将来的に資産を売却する際の利益を最大化しようとする。したがってエアコン、エレベーター、セキュリティ装置などを選ぶ際に一番安いものを選ぶ。投資家にとっては、後で設備管理担当が支払うメンテナンス費用が多額になったとしても構わないのだ。

ビジネスモデル革新への問いかけ

- 本体製品をお値打ち価格で先に提供し、その後でアドオンサービスを提供することは可能か？
- 必ず自社からアドオン製品を購入するように顧客を囲い込めるか？

2

Affiliation

アフィリエイト

= あなたの成功が私の成功

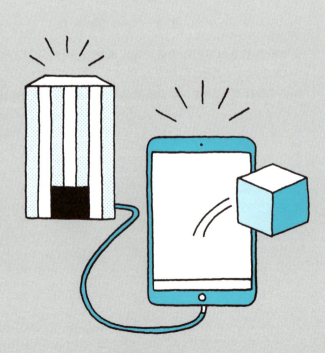

基本パターン

　アフィリエイト（Affiliation）のビジネスモデルでは、自社の代理店として機能するアフィリエイターの販売活動の支援に注力することで収益をあげる。その意図は、自社で営業やマーケティングへの資源投入を拡大することなく、さま

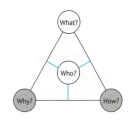

ざまな顧客にアクセスすることだ。アフィリエイト・プログラムは、たいてい受注件数や広告表示回数を基準にして運用され、オンラインで展開されることが多い。例えばウェブサイトの運営者は、他社のバナー広告を自社のウェブサイトにアフィリエイトとして組み込み、バナー広告のクリック回数あるいは表示回数に応じたコミッションを受け取ることができる。アフィリエイト・プログラムのほかの例では、グーグル社アフィリエイト・ネットワークのような大規模ネットワーク上で自らの製品の売り込みを行い、案件成約ごとにネットワークの取りまとめ役にコミッションを支払うといったものもある。

　このアイデアは特に目新しいものではない。例えば保険の販売員は契約獲得に応じてコミッションを受け取る。インターネットの普及によってアフィリエイト・プログラムは大規模かつオープンに運用可能となり、幅広く利用されるようになった。製品やサービスの販売元は、自社独自のアフィリエイト・プログラムを開始するか、もしくは実績豊富なアフィリエイト・ネットワークの専門事業者に運営を委託できる。アフィリエイターが販売元の製品やサービスをどう表現するかについては、基本的なガイドラインに沿っていれば特に制限しないのが一般的だ。

　最終的には顧客を販売元のウェブサイトに誘導するのだが、もっとも重要なポイントは、その顧客がどのアフィリエイト・サイトを経由したかを販売元が認識できるようにすることだ（How?）。コミッションにはさまざまな形態がある。もっとも一般的なのは、製品購入や資料請求といった特定の行為を事前に定めておき、実現回数に応じて売上の一定割合、あるいは固定金額を代理店が受け取るというルールだ。

　アフィリエイトモデルは販売元の販売チャネルや売上獲得に大きな影響を及ぼすようになったが、一方で代理店側のビジネスモデルとしての側面も持ち、代理店が収益をあげる重要な手段となっている

グーグル社アフィリエイト・ネットワークのビジネスモデル

(Why?)。人気ブログ、フォーラム、価格比較サイト、あるいは製品・サービス一覧サイトなどの大多数は、収益の大部分もしくは全収益をアフィリエイトモデルに依存している。

ビジネスモデルの原点

近代的なアフィリエイトモデルのルーツはインターネットの起源にまでさかのぼる。初期のアフィリエイト・プログラム採用企業にPCフラワーズ＆ギフト社（PC Flowers & Gifts）があるが、同社は1980年代の終わりに当時有名だったオンラインサービスのProdigy Network上で製品の販売を始めている。PCフラワーズ＆ギフト社がインターネットに正式移行した翌年の1995年時点で、同社のアフィリエイト・プログラムのパートナー数はすでに2,600社という規模に達していた。同社の創業者であるウィリアム・トービン氏はアフィリエイト・マーケティングに関連する特許を複数保持しており、アフィリエイト・ビジネスモデルの生みの親のひとりとして知られている。オンラインメディアであるClickZのウェブマーケティング専門家によると、実際にはCybereroticaのようなアダルトサイトが1990年代初めからアフィリエイト手法を先進的に利用し始めていたらしい。競争の激しいアダルト娯楽業界では、コミッション金額が売上の最大50％というケースがあるらしい。アフィリエイトのビジネスモデルは燃え広がる炎のように他の業界に広まり、ついには、拡大を続けるアフィリエイト・プログラム自体の情報を収集管理するリファー

イット・ドットコム社（refer-it.com）が1997年に設立された。特に驚くにはあたらないが、1999年に売却されるまでの間、同社の主な収益源はアフィリエイトとして機能する流通パートナー網と販売元となる各種ビジネスのマッチングによるコミッションであった。

ビジネスモデルの活用例

アフィリエイト・マーケティングが広く認知されるようになったのは、1996年にアマゾン社がAmazon.comのアソシエイト・プログラムを開始してからだ。当時はまだオンライン書店であったアマゾン社は、すでにいくつかの会社が同様のシステムを開始していたにもかかわらず、「インターネットによる顧客紹介システム」として特許を取得した（米国特許番号6029141）。このシステムでは、世界中のウェブサイト所有者が自分のサイトの訪問者に書籍を推薦することで、売上からコミッションを得られ、結果としてアマゾン社の成功の一因となった。このようにして、アマゾン社のアフィリエイト・マーケティングのスキームはインターネットの隅々まで急速に普及し、アマゾン社の成功に大きく寄与したが、逆にアマゾン社の品揃えが急激に拡大したことがアフィリエイト・マーケティングの普及に役立ったという側面もある。音楽や映画のオンラインフォーラムや論評には、ほぼ確実に「アマゾンで購入する」ボタンがついており、家電や家具のレビューや口コミについても同様である。アマゾン社は売上の4～10％をアフィリエイトに分配するとともに、アフィリエイトの営業活動の最適化を支援している。

世の中には、アフィリエイト・マーケティング・プログラムなしには存在し得ないウェブサイトやその運営会社が多数ある。彼らにとってはアフィリエイトとしての活動が自社ビジネスモデルにおける主要な収益源となっている。そのような企業の代表格はソーシャルネットワークのピンタレスト社（Pinterest）で、一世を風靡したデザインだけでなく、コミッションの仕組みをうまく活用することで成功を収めた。この2つのアプローチが、ピンタレスト社が極めて短期間で、シリコンバレーでもっとも有名なスタートアップの1社にのし上がった理由である。インターネット分析企業のコムスコア社（comScore）によれば、ピンタレスト社のサイトは、開始2年以内に月間1,000万人のユニークビジターを達成した初めて

のウェブサイトである。ピンタレスト社を支えるコンセプトは単純明快で、そこからも同社が非常に優れていることが見て取れる。ユーザーは特定のテーマの仮想写真ボードを作成し、自分の気に入った写真とそのリンクをボードに飾って、友人や興味を持った外部の人たちと共有する。ユーザーはしばしば、インターネットのどこかで販売されている素敵な製品の写真をボードに飾ることがある。賢くも、ピンタレスト社はこのような写真を販売元のウェブサイトにリンクし、自社のアフィリエイト認識タグを埋め込むのだ。ピンタレスト社から販売元のサイトに流入する潜在顧客の数はグーグル、ツイッター、ユーチューブすらしのいでいる。同社は財務内容を公開していないが、控えめに言っても驚くべき数字であるはずだ。

活用の視点

　強力なエコシステムと熱狂的な顧客の存在が、このモデルを適用する前提条件である。アフィリエイトモデルがうまく機能する背景には、結果的に関係者全員がウィンウィンになりやすいことがある。販売元にとっては自社事業への潜在顧客の獲得手段になり、しかも集客が実際の売上に結びついて初めてコストが発生する。一方で実際に集客を行うアフィリエイトにとっては、金銭的なメリットがある。販売元は、集客したい顧客のタイプがわかっているのであれば、適切なアフィリエイトを選択できる。このモデルは直販部隊を組織する予算がない販売元にとっては優れた選択肢となり得る。

ビジネスモデル革新への問いかけ

- 新規顧客から利益をあげ、かつ長期的な継続顧客にできるか?
- どうすれば自社のアフィリエイト・ネットワークに最適なパートナーを選別できるか?
- このビジネスモデルパターンを採用した場合の収入源の不確定さに対して、なんらかの対処が可能か?
- 自社のパートナーであるアフィリエイターが適切なサービスを提供しなかった際の顧客の苦情にどう対処するか?

3

Aikido

合 気 道

競合相手の強みを弱みに変える

3 Aikido

基本パターン

合気道(Aikido)は日本の武術であり、攻撃してくる相手の動きに逆らわず、相手の攻撃力を別の方向へ向ける技である。攻撃者自身の力を利用するので、腕力はほとんど必要ない。ビジネスモデルに関して言えば、合気道モデルは

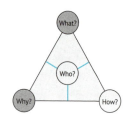

業界標準とは反対方向の製品やサービスということになる(What?)。ビジネス用語で言うならば、これは競合相手と正反対のポジショニングを取ることで直接対峙する必要性を排除する、ということだ(Why?)。競合相手は現状の課題で頭が一杯の可能性が高く、まったく新しいこのビジネス手法は衝撃をもたらすはずだ。高品質、低コストといった既存事業の強みは、まったく異なる新たな競合との競争には意味をなさない。

合気道の原則は差別化の一形態とも言えるが、かなり挑発的だ。特定業界において常識と考えられていた差別化要素は排除され、まったく新しい差別化要素が生み出される。実際には差別化要素は常に新たなものである必要はなく、他業界から持ち込まれたものでもよい。

ビジネスモデルの原点

競合相手と正反対のことをして、競合の武器を相手自身に向けさせるというのは古くからあるコンセプトだ。聖書で、羊飼いのダビデが巨大な恐ろしい敵であるゴリアテを打ち破った道具は投石器であった。ダビデは武器を持っておらず、ゴリアテよりずっと小さかったため、勝つには独創的な方法を生み出す必要があったのだ。ゴリアテの弱み(すなわちダビデの強み)は、投石器と戦ったことがなく、飛んでくる石を避けられなかったことだ。

ビジネス領域で早い段階から合気道モデルを採用した企業の例として、米国、カナダ、メキシコに21のテーマパークを展開しているシックス・フラッグス社(Six Flags)がある。合気道モデルに則り、ディズニーランドなどの全国的なテーマパークとは対照的な戦略として、同社では地域のテーマに注力して地元の顧客が親しみやすいようにしている。

地域密着型の施設にすることで地元顧客の訪問回数が増え、広告宣伝費を抑えて高い収益を実現できる。さらに、休暇シーズンでなくとも継続的に地元顧客を集客できる点も同社テーマパークの長所である。

ビジネスモデルの活用例

合気道モデルはさまざまな業界に広がっていった。1976年に設立され、現在はロレアル（L'oreal）グループの一員である**ザ・ボディショップ・インターナショナル社**（Body Shop International plc、以下ザ・ボディショップ社）は、化粧品小売りチェーンである。合気道モデルそのままに、同社は化粧品業界で劇的に異なるアプローチを採用した。創業者のアニータ・ロディック氏は、自社の戦略を次のように整理している。「まず化粧品業界がどこへ進もうとしているかを見極め、その正反対の方向に進むのです」。ザ・ボディショップ社を特徴づける大きな差別化要素として、大々的な広告キャンペーンをしないことがあるが、同社のマーケティング経費は化粧品業界の標準的な予算のおよそ1/5ほどで済んでいる。加えて、ザ・ボディショップ社では再利用可能な環境配慮型容器で化粧品を販売し、製品には天然成分を入れ、さらに動物実験をしないことで社会倫理的立場をとるなど、自社の信念を貫いている。これらすべての行動の結果、従来の化粧品業界においては異端児とみなされたが、一方で、天然素材で環境フレンドリーな化粧品という

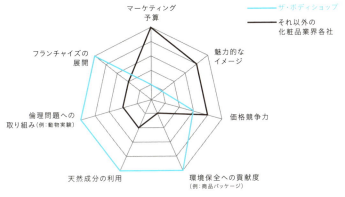

ザ・ボディショップ社は業界のビジネス常識をどのように変えたか？

新たな市場を自ら創出したのだ。

　1983年に設立されたスイスのスウォッチ社（Swatch）は独特デザインの時計を製造する時計メーカーである。スウォッチ社は手頃な価格の時計を提供することで、時間を計るものという時計の従来イメージを、ファッションアイテムという存在に転換することに成功した。高価な高級時計に特化してきたスイスの時計業界とは一線を画した運営という意味で、スウォッチ社は合気道モデルに則っており、高品質の時計を低価格で提供することが、売上拡大を可能にしている。ファッション意識の高い顧客層に限らず、より広い市場から人気を得たことで同社の需要はさらに拡大し、時計の2個持ちという消費者の行動変革を喚起した。スウォッチ社が高い売上や利益をあげている原動力は、同社独自のポジショニングによる集客力と言える。

　シルク・ドゥ・ソレイユ社（Cirque du Soleil）は合気道モデルを非常にうまく利用して成功を収めた。同社はサーカスの概念をベースとした芸術団体であるが、いくつかの重要な点で従来のサーカスと異なっている。シルク・ドゥ・ソレイユ社は、通常のサーカスで集客の柱となるコストの高い動物の曲芸やスター的役者のパフォーマンスを意図的に避けている。その代わりにオペラ、バレー、舞台劇や大道芸の要素を古典的なサーカス芸に組み込み、まったく新たな娯楽体験を創造している。シルク・ドゥ・ソレイユ社の独特なスタイルは、運営コストの節約を実現すると同時に、成人や法人といった従来とは完全に異なる新たな顧客層の開拓にもつながっている。

　日本企業の任天堂は世界最大の売上を誇る家庭用ビデオゲーム機メーカーである。合気道の原則に従い、競合とはまったく異なる新たなゲーム機であるWiiを開発した。任天堂のWiiには、方向指示や動作検知デバイスとして利用可能な無線コントローラーをはじめとする最先端の機能が装備されている。従来のゲーム機と比べ、任天堂Wiiではより体感的なゲーム体験を得られる。Wiiの製品化で任天堂は競合よりも広いユーザー層を販売ターゲットに取り込むことができ、結果として収益を増加できる。また当然ながら、ゲーム機としてのWii独自のコンセプトや対応ソフトウェアが販売増加を牽引する部分も大きい。

活用の視点

　合気道モデルは非常に魅力的であるが、実行には相当な勇気が必要だ。競合相手の強みを利用してビジネスをひっくり返したいなら、外部からの視点で真剣に考える必要がある。このモデルはどの業界にも適用可能だ。正しい道を進んでいるかを常に注視しながら事を進めなければならない。競合が成功しているのには当然の理由があるはずだ。市場性の確認は常に重要だが、合気道モデルを実行するうえでは市場性の確認がまさに生死を分ける。

ビジネスモデル革新への問いかけ

- 自社が合気道パターンを採用した場合に行動をともにしてくれる先導的顧客はいるか?
- その先導的顧客はターゲット業界を代表する顧客か、あるいはかなり先進的な考えを持つ顧客で、他者が追随する可能性が低いか?
- 業界の競争ルールを覆すために遭遇するさまざまな障害を自社は克服できるか?

4

Auction

オークション

ほかにありませんか？……落札！

基本パターン

オークション（Auction）のビジネスモデルは顧客参加型の値付けシステムである。言い方を変えれば、製品価格は販売元だけで決めるのではなく、購入者自らが商品やサービスの最終価格に影響を及ぼすのである。価格付けは購入候補者が、自分が支払ってもよいと思う金額を提示することで始まる。オークションが終了した時点でもっとも高い価格を提示していた顧客が、製品やサービスを購入しなければならない。

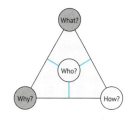

顧客視点で見た場合、このモデルの最大の利点は、自分の支払える、あるいは支払ってもよいと思う金額以上を支払う必要はないことだ（What?）。販売元の利点は、製品が市場原理によって効率的に配分されることだ（Why?）。この方法は製品が希少で、あるいは特殊で、標準的な価格が存在せず、市場の需要も把握しにくい場合には特に有効である。一般的には販売元が販売最低価格を設定するが（Why?）、対象商品やサービスの最終的な売値はオークションが終了するまで確定しない。

ビジネスモデルの原点

オークションは大昔からあるビジネスモデルだ。紀元前500年頃の古代バビロンでは、女性は将来の夫からオークションで競り落とされていた。現代のオークションはオークションハウスの登場により社会に浸透した。オークションハウス登場の初期から続く老舗のサザビーズ社（Sotheby's）は、1744年にロンドンで書籍販売会社を経営していたサミュエル・ベイカー氏が設立した。最初のオークションは、数百冊の高価な書籍を換金しようと、1774年3月11日にベイカー氏自身が実施したものだった。同社の事業は急拡大し、メダル、コイン、印刷物などさまざまなものがオークションにかけられた。

インターネットにより、このビジネスモデルに重要かつ新たな時代が訪れた。ウェブを使ったオークションが実施可能になり、以前とは比較にならない膨大な人数が物理的な場所の制約なしにオークションに

オークションモデルの採用企業年表

参加できるようになったのだ。オンラインオークションサイトの**イーベイ社**はこの分野のパイオニアの1社であり、個人や企業がさまざまな製品やサービスを全世界向けに販売できるようになった。販売元はオークションにかけたい製品の紹介ページをイーベイのウェブサイト上に作成し、購入希望者は製品に入札する。1995年の創業以来、20数億件のオークションがイーベイ上で実施され、過去に類を見ない史上最大のオークションハウスとなった。

ビジネスモデルの活用例

イーベイのオークションモデルとは別形態だが、このビジネスモデルの斬新な活用例も見られる。カリフォルニア州ナパ市に拠点を持つ**ワインビッド社**（WineBid）はオンラインのワインオークションサイトで、個人でもワインディーラーでも、だれもが全世界の愛好家に向けてワインをオークションで販売できる。ワインが価値に見合わない金額で競り落とされるのを防ぐために、販売元はボトル当たりの最低価格を予約価格として設定する。1996年の創業以来、ワインビッド社は順調に成長しており、6万名以上の登録ユーザーを抱える世界最大のワイン専門オークションサイトとなった。

オークションモデルに基づくビジネスモデルイノベーションの他の例として、購買オークションとも呼ばれる「リバースオークション」の概念がある。リバースオークションは従来型オークションの派生形で、購入者が製品を競り落とす代わりに販売元が契約を競り落とす。旅行関連サービスに特化した**プライスライン社**（Priceline）は、1997年に設立された著名なリバースオークションハウスで、非常に成功している。このモデルでは、特定の旅程（フライト、ホテル、レンタカーなど）の好みを顧客

が指定し、場合によってはその旅行に支払う意思のある上限価格を設定する。この提示要件に基づきプライスライン社は自社ネットワーク内のパートナーから、顧客の要望を満たす提案を探す。顧客が希望条件を申請し、プライスライン社がその希望条件を満たす提案をした場合、プライスライン社からその提案を購入する義務が顧客には発生する。顧客に一定のリスクが発生するにもかかわらず、プライスライン社のビジネスモデルは大盛況で、2011年の同社の社員数は3,400名、全世界での売上は44億米ドルである。

　リバースオークションのビジネスモデルをうまく適用した他の会社の例としてマイハンマー社（MyHammer）がある。2005年設立の同社は、職人やサービス業者に依頼する作業に特化したリバースオークションである。プライスライン社の場合と同様に、マイハンマー社の顧客は、ちょっとした修理から引っ越しあるいは大きな建設プロジェクトまで、依頼したいサービスの内容を記述する。オークションのビジネスモデルにより、マイハンマー社は数年足らずで職人やサービス業者への作業委託に関する大手マーケットプレイスのひとつとなった。推定だが、マイハンマー社で競り落とされた契約の合計金額は1億ユーロ以上である。

　知的財産の売買仲介にも、オークションのビジネスモデルが利用されている。2009年より、ICAPパテント・ブローカリッジ社（ICAP Patent Brokerage）の一部門となったオーシャン・トモ社（Ocean Tomo）は、自社運営の仲介専用プラットフォームを使ったライブオークションにより、特許およびその他の知的財産の売買に関する仲介事業を行っている。数百件の売買実績と1億5,000万米ドル以上の売上を誇るオーシャン・トモ社は、特許販売という難しいビジネスの世界的な市場リーダーであるが、その業績には浮き沈みがある。それは、情報の非対称性が存在する特許売買を、オークションの原則に当てはめるのが非常に難しいからである。特許には、一連の権利主張と特許申請ノウハウが組み合わせられており、文書化不可能な情報も大量に含んでいる。しかしほとんどの場合、購入者が閲覧するのは特許文書のみであり、購入者は自分がなにを購入するのかきちんと把握できない。オークションの原則をうまく機能させるためには新たな特許売買手法の開発が必要であるが、現状はこのようなノウハウ集約型の製品をオークションに

かけるのは容易でない。

活用の視点

　オークションモデルの魅力と可能性は、その柔軟性と適用できる範囲の広さにある。自社製品のオークション販売、売り手と買い手がさまざまな製品を売り買いするマーケットプレイスの創造（例：イーベイ）、あるいはニッチ製品への特化など、さまざまな可能性がある。オークションのビジネスモデルは非常にスケーラブルで、24時間365日休みなく、数百万人のユーザー向けに提供することも可能だ。このような大規模なネットワークができれば、ユーザーにとってネットワーク効果の価値は計り知れない。コモディティ部品や原材料など製品が標準化されており、かつオークションの透明性が担保される場合には、このモデルは非常にうまく機能する。それと同時に、非常に専門化された製品の販売についても、ウェブサイトに十分な数の参加者を集客可能であればオークションを適用できる。

ビジネスモデル革新への問いかけ

- イーベイ社やヤフー社（Yahoo!）など大手有名企業から顧客を奪い取れるような自社独自の提供価値をどのように実現するか？
- 製品を提供するマーケット参加者に対して、潜在顧客への幅広いアクセスを約束できるか？
- 厳しい競争環境においてどのように競争優位性を確保するか？
- どのようにして迅速かつ効率的にマーケット参加者の数を増加やせるか？
- どのようにすれば、正常な取引完了を証明し、高い評判を保つことができるか？

5

Barter

バーター

= 物々交換

5 Barter

基本パターン

「バーター（Barter）」という用語は、個人間あるいは組織間で製品やサービスを交換するというビジネスモデルを指す。取引には金銭を持ち込まず、完全に製品やサービスの交換で取引を実施する（What?）。バーターは第三者に対す

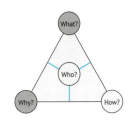

る販売促進や資金援助という意味でスポンサーシップと近いが、その枠を超えたマーケティングの形態をとる。また、外部パートナーが価値創造のプロセスに能動的に関与する。そのような例としてはグーグル社があり、音声認識技術の向上のために無料で電話番号案内サービスを提供している。製薬業界にも例があり、医者や病院に薬を無償提供する代わりに患者に薬を治験してもらう。治験においては、製薬会社にとって非常に重要な仲介機能を医者や病院が果たしている。

新たな潜在顧客に特定の製品を紹介してブランド認知を向上させる方法として、バーターを利用できる場合がある（Why?）。この戦略はベビーフードでよく実践されている。若い両親のほとんどは、子どもが生まれて初めてベビーフードに目を向ける。このような状況においてバーターは、認知度向上の非常に優れた施策になり得る。新たな顧客獲得と継続的な顧客化のために、ベビーフードを若い親に無償で提供し、ブランドに親近感を持ってもらうのだ。

ビジネスモデルの原点

バーターのルーツははるか昔にさかのぼる。古代ローマでは文化やコミュニティの育成を金銭以外のインセンティブで行うことが一般的だった。アウグストゥス帝の政治顧問であったガイウス・キルニウス・マエケナス氏がこのシステムの考案者と考えられている。彼が生み出したパトロンの概念では、仮に見返りがないとしても個人や研究機関を支援する。ただし、支援は完全な利他的ではなく、支援を受けた人々を自分の政治的経済的な計略に利用した。バーターモデルはこの原則に基づいて開発され、1960年代以降はビジネスの世界において次第に当たり前の手法になっていった。バーターの仕組みは主に組織や

スポーツクラブを財務面で公的に支援する手段として利用されていたが、21世紀になってビジネスモデルとして花開いた。多くの企業がバーターを価値創造の論理における顧客定着の要素として取り入れている。

ビジネスモデルの活用例

オハイオ州に本社を構え、消費財を扱う巨大企業P&G社は、バーターのビジネスモデルを活用したイノベーターとして有名である。同社は多国籍企業であり、パーソナルケア用品、洗濯用洗剤、ペットフードなどをはじめとする、市場変化の激しい消費財メーカーだが、ラジオやテレビといった娯楽メディアと協業し、自社ブランドの認知度向上や製品の販売促進のためにバーターを利用している。P&G社はラジオやテレビの番組スポンサーとして番組を提供することで(昼のメロドラマが「ソープオペラ」と呼ばれるのは石鹸メーカーである同社の関与から説明がつく)、自社製品の露出を高め、マーケティング上のメリットを得られるが、一方のメディアにとっては娯楽コンテンツを無償あるいは低コストで調達できるというメリットがある。広告枠を得る対価としてラジオやテレビの人気番組を提供することで、P&G社は膨大な視聴者に効率よくアプローチし、自社主要製品の人気と製品販売の売上を高めることができる。今日でもP&G社はオンラインのエンターテインメントや番組制作に特化したP&Gエンタテインメント(Procter & Gamble Entertainment〔PGE〕)部門を通じて同様の協業とマーケティングを継続している。P&G社はまた、同社の主要26ブランドのひとつであるパンパースで、バータービジネスモデルに大きく依存したマーケティングを行っている。普通の人は、実際に親になるまでおむつに興味を持つことはないが、P&G社は産科病棟でパンパースを無償で配布し、新米の親を顧客として取り込む大きな機会を得ている。

ペプシコ社(PepsiCo)はニューヨークに本社を置く米国の食品飲料メーカーだ。同社は、ペプシ、セブンアップ、ゲータレード、マウンテンデューなどのソフトドリンクでよく知られているが、実際にはトルティーヤチップスのドリトスや、ポテトチップスのウォーカーズといった食品ブランドが売上の63%を占めている。ペプシコ社は1972年に、世界で初

めて旧ソビエトで外国製品を販売した会社である。バーター契約に基づき、ペプシコ社はソビエトのストリナチア・ウォッカを米国市場に輸入することを条件に、ペプシコーラをソビエトに輸出した。この戦略により特にソビエトにおけるペプシコーラブランドの露出が高まり、安定供給が可能になった。

ルフトハンザ航空社もまたバーター取引に積極的である。ドイツに本社を持つルフトハンザ航空社は世界最大手の航空会社のひとつだ。同社は所有する870機以上の航空機を利用して航空旅客サービスを18の国内線、197の国際線で展開している。1990年代、同社はニューヨークに2,000平方フィートの小売りスペースを所有していたが、利用していなかった。リースが何年か残っていたが、仮にサブリースをしたとしても積み上がったコストを完全に回収するのは難しい状況だった。ルフトハンザ航空社の出した答えはバーターであった。空室の不動産をテレビ局や石油会社に貸す対価として、テレビの広告枠や燃料と交換したのだ。この取引によりルフトハンザ航空社はサブリースを行うよりもずっと大きな利益を得ることができた。

デンバー州コロラドに本社を持つマグノリア・ホテルズ社（Magnolia Hotels）は多くのブティックホテルをダラス、ヒューストン、デンバー、オマハなどで開発し、管理している。同社は事業にバーターのコンセプトを活用しており、他社から薄型テレビ、ノートパソコン、その他の物品の提供を受ける代わりに、提供者に対し宿泊用の部屋やミーティングスペースを無償提供している。さらには、宣伝や建設工事などのサービスもホテル施設の利用権と交換している。マグノリア・ホテルズ社はこのオプションをたいていはオフシーズンに提供し、ホテルの利用客から得る通常の売上収入への影響を防いでいる。同社では外部調達する商品やサービスにお金を払う代わりにバーターを利用することで、建設工事や部屋の模様替えといったサービスや、テレビやノートパソコンの購入に関するコスト負担を回避している。バーター取引のために離れた場所にあるホテル間で空室やミーティングスペースなどの資源を相互に交換することも、コスト削減と売上利益の拡大に寄与する可能性がある。

インターネットは今やバーター方式の波にもまれている。バーターコンセプトの画期的な活用例はペイウィズアツイート（Pay with a Tweet）で、

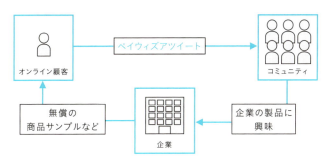

ペイウィズアツイートのビジネスモデル

ソーシャルメディアのネットワーク効果を商品やサービスの販売促進に利用している。企業は宣伝したい製品をペイウィズアツイートに登録する。ツイッターのユーザーが自分のフォロワー向けにその企業や製品に関する情報をツイートすると、無償のサンプル製品をもらえる。ペイウィズアツイートはバーターのコンセプトを製品のオンラインマーケティングに活用する効率のよい仕組みであり、5億5,000万人のツイッターユーザーの協力を得られる可能性がある。

活用の視点

このビジネスモデルは、補完的なパートナー企業とのビジネス協力に非常に有効に活用できる可能性がある。仕入れ先や顧客だけでなく競合先もパートナーとして考えられ、すでに一緒にビジネスをしている相手でなくともよい。例えばブラックソックス社（Blacksocks）の提供するビジネスソックスの定期購入契約を、ルフトハンザ航空社のマイレージサービスであるマイルズ＆モア（Miles & More）や、一般の新聞の定期購読と組み合わせるなど、類似点のないパートナーとの組み合わせも、常識にとらわれず考えてみることを推奨する。

ビジネスモデル革新への問いかけ

● パートナー企業との関係構築、すなわち競争することなく消費者

を獲得することに相互の企業が興味を持っているか？
- 自社製品を補完するサービスあるいは製品が存在するか？
- パートナーとの協業に伴うブランドへの波及効果を考慮済みか？
- 合理的なコスト構造のもとでバーター取引を導入可能か？
- パートナー企業との間で、企業文化の類似性、関連性に問題はないか？

6

Cash Machine

キャッシュマシン

= 支払いより前に販売代金を回収する

R　Cash Machine

基本パターン

キャッシュマシン（Cash Machine）とは、キャッシュ変換サイクルを逆転して事業を運営するモデルである。下記の公式を見ればわかるように、キャッシュ変換サイクルとは企業における現金の支出と回収の時間差であり、具体的には、原材料、仕掛品、完成品の平均在庫期間と顧客やサプライヤーの支払条件で定義される。

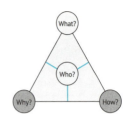

キャッシュ変換サイクル ＝
在庫回転日数 ＋ 売掛債権回転日数 － 仕入債務回転日数

逆転のキャッシュ変換サイクルで事業を運営するためには、サプライヤーから購入した商品の支払期限よりも前に資金を回収する必要がある。たいていの顧客はこの種のビジネスモデルに無頓着だが、事業にとっての影響は絶大だ。このモデルにより手元の資金流動性が高くなり、負債の支払いや新規投資などさまざまな目的に利用できる（Why?）。つまり、このモデルを利用すれば、支払金利を抑えたり成長を加速したりできるのだ（Why?）。キャッシュ変換サイクルの逆転を実現するために注意すべき重要なポイントはふたつあり、ひとつ目は、サプライヤーから有利な支払条件を獲得すること、ふたつ目は顧客から速やかに支払いを受けること（How?）である。加えて、受注生産型プロセスの採用や在庫回転期間の圧縮は、企業の在庫保持期間を最小限に抑え、キャッシュ変換サイクルの逆転を実現する手助けとなる。

ビジネスモデルの原点

実際にはキャッシュマシンモデルはかなり以前から存在している。銀行家は小切手という形でこのモデルを利用していた。小切手は銀行口座から記名先への振込依頼書にすぎず、銀行は小切手を書いた人（振出人）とお金を受け取る人（受取人）の間で窓口として機能していた。小切手が換金される際に初めて振出人から集金して受取人に渡すの

だ。実際の支出の前に収入を得られるため、小切手で銀行は逆回転のキャッシュ変換サイクルを実現できる。14世紀初めの欧州は、非常に景気がよく、商人の間で現金以外の支払方法が必要とされていたことから、小切手が人気となった。

1891年にアメリカン・エキスプレス社（American Express、アメックスとして知られている）が発明したトラベラーズチェックは、キャッシュマシンモデルに基づくビジネスイノベーションである。海外を旅行したアメリカン・エキスプレス社の従業員が、現金を手に入れるのにとても苦労したことが、トラベラーズチェックを発行するというアイデアにつながった。トラベラーズチェックの発明と同年、アメリカン・エキスプレス社の共同創業者であるウィリアム・G・ファーゴ氏の甥のウィリアム・C・ファーゴ氏が、ドイツのライプチヒで初めてトラベラーズチェックを現金化した（1891年8月5日）。

ビジネスモデルの活用例

ITの分野においては、コンピューターメーカーのデル社が1980年代に最初に受注生産戦略を採用した。その結果、同社は非常に高効率なキャッシュ変換サイクルの逆転を実現した。創業初期の数年間、キャッシュマシンモデルはデル社が成長する資金確保手段として機能した。マイケル・デル氏が1984年に同社を創業した際の創業資金はたった1,000米ドルにすぎなかったのだから、大規模投資や多額の在

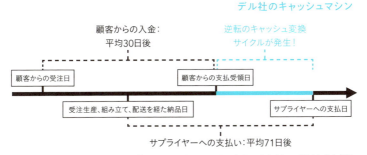

'Dell – Der Geldjongleur' Handelsblatt, 2003/01/13
(http://www.handelsblatt.com/unternehmen/management/unternehmen-mit-fettem-polster-dell-der-geldjongleur/2219312.html) より

庫があれば確実に倒産していただろう。

　オンライン小売事業者のアマゾン社もキャッシュマシンモデルを賢く利用している。典型的なアマゾン社のキャッシュ変換サイクルはマイナス14日間で、主に在庫の回転を非常に速くすることでキャッシュ変換サイクルの逆転を実現している。さらに、購買力を背景にサプライヤーに対して有利な支払条件の交渉を行っている。アマゾン社はこれら2つを組み合わせ、顧客から商品購入の支払いを受けてから、サプライヤーに支払いをしている。

　イーベイ社の子会社である米国企業のペイパル社（PayPal）は、ECサイト用のオンライン決済と送金サービスを提供している。ペイパル社は法人や個人の販売者に対する支払処理を代行するが、その際に決済方法、送金通貨、送金者と受取人の所在国に応じて送金手数料を徴収する（ペイパル社の顧客の多くは、親会社のイーベイ社のオークションサイトに出店している販売者や個人である）。ペイパル社は、ペイパルで決済を行う個人あるいは小規模事業者から先払いで送金手数料を徴収することで、キャッシュマシンモデルを実現している。さらに全ユーザーの口座残高（ペイパル社の「手持ち資金」）を運用し、金利収入を得ることもできる。ユーザーが増加すればするほど結果として手元の資金流動性が向上するため、増加し続けるユーザーに対して競争力の高いサービスを提供できるのだ。

活用の視点

　このモデルは、受注生産型プロセスを採用している企業や、サプライヤーに対して有利な支払条件を交渉できる企業で非常にうまく機能し、資金を流動化してくれる。すなわち、自社の提供サービスへの支払いを最短期間で受け、サプライヤーへの支払いを可能な限り遅くすることで、その間に得られる資金の流動性を自社の好きなように利用できる。このような状況は、例えばオンラインの受注生産プロセスのように自社の提供価値が顧客から高い評価を得られる場合にのみ実現可能であり、実際にデル社成功の隠された秘密はキャッシュマシンモデルであった。また、顧客が一括で先払いした後で製品やサービスを受け取るという観点で、キャッシュマシンモデルとサブスクリプションモ

デル（ビジネスモデル48参照）の組み合わせは相性がよい。

ビジネスモデル革新への問いかけ

- 実質的に、サプライヤーへの支払いを顧客からの入金後にできるか？
- 受注生産戦略の導入により顧客にどのようなメリットを提供できるか？
- サプライヤーとの契約条件変更の交渉は可能か？
- 顧客から支払いを受けるまで製品やサービスの完成を遅らせることができるか？

7
Cross-selling

クロスセル

＝一石二鳥

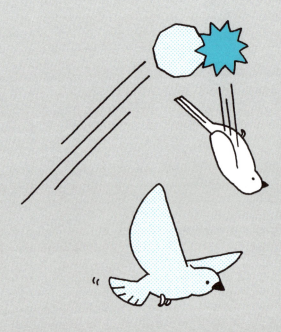

基本パターン

クロスセル（Cross-selling）では、収益増加のために、既存顧客との関係を利用し、自社の基本製品やサービスの対象範囲を超えた補完的なものまで販売することを目的とする（Why?）。また、クロスセルには価値の提供手段として営

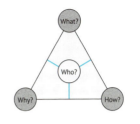

業やマーケティングといった既存のリソースや能力を活用するという側面もある（How?）。

顧客にとっては、クロスセルの主なメリットは、ひとつの取引先からより多くの製品やサービスを調達できることで、ほかの調達先を探すコストを省けるということだ（What?）。クロスセルモデルのさらに重要なメリットは、クロスセルがもたらす安心感である。ある取引先とすでによい関係を築いていれば、その取引先を信頼することにリスクは感じないが、新たな取引先となれば話は異なる（What?）。製品やサービスを追加で提供する際には、高い顧客満足を保つように気をつけ、顧客が不満を感じて本来の自社製品から離れてしまうことのないようにすることが重要だ。そのためには製品ポートフォリオを慎重に検討したうえで、販売を実施することが必要である。

ビジネスモデルの原点

古代中東のバザールの商人はすでにクロスセルを利用していた。現代では、オイルとガスの巨大企業シェル社がクロスセルモデルに基づく画期的なビジネスモデルをうまく開始した例がある。シェル社は自社のガソリンスタンド網を利用して給油ビジネスとはまったく関係ない食料品やその他日用品などさまざまな商品を販売しているが、この話には、ケンタッキーフライドチキン社（Kentucky Fried Chicken）のある賢いフランチャイズオーナーが、シェル社の給油所でケンタッキーのお店を始めたのが事の発端だという逸話がある。ほどなく、給油所を訪れるお客さんが車だけでなく自分の体にもエネルギー補給するようになったことから、シェル社はクロスセルのアイデアを閃いたという。実際、食事とガソリンの組み合わせは大成功であったため、シェル社はすぐに他地域

シェル社クロスセルのスキーム図

にもクロスセルのコンセプトを展開した。

ビジネスモデルの活用例

スウェーデンのイケア社は世界最大の家具小売業者で、すぐに組み立てられる家具、家電や家庭用アクセサリーを製造している。家具の販売を補完するため、イケア社はクロスセルの概念を採用し、インテリア用品、住宅用内装用品、店舗内レストランでの食事の提供、レンタカーまでさまざまな種類の追加サービスや製品を提供し、そのすべてが利益拡大に貢献している。

コーヒーの小売りと簡易カフェのチェーン店を手掛けるドイツのチボー社（Tchibo）は、クロスセルをベースとしたビジネスモデルで成功している。カール・チリング・ハラヤン氏とマックス・ヘルツ氏が1949年にハンブルグでコーヒーの小売業から始めたチボー社は、その後コーヒー以外の製品分野にも拡大し、1973年には食品以外の分野を取り扱う新たな部門を創設した。「毎週新たな体験を」というスローガンのもと、チボー社は幅広い分野の非食品商材を期間限定かつ低価格で提供した。商材の例としては、料理の本、家庭用品、洋服、宝飾品、保険などがある。コーヒーから派生した商品群はチボー社の売上の50％、利益ベースでは80％以上を占めるまでになった。本拠地ドイツにおけるブランド調査によれば、チボー社ブランドの高い評価はクロスセルによる部分が大きく、ドイツ人の99％以上が同社に親近感を持っていると回答している。

活用の視点

　このモデルは、顧客の基本ニーズに応えるシンプルで薄利な製品やサービスを、利益率の高い製品と組み合わせる場合に大きな効果を発揮する。そのような状況は消費財で発生することが多く、例えばガソリンスタンドでの食事などのように顧客が利便性を求めて追加購入を行う。また、専門特化した製品を他の製品やサービスと組み合わせる場合など、B2B分野にも適用できる。例えば高層用エレベーターを低層用の普及型エレベーターやエスカレーターと組み合わせたり、あるいは新規のエスカレーター導入にメンテナンスサービスを含めたりすることがあり得る。このような組み合わせの提供は、購入先を一元化したいという顧客の要望にかなっている。B2Bにおいてはクロスセルのモデルはソリューションプロバイダーのモデル（ビジネスモデル47参照）と併せて適用される。

ビジネスモデル革新への問いかけ

- 自社製品を他の製品と組み合わせることで、顧客にメリットを提供できるか？
- 顧客は、クロスセルに十分高い価値を認めるか？
- 顧客の視点から見て、製品の組み合わせ提供に相当のニーズがあるか？
- 取り扱い製品群の価格水準に一貫性を保てるか？
- 潜在的な競合が新規参入してくるとき十分な参入障壁があるか？

8

Crowdfunding

クラウドファンディング

= 一般大衆から資金を調達する

基本パターン

クラウドファンディング（Crowdfunding）はプロジェクト資金の調達を一般大衆にアウトソーシングするビジネスモデルである。狙いは、プロの投資家の影響力を制限することだ（How?）。まずプロジェクトの発表を行い、認知を高めて、潜在的な投資家を募る（How?）。大半のクラウドファンディングの出資者は、個人あるいは個人のグループであり、そのプロジェクトにいくら出資するかを自由に決められる。プロジェクトを支援する見返りとして、出資者はそのプロジェクト固有の褒賞を得られる。褒賞はプロジェクトで開発されて完成した製品そのもの（例：CDやDVD）の場合もあるし、ボーナス商品など特別なメリットを得られるものの場合もある（How?）。通常はプロジェクト推進の可否を問う形で出資の公募が実施され、最低出資総額の目標値を達成したプロジェクトだけが実行を許される。

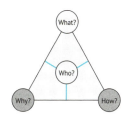

一般的な金融機関や銀行と異なり、クラウドファンディングの出資者は投資から大きなリターンを得ることへの興味があまり高くなく、プロジェクトの実現を支援したいという想いの方が強い。そのような動機を喚起する意味で、クラウドファンディングでは、出資者当たりの出資上限を定めることで、個人の有志による出資であることを暗に示すこともある。なお、クラウドファンディングの出資者当たりの出資額や合計調達額の上限については、2000年以降の金融危機の影響もあり、今や金融規制の一環として法的な規制対象となっている。プロジェクト企画者は、クラウドファンディングを使って幅広い投資家にユニークな投資の機会を提供し、それによって、自らのプロジェクトにより有利な条件で資金調達を実現している（Why?）。また、プロジェクトを事前発表するため、実質的に無償の宣伝となり、その後のプロジェクト自体の成功によい影響を与える可能性もある（Why?）。

ビジネスモデルの原点

ビジネスモデルとしてのクラウドファンディングは、古代から行われてきた。過去には、お寺やその他建造物のための基金は大勢から集め

ていた。インターネット時代の到来とクラウドファンディングプラットフォームの登場により、このモデルがビジネスにも個人にもますます魅力的になった。英国ロックバンドのマリリオン (Marillion) は早い時点からクラウドファンディングを利用した。彼らの所属事務所は小規模であったため、1997年に最新アルバムをリリースした後、米国ツアーの旅費が賄えなかった。しかし、ツアーをサポートするクラウドファンディングキャンペーンをインターネットで行い、ファンの人たちが十分な資金を提供してくれた。それ以降、マリリオンはこのビジネスモデルを使い続け、アルバムの制作やマーケティングの資金として活用している。

ビジネスモデルの活用例

独立系の映画制作会社のキャッサバ・フィルムズ社 (Cassava Films) はインターネット上でクラウドファンディングを採用し、映画資金の一部を調達した最初の企業である。『Foreign Correspondents』という映画の撮影後、作業を完了させるための十分な資金がなかったため、ディレクターで同社の創業者であるマーク・タピオ・カインズ氏はウェブサイトを立ち上げ、映画を完成させるための出資に興味のある人を募った。カインズ氏の会社は大投資家に依存することなく作業を完了し、一方で「クラウド (大衆)」には自分が興味を持つプロジェクトに実際に関与できるというメリットが得られた。制作会社はその後の映画配給とロイヤリティから収入を得て、投資家は利益の配分を受け取り、寄付に協力した人たちはプロジェクトに関与したことによる純粋な満足感を得た。

クラウドファンディングをうまく活用した別の例に、スタートアップのペブル・テクノロジー社 (Pebble Technology) がある。同社はクラウドファンディングプラットフォームのキックスターター (Kickstarter) 上で2009年にプロジェクトを立ち上げた。同社の目標は、10万米ドルの資金調達をし、ブルートゥースでスマートフォンと通信できる腕時計型デジタルデバイス (デジタル腕時計であると同時に電話を受けたりSMSを利用したりメールを読んだりできる)、ペブルウォッチ (Pebble watch) を製造することであった。本プロジェクトは大成功を収め、ペブル・テクノロジー社は2時間で目標の調達金額を達成し、最終的には当初の目標金額の100倍の1,000

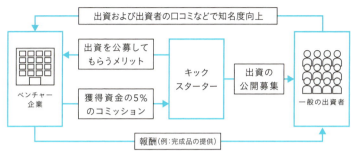

キックスターターのスキーム図

万米ドルを調達した。

　クラウドファンディングの利用において傑出した他の事例にディアスポラ社（diaspora）がある。非営利団体である同社は、特定の組織に所有されない分散型ソーシャルネットワークを提供し、大企業と広告主の影響の排除、さらにはユーザーのプライバシー保護重視の運用を行っている。同社ソフトウェアのプログラミング費用を賄うため、ディアスポラ社はキックスターター上にプロジェクトを立ち上げ、20万米ドル（当初目標の20倍）を調達した。また、その後のプロジェクト継続費用は、寄付やTシャツ販売の収入で賄っている。同社の事例は、感情に根差した製品を提供する会社が、初期の開発費用を調達する際にクラウドファンディングモデルが有用であることを示すよい例である。

活用の視点

　このモデルは、企業にも個人にも魅力的である。まず一番重要な点として、クラウドファンディングではゼロ金利の資金調達が可能である。また、プロジェクトの起案者は、プロジェクトの初期段階でアイデアを検証でき、将来のプロジェクト実施の成否を見極めることができる。さらに、プロジェクトに興味を持った聴衆からの貴重なフィードバック、批評、コメントを得ることで、プロトタイプを作成したり、コストのかさむパイロットシステムを開発したりすることなくアイデアを洗練できる。実際の出資という形で大勢の人からサポートを受けられるような魅力的なアイデアがあると思うなら、ぜひクラウドファンディングを利用すべ

きだ。

> **ビジネスモデル革新への問いかけ**
>
> - そのアイデアは、大勢から出資を得るのに十分なワクワク感があるか?
> - 金銭や褒賞を出資者に提示すべきか、その際に法律や規制に抵触しないように適切なルールを作る方法はあるか?
> - 自社の知財をどのように守るか?
> - クラウドファンディングの出資者は自社の顧客になり、さらには製品のファンになってくれるか?

9

Crowdsourcing

クラウドソーシング

= 大衆にアウトソーシングする

9 Crowdsourcing

基本パターン

クラウドソーシング（Crowdsourcing）は、特定の課題の遂行を外部の人員にアウトソースする手法で、一般告知により課題を公開するところに特徴がある（How?）。狙いは、イノベーションや知識の源泉を自社内から外部へ拡大し、

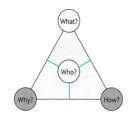

より低価格あるいはより効果的なソリューションを開発する可能性を切り開くことである（Why?）。クラウドソーシングの対象となる課題は画期的なアイデアの考案、特定の問題の解決など広範にわたる。

クラウドソーシングはまた、未来の製品に対する顧客の要望や好みを見出すのに非常に適している（Why?）。「クラウド（大衆）」がクラウドソーシングの課題に取り組む動機は、金銭や名誉など外的動機、あるいは純粋な興味といった内的動機のいずれもあり得る。よって、クラウドソーシングへの参加者を募るうえで、貢献に対する金銭的な報酬を出す企業もあれば、自社に対する愛着や、取り扱う課題への参加者個人の興味に頼る場合もある。

ビジネスモデルの原点

「クラウドソーシング」という用語は、2006年に『WIRED』誌の編集者ジェフ・ハウ氏が作り出したが、ビジネスモデルとしてはずいぶん以前から存在していた。1714年の英国に歴史的な事例がある。これは、「船舶の正確な経度を測定する現実的な手法を見つけた者に、政府が2万ポンドの報奨金を提供する」という"Longitude Act"（経度に関する議決）と呼ばれるもので、クラウドソーシングのモデルが採用されている。その当時、航海士はコンパスを利用して緯度を測定することができたが、経度を測定するための方法は考案されていなかった。そのため、航海には多大な危険が伴い、船乗りは冗長な迂回路か、座礁のリスクを冒すかのどちらかを選択しなければならなかった。1773年に英国人のジョン・ハリソン氏が海洋クロノメーターで長年の経度測定の問題を解決し、ついに報奨金を獲得した。

仕組みとして新しい点はないものの、クラウドソーシングの実施形態

クラウドソーシングのビジネスモデル

は大きく変わった。過去においては、課題の告知を口頭あるいは新聞で実施していたため、告知対象が限定されていた。オンラインで課題を公表できるようになったことで、比べものにならないほど広範囲に情報が届くようになった。

ビジネスモデルの活用例

まったく新しい方法でインターネット全体から協力者を見出せるという可能性によって、クラウドソーシングに非常に強い興味が寄せられている。2000年にシカゴで創業したスレッドレス社は、オンラインでのクラウドソーシングを事業のコアと位置づけ、同社プラットフォームにTシャツのデザインの出品を世界中のデザイナーに働きかけている。顧客はどのTシャツがもっとも気に入ったかを投票し、もっとも高く評価されたTシャツをスレッドレス社が製造、販売する。もし作品が選択されて製造されたら、デザイナーには金銭的な褒賞が与えられ、デザインがさらにリプリントされたり、コンテストで入賞した場合には再度褒賞が得られる。この方法でスレッドレス社は毎週3〜4種類の新しいTシャツを提供し、たいていは非常によく売れている。

米国を本拠地とするシスコシステムズ社は、1980年代より外部企業の買収を通じてイノベーションを獲得し成長してきた。同社のイノベーション創出数は圧倒的であり、ついには世界最大の研究機関であったベル研究所（Bell Laboratories）をしのぐまでとなった。新アイデアの調達手段として、クラウドソーシングはシスコシステムズ社のオープンイノベーション戦略の主役を演じている。2007年以降、シスコシステムズ社は若いイノベーターをターゲットとしてクラウドソーシングコンテストを開催し、だれもがオンライン上でイノベーションの提案を行える

9　Crowdsourcing

I-Prizeを創設した。同社の上層部に選定された優れたアイデアは、シスコシステムズ社が予算をつけて実際に開発を進める。また、コンテストの優勝者は知的財産権をシスコシステムズ社に譲る代わりに多額の賞金を受け取ることができる。I-Prizeコンテストを通じて、シスコシステムズ社は全世界の参加者の創造性と知的可能性を引き出し、イノベーションの成功と知財の獲得により収益を生み出している。成功したイノベーターにはコンテストの賞金、名声、報道による知名度向上といったメリットがある。

　クラウドソーシングを利用してイノベーションを成功させている他の例としてP&G社がある。21世紀の初めにP&G社は、売上の停滞と研究開発費の急増という危機的な状況に陥っていた。その対策として、同社は"コネクト＋デベロップ（Connect + Develop、つないで開発）"というクラウドソーシングプログラムを導入し、製品開発全体の15％であった外部からのアイデアの利用を、50％に引き上げるというノルマを課した。この野心的な目標を達成するため、同社は外部パートナーの巨大なネットワークを作り上げ、自社の9,000名の研究者と150万名以上の世界中の科学者とをつないだ。コネクト＋デベロップの取り組みでP&G社の研究部門は5年間に60％もの生産性向上を実現した。

　イノセンティブ（InnoCentive）は、グローバル展開する米国の製薬会社であるイーライリリー社（Eli Lily）が立ち上げたクラウドソーシングのプラットフォームである。イノセンティブは、エンジニアリング、科学、ビジネスなど広範な領域におけるソリューションの探求に特化している。R&D上の課題を持つ会社（ソリューション募集者）は求めるソリューションの要件の詳細をイノセンティブのオンラインプラットフォーム上に登録するとともに金銭的な報酬を提示して、全世界の問題解決者をひきつけ、また選定したアイデアやソリューションの知的財産権を獲得することができる。「クラウド（大衆）」の大半はトップクラスの専門家であり、プラットフォーム上にアドバイスを無償で提示する。イノセンティブは2,000米ドルから2万米ドル程度の報酬をソリューション募集者である企業側から受け取るが、企業側から問題解決者に提示される賞金は100万米ドルに達することもある。企業は専門家のグローバルネットワークとつながることでR&D予算を減らすことができ、一方で問題解決者には賞金獲得というメリットがある。イノセンティブは、この分野におけるパイ

オニアであり、クラウドソーシングの仲介においてもっとも成功しているプラットフォームのひとつである。

イノセンティブ同様に技術や科学をベースにしたクラウドソーシングプラットフォームにナインシグマ（NineSigma）があり、他の分野では、デザイン（99designs.co.uk）、安価な労働力（freelancer.com）、あるいは単に新たなアイデア（atizo.com）といった各種のプラットフォームがある。多くの企業が自社独自のプラットフォームを構築して潜在的なユーザー、顧客、サプライヤー、あるいはフリーランサーなどをひきつけようとしている。企業独自のプラットフォームを成功させるための前提条件は、自社がソリューションプロバイダーにとって魅力的なことであり、有名ブランド企業や社会的評価の高い企業であれば有利だ。

活用の視点

すべての会社がアイデア創造フェーズにクラウドソーシングを導入可能だ。ただし、創造的でない企業ではクラウドソーシングが機能しない可能性があり、新しいアイデアが見つからないのをクラウドソーシングのせいにするといった結果になりかねない。逆に創造的な企業であれば、クラウドソーシングの助力を得てイノベーションの可能性を高めたり、顧客をアイデア創造プロセスに巻き込んで密接な関係を構築したりといった形で、クラウドソーシングのメリットを享受できる。また、クラウドソーシングの副次的メリットとして、顧客がその会社のブランドに愛着を持ちやすくなることがある。一方、クラウドソーシングプラットフォーム事業者としての市場には限りない可能性があり、多数のサービス事業者が、それぞれ非常に専門特化した分野向けにサービスを開始しているが、長期にわたって競争力を持ち続けることは容易でない。

ビジネスモデル革新への問いかけ

● 新たなアイデアを自社のために考案してくれるコミュニティを育てることができるか？
● 一般の参加者がオンラインで回答できるように、自社の課題を定

形化し、具体的に説明できるか?
- 最良のアイデアを選ぶ明確で透明性の高い判定方法を自社内に構築できているか?
- アイデア評価プロセスを明確に定義し、クラウドソーシングの参加者に正確に伝達できるか?
- 評価プロセスの集団力学など、ソーシャルメディア特有のダイナミクスを扱う準備ができているか?

クラウドソーシングプラットフォーム事業者として
- 選択したテーマやコミュニティには具体的な市場が存在するか?
- 自社プラットフォームに企業各社や、対象となる一般参加者をひきつけられるか?
- 収益モデルを精査したか?

10

Customer Loyalty

カスタマーロイヤルティ

= ポイントプログラム

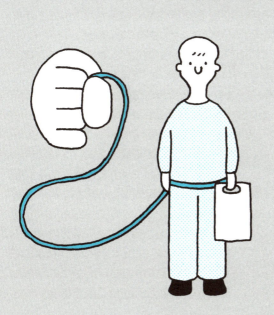

基本パターン

カスタマーロイヤルティ（Customer Loyalty）のビジネスモデルでは、基本的な製品やサービスを上回る価値を（例えば、インセンティブプログラムを通じて）追加で提供することで、顧客を自社にとどめ、ロイヤルティを獲得する。目的は、特典

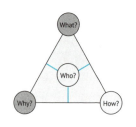

やディスカウントの提供を通じて顧客との関係を構築し、顧客のロイヤルティを育むことだ。この方法により顧客は自ら自社と紐づき、競合の製品やサービスを選ぶことが減るため、自社の収益を守ることになる。

カスタマーロイヤルティを保持する一般的な手法は、ポイントカードによるロイヤルティプログラムである。ポイントカードには顧客の購買履歴が記録され、対応するポイントが付与される。ポイントは商品購入時の割引にあてることができる。このような得意客への商品の割引は、店舗を繰り返し利用してもらう仕組みである（What?）。ロイヤルティプログラムは、顧客が合理的な購買判断をするうえで明白な効果があるが、より重要な点は顧客に心理的な影響を及ぼす点だ。顧客はしばしば「バーゲン品狙い」の本能で行動するため、ロイヤルティプログラムの実際の金銭的ポイントよりも心理的影響が高い効果を果たすことが多い。具体的には、実際にロイヤルティプログラムから得られるポイントは購入金額の1％程度に過ぎないにもかかわらず、顧客は異常なほどロイヤルティプログラムのポイントに基づいて購買を判断するのだ。したがって、このようなロイヤルティプログラムを提供することで、ポイントプログラムなしではあり得なかった売上と利益を実現できる（Why?）。さらに、顧客のポイント利用も新たな収入源となる可能性がある、というのもこれらのポイントは、プログラムを提供する会社あるいは提携パートナーのみで利用可能だからだ。新たな製品やサービス購入は全額をポイントで賄えないことが多いため、ポイントの利用が顧客に追加購入させるインセンティブとして機能する（Why?）。

このモデルが有益な点がもうひとつあり、それは事業運営において重要な顧客データを収集できることである。利用するシステムによって異なるが、個々の顧客の購買行動に関する情報をほぼ完全に得られるため、品揃えの最適化、宣伝効率の向上、追加の販売機会（ビジネ

スモデル25参照）などの分析に大変役立つ（Why?）。オンラインビジネスであれば、顧客の個別アカウントに直接特別割引を紐づけることも可能だ。特別割引の対象顧客がサイトを訪れて新たになにかを購入する際に、自動的に割引が適用される。オンライン販売の場合には、現実世界でのつながりや店員個人の顧客への応対が存在しないため、カスタマーロイヤルティが特に重要な役割を果たす。その意味でのさらなるオプションとしてキャッシュバックプログラムがある。キャッシュバックプログラムはロイヤルティプログラムと似ているが、商品購入時にディスカウントではなく現金を受け取る点が異なる。

ビジネスモデルの原点

カスタマーロイヤルティモデルには200年以上の歴史がある。18世紀の終わりに米国の商人が、集めると製品と交換できるトークンを顧客に配り始めた。19世紀には小売業者がお店で商品券と交換できるバッヂやスタンプを顧客に配り始めた。米国企業のスペリー＆ハッチンソン社（Sperry & Hutchinson）は、グリーンシールドスタンプ（Green Shield Stamps）というロイヤルティプログラムの運営者で、ロイヤルティプログラムを他社向けに運営し始めた最初の企業の1社である。同社のロイヤルティプログラムでは、顧客はスーパーマーケット、ガソリンスタンド、小売店舗など、さまざまな店舗で買い物をしたときにグリーンシールドスタンプを受け取ることができた。必要な得点が貯まるまでスタンプを集めて専用の冊子に貼り、その後にグリーンシールドスタンプの店舗あるいはカタログで欲しい商品と引き換えられる。カスタマーロイヤルティの向上や売上増加のために、小売店はスペリー＆ハッチンソン社からグリーンシールドスタンプを購入して顧客に配布する。もちろんスタンプの売上はスペリー＆ハッチンソン社にとって大きなメリットであったが、このスキームが人気を得たことで関係者全員がメリットを享受した。

ビジネスモデルの活用例

テキサス州フォートワースに本社のあるAMRコーポレーション社（AMR Corporation）が保有する事業会社のアメリカン航空社は、航空

Customer Loyalty

AAdvantage（アメリカン航空社）のカスタマーロイヤルティプログラム

運輸業界で初めてロイヤルティプログラムのAAdvantageを導入した。フライト予約システムSabreのおかげで、アメリカン航空社は頻繁に同社の航空便を利用する顧客の情報を把握できた。アメリカン航空社は、「フリークエントフライヤーズ」と呼ばれるこれらの常連客に対して、航空便の予約をするごとにマイルがポイントとして貯まるAAdvantageプログラムへの入会を案内した。貯まったポイントは、座席のアップグレード、将来のチケット予約、特別商品、その他の特典に利用できる。航空会社には顧客のリピーター化によるビジネス上のメリットがあり、サービスや特典を提供するコストはプログラムによる売上の安定（あるいは増加）による利益で賄われた。このようにアメリカン航空社のAAdvantageのスキームでは、カスタマーロイヤルティのビジネスモデルを使って顧客を同社に紐づけることに成功した。

ペイバック（Payback）はメトロA.G.社（Metro A.G.）が立ち上げたドイツのポイントカードシステムで、2,600万人以上が利用している。2011年には、インドのポイントプログラムであるi-mintを吸収し、ペイバック・インディアというブランドに名称変更している。ペイバックでは、使ったお金は1セントも漏らさずポイントとして顧客のペイバックカードの口座に貯まり、換金したり、ペイバックまたはパートナー企業のウェブサイトで特典と交換したり、もしくはチャリティに寄付したりできる。ポイントカードプログラムの管理プロセスを通じて、ペイバックはパートナー企業での顧客の購買行動を追跡できるが、ほとんどの顧客はこのことをあまり気にかけていないようだ。というのもペイバックの顧客の80%以上は自分のデータが保存されることに同意しているからだ。データマイニングをはじめとするデータ分析手法を駆使して、パートナー企業はターゲティング広告キャンペーンなどでより高い費用対効果やマーケティング効果を得ることができる。このような顧客データは、さらなる

売上をあげるためにペイバックにとってもそのパートナー企業にとっても高い価値がある。

　カスタマーロイヤルティの原則は、購入金額に応じて年度末にボーナスが提供されるといった形で、しばしばB2Bビジネスの購買にも適用されている。このシンプルな戦略により、大きな手間をかけずに顧客の強いロイヤルティを引き出すことができる。より広い意味では、サプライヤーが製品の企画、設計、製造、サポートまでの全プロセスを顧客企業との密接な協業のもとで進める製品ライフサイクル管理も、顧客企業の強いロイヤルティをもたらす（例：自動車業界での一次下請けサプライヤーとOEMとの戦略アライアンス）。

活用の視点

　このモデルはいろいろな状況でうまく機能する。顧客中心の文化が企業の長期的な成功を支えるといった観点からは、カスタマーロイヤルティは必須のものと言える。自社ビジネスの根幹に顧客を据えてロイヤルティプログラムを導入すれば、自社の基盤顧客と意思疎通できるようになる。また、この手の取り組みは顧客のロイヤルティと自社のブランド認知を高める。多くの業界で競争が非常に厳しくなっており、心情面と物理面の双方で顧客の心をとらえ顧客を維持していくためには、その方法をすべての企業が修得すべきである。

ビジネスモデル革新への問いかけ

- 自社の顧客と意思疎通を図ってロイヤルティを築くために、もっとも適切なチャネルはなにか？
- どのようにすればもっともうまく顧客を扱えるか？
- 顧客のニーズを理解するためにどのように顧客とコミュニケーションを図るべきか？
- 顧客にとって価値のあるものをなにか追加で提供できるか？
- 顧客に自社のファンになってもらうにはどうすればよいか？
- スポーツチームとファンの関係のように、自社の顧客とつき合うことはできないか？

11

Digitisation

デジタル化

= eビジネス化

デジタル化

基本パターン

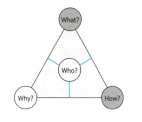

　デジタル化（Digitisation）のビジネスモデルでは、既存の製品やサービスのデータをデジタル製品として取り扱い、中間業者の排除、無駄の削減、配送の自動化などのメリットを実現する。このモデルは幅広い業種に適用可能で、例えば雑誌のオンライン版、レンタルビデオストアのオンライン配信サービスなどがある。2000年以降の技術的、社会的、経済的な発展を具現化した真の立役者が、デジタル化のビジネスモデルである。自動化によりバーチャルな商品・サービスの入手が容易になり、その信頼性や柔軟性が高まり、しかもこれまでになく効率性が向上した結果、ビジネスモデルにインターネットが絶大な影響力を及ぼすに至ったのだ。そして実際にこれらの特徴は、既存のビジネスプロセスあるいは製品、サービスに（ほぼ）齟齬のない形で適用できる。デジタル化によって、既存ビジネスをオンライン上に「再現」し、ビジネスプロセスや機能の一部をインターネット上に移転できるだけでなく（How?）、まったく新たな製品やサービスの提供も可能である。インターネットの登場前には現在の形で製作することが不可能であったコンテンツが、今や大きな労力なく顧客に提供されている（What?）。

　従来はリアルな現物として販売されていた商品が、物的な実体を伴わないデジタル商品で補完、あるいは代替すらされるケースが増え、そのメリットが明らかになりつつある。今日の世界では、「いつでも」、「どこでも」、音楽をオンライン購入できる。CDやカセットに頼っていた時代には、こんなことは夢でしかなかった。しかし技術開発には負の面も伴い、海賊版はもちろんのこと、著作権やデジタル化権の管理といった問題が新たに発生し、相当の時間と労力を知的財産権の保護に費やすことが必要となった。

　すでに電子的に提供されているコンテンツもデジタル化の恩恵を受ける。双方向の通信機能の追加は家電製品には計り知れない影響があり、例えばビデオオンデマンドを使えば好きな時間に好きなテレビ番組を見ることができ、さらには番組内のリアルタイム投票や、コメント発信ができる。

11　Digitisation

　デジタル化は他のビジネスモデルと密接に関連する。クラウドファンディング（ビジネスモデル8参照）や顧客データ活用（ビジネスモデル25参照）は、デジタル化なしには採算の合う提案となり得なかったはずだ。

ビジネスモデルの原点

　デジタル化のビジネスモデルは現代のコンピューターや通信技術に完全に依存しており、比較的最近のモデルである。反復性の高い業務プロセスの自動化を企業が推進した結果という面もある。企業内プロセスの自動化だけでなく顧客ニーズを満たすために、このコンセプトを同様の方法で活用する動きが広がり続けている。

　当初デジタル化は、数字や論理を扱う分野で新たな製品やサービスを作り出すために利用された。したがって1980年代の初めに銀行において最初の電子サービスが生まれたのは当然である。当初はこれらのサービスは専用ターミナルと電話線によるデータ転送で利用された。1990年代にブロードバンドインターネットが登場すると、個人消費者向けに幅広いスケールでより急速なデジタル化を進めることが可能となった。グラフィカルなユーザーインターフェイス、ブラウザ、暗号化技術の開発により、膨大な種類のウェブサービスが利用可能となったのだ。

ビジネスモデルの活用例

　1990年代以降、多くの事業で製品やサービスのオンライン配信が始まった。カリフォルニア北部のチャペルヒルに登記されたWXYCは、米国の大学ラジオ放送局で、24時間365日放送している。音楽以外に、同ラジオ局ではトークショー、カリフォルニア北部の地域情報コンテンツ、学生向けの特別番組、スポーツなどのさまざまな番組を放送している。WXYCは、FM放送だけでなくインターネット放送にも乗り出すことで、デジタル化の潜在的な可能性を具現化した初期のラジオ局のひとつであり、北部カリフォルニアをはるかに越え、米国北東部やイギリスといったさらに広い視聴者からも人気を得ることができた。

　現在はマイクロソフト社が運営するホットメール（Hotmail）は、ウェブ

デジタル化 11

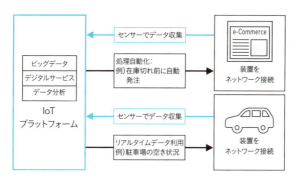

デジタル化のビジネスモデル例

メールサービス事業者の草分けであり、従来の手紙の代わりとして電子メールサービスを提供することにデジタル化のビジネスモデルを使った。ホットメールの基本サービスは、一定のデータ保存容量までは無料で利用できるが、データ保存容量の増加や目障りな広告表示を消すといったプレミアム機能を利用する場合には有料となる（ビジネスモデル18参照）。ホットメールユーザーはウェブブラウザ（最近ではアウトルック〔Outlook〕などのメールソフトからも利用可能）で電子メールを利用する。アドレス帳はオンライン上に作成され、ブラウザ画面から電子メールを作成、保存、送信できる。ホットメールの無償アカウントを提供するコストは、プレミアムユーザーからの売上を鑑みれば無視できる程度のものである。

別の事例として、営利企業として運営されている米国の大学で、教育やビジネスの資格をオンライン提供するジョーンズ・インターナショナル大学（Jones International University）がある。1999年に同大学はオンラインのみで履修コースの学習、管理運営を行う大学として米国で初めての正式な認可を受けた。同大学では学士号、修士号、博士号の各種講座を、インターネットを通じた遠隔教育講座として提供している。このような「eラーニング」のコースがもたらす柔軟性は、遠隔地の、あるいはパートタイムで働いている学生には大きなメリットだ。eラーニングでの履修内容は、チャットルームでのオンラインディスカッションや、フォーラム、電子メール、電話会議などを通じて補完される。講座、課題、そして数度にわたる評価試験により、資格取得という目標に向

けて勉学に励むことが可能になっている。ハーバード大学やMITなども、無償あるいは非常に低価格の授業料でオンラインコースを提供している。

　このビジネスモデルは銀行業界でもかなり活用されており、既存銀行が各種オンラインサービスを提供し、既存サービスを補完している。さらにデジタル化は、実際の支店を持たず、オンライン上にのみ存在する仮想銀行という新たなビジネスを生み出した。いくつか例を挙げると、ドイツの1882ダイレクト（1882direkt）、DKB、コムダイレクト（comdirect.de）、オーストリアのバンクダイレクト（bankdirekt.at）、スイスのスイスクオート（Swissquote.ch）、イギリスのファースト・ダイレクト（First Direct）、およびロシアのVTBダイレクトバンク（VTB direct bank）などである。これらの銀行は株式売買あるいは特定分野の投資など、特定の金融商品に特化していることが多い。デジタル化のメリットのひとつはコスト低減であり、削減されたコストが高い金利という形で顧客に還元されることも多い。

　デジタル化という意味では、フェイスブックは学生の名簿という現実世界のありふれたものをデジタル化しただけである。しかし、フェイスブックは10億人以上が利用する世界最大のソーシャルネットワークに成長した。成功の鍵は既成概念を極限までデジタル化することにあったと言える。ところが、信じがたいほどの巨大なユーザー基盤にもかかわらず、依然として同社は顧客の潜在的可能性を換金する方法を模索している。また、フェイスブックや同様のサービスは、社会に与えた影響の大きさを批判されたり、現実世界での人間関係に取って代わったことを責められたりしている。欧州の中では先駆的な文化を持つと考えられているスウェーデンにおいても、2013年に初めてフェイスブックユーザーが減少となった。世界のデジタル化は間違いなく進んでいくが、より小規模でプライベートなオンラインのプラットフォームを求める人が徐々に増えていることも否定できない。

活用の視点

　デジタル化は非常に有望なビジネスモデルであり、近い将来より多くの事例を目にするようになるだろう。デジタル化なしにインターネットビ

ジネスを語るのは難しいが、インターネットビジネス以外でも有益なはずだ。リアルの製品がスマート化しネットワーク接続されるIoT（モノのインターネット）の到来により、製造業にとってもデジタル化は重要性を増している。これらの変化を引き起こしているのは、製品が存在する場所においてデータを収集し効率的に通信するために必要なセンサーや通信ネットワークの劇的な価格低下である。このような技術開発により新たなソフトウェアベースのビジネス機会が生まれつつある。ゼロに近いコストで、オンデマンドに機械をオンオフできるのだ。例えば車や機械の電源もオンデマンド（Software as a Service）でオンオフできる。まだ実験段階の初期ではあるが、自動車業界ではデジタル化の適用方法を積極的に模索している。1990年代以降の20年間で仮想世界と現実世界の融合が始まったが、その可能性は計り知れない。将来的にはほぼすべての製品やサービスがこのビジネスモデルとなんらかの接点を持つと言えるだろう。例えば、予防保全、スマート在庫管理、リアルタイム物流、サプライチェーン管理の完全統合連携、ソフトウェアベースの各種サービスなどだ。今後はデジタル化がさらに多くの業界に激変を起こすであろう。

ビジネスモデル革新への問いかけ

- 自社の製品群について、ソフトウェアを取り入れることで価値が向上するのはどの部分か?
- デジタル化によって新たな価値を生み出し、収益化できるか?
- 現実的な話として、このビジネスモデルを自社が利用できるのは、いつ、どのような場面か?

12

Direct Selling

直販モデル

中間業者を省く

直販モデル

基本パターン

直販（Direct Selling）のビジネスモデルでは、製品は小売りやアウトレットのような中間チャネルから提供されるのではなく、製造元やサービス提供者から直接提供される（How?）。そのため企業は小売業者のマージンや周辺コストを省くこ

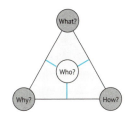

とができ、削減したコストを顧客に還元することも可能だ（Why?）。また、このビジネスモデルによって企業が顧客の購買体験を直接把握できるようになり、顧客のニーズをより深く理解したうえで製品やサービスの改善アイデアを考えることができる（What?）。

加えて、直販モデルでは営業情報をより正確に把握し、均質で一貫した流通モデルを安定的に運用できる（How?）。顧客には、企業から迅速でよりよいサービスを得られるという明確なメリットがあり、広範な説明が必要な製品では特に重要なポイントとなる（What?）。

ビジネスモデルの原点

直販モデルが、もっとも古くからの流通手段のひとつであることは疑う余地もない。中世の職人や農夫が自分たちの品物を市場や露店で売る際には、ほぼすべて直販であった。近代になって直販モデルを創造的に活用する工夫がなされた結果、さまざまなビジネスモデルイノベーションが生まれた。

ビジネスモデルの活用例

タッパーウェア社（Tupperware）は、プラスチックのケース、食事用の皿、ボウル、冷蔵庫用のケースなど、キッチンおよび生活用品の直販モデルに、顧客の自宅で営業イベントを開催するという新たなひねりを加えた。同社の販売員は、いわゆる「タッパーウェア・パーティ」を開催し、親戚、友人、隣人を招待する。販売員は階層構造にランク分けされ、人的ネットワークをベースに製品流通や販売システムを管理する。直販モデルのおかげでタッパーウェア社は小売業者を必要とせず、

また宣伝費用を発生させることなく製品を販売できた。ブラウニー・ワイズ氏が1940年代の終わりから1950年代のフロリダにおいて、ホームパーティを開いて友人や親族にタッパーウェア社の製品を販売したところ非常にうまくいったことから、このコンセプトが発明されたと言われている。タッパーウェア社の創業者であるアール・タッパー氏はその後、ブラウニー・ワイズ氏に同社の営業担当重役への就任を依頼した。彼女は「タッパーウェア・パーティ」という言葉を生み出し、その言葉は、全米中にそのコンセプトを広めることに役立った。結果として彼女は非常に脚光を浴び、ビジネスウィーク誌の表紙を飾った女性の第1号となった。

　リヒテンシュタインに本社を持つヒルティ社は建設業界向けの基礎固定用アンカーシステムの専門企業で、建設業界でもっとも成功しているB2Bの直販企業の1社である。2万2,000名の全社員のおよそ3/4は日々営業と顧客の個別対応に追われている。同社が建設業界において確固たる競争優位性を確保しているのは、明確な営業方針によるところが大きい。同社のヒルティセンターは、熟練した営業コンサルタントが対応してくれることで、非常に有名である。マイケル・ヒルティ氏によると、直販モデルの原則が同社の安定的な成功のもっとも大きな要因であった。市場と直接やり取りをすることはコスト高であるが、その一方で顧客が必要とする物を確実に提供できるのだ。

　アムウェイ社（Amway）は米国のマーケティング会社で、Artistry、Beautycycle、eSpring、BIOQUEST Formula、iCookを含む多種多様なブランドのマーケティングと、美容、健康、日用品の直販を専門とする。同社製品は全世界のアフィリエイト（ビジネスモデル2参照）および個人のネットワークを通じて顧客に提供される。加入者は自営ビ

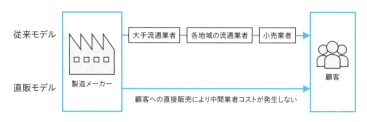

従来モデルから直販モデルへの移行例

ジネスオーナー（IBO: Independent Business Owner）の契約をし、その契約に基づいてアムウェイ社の製品を顧客に販売したり、新たなIBOを採用して教育したりできる（彼らは自分の「ダウンライン」ネットワークの一部となる）。アムウェイ社はCD、DVD、ウェブサイトでの情報提供、および、IBOが独立して採用活動やトレーニング活動をできるように支援するセミナーなどを行うことで、採用コストを引き下げている。また、アフィリエイトとIBOの幅広い人的ネットワークのおかげで流通費用や広告宣伝費用が削減され、その分利益が増加している。IBOは製品販売に対してコミッション収入を得ることができ、また個人の営業目標を達成した場合や、自分のダウンラインとして採用したIBOが営業目標を達成した場合にはボーナスが支給される。

最後に、PCメーカーのデル社は直販モデルの原則を採用して成功したことで有名である。1984年の創業以来、一貫して直販のみを行っており、新しいパソコンの注文を当初は電話で、後にはオンラインで受け付けてきた。デル社は対象顧客別に専用の受付電話番号を用意し、それぞれの広告と紐づけを行った。これにより販売員は、顧客がどの広告を見て電話をしてきたのかがすぐにわかるため、望まれているものをより正確に提供することができた。このようにして、デル社は小売業者を通じて販売する競合他社と効果的に差別化し、驚異的に成長した。その後に直販以外の販売チャネルも利用するビジネスモデルに変更したが、それは、この直販モデルによる競合優位性が通用しなくなったためである。

活用の視点

直販モデルは広く普及している。中間業者を省き、顧客と直接やり取りをするのだ。営業プロセス全体を正確に把握することにはふたつの意義がある。ひとつ目に顧客の情報を記録し、注意深く観察することで顧客ニーズの変化に追従できること。ふたつ目には自社内部での営業、マーケティング、製造、その他部署との連携を最適化できることだ。

ビジネスモデル革新への問いかけ

- 自社の営業部隊の規模はどの程度が適切か?
- 自社の営業担当者の間で健全な競争をうながすために、優れたインセンティブ制度を導入可能か?
- 営業プロセスの遂行に抜け漏れが出ないよう、営業部隊を教育する方法はあるか?
- 顧客への個別コンタクトで、顧客との親密度をどの程度向上できるか? 自社側で改善が必要な点はなにで、どういった点について顧客の本音を把握できていないか?

13

E-commerce

Eコマース

= 価格の透明性とコスト削減

13 E-commerce

基本パターン

Eコマース（E-commerce）のビジネスモデルにおいて、従来型の製品やサービスがオンラインチャネルを通じて提供されるようになり、実店舗を運営する費用が不要になった。顧客側は、製品やサービスをオンラインで検索できることで、

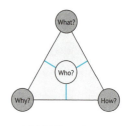

時間や移動コストをかけずに商品を比較し、より低価格な商品を入手できるメリットが生まれた。企業側は、製品やサービスをオンラインで検索可能にすることで、中間業者のコスト、小売店舗のコスト、従来型の不特定多数向けの宣伝費を削減するというメリットを得た。

世界的にコンピューターが普及したことによって可能となったEコマースは、電子的なシステムにより商品やサービスを売買することを指す（How?）。ビジネスもIT技術も発展し続けるので、Eコマースとはなにかを厳密に定義するのは難しい。『International Journal of Electronic Commerce』の編集長であるウラジミール・ツァース氏によれば、Eコマースとは「通信ネットワークという手段を利用して、ビジネス情報を共有し、ビジネス上の関係を保ち、ビジネスの売買処理を遂行する」ことである。Eコマースには、商品やサービスの直接の販売以外に、顧客サービスやサポートも含まれる（How?）。

Eコマースによるバーチャルな商品販売には通常の対面販売にはない大きなデメリットが伴う。それは購入者がお金を支払う前に商品を試したり評価したりできない点である。この欠点はさまざまなメリット（商品をいつでも簡単に購入できること、時間や場所の制限を受けないことなど）によって穴埋めされる。さらに、顧客は市場の透明性の向上を求めており、製品に関する他の顧客のレビューを参考にできることなどがこれに含まれる。顧客は幅広い製品をオンラインで簡単に検索して絞り込み、目的の製品にたどりつけるので、企業が膨大な種類の商品を提供しても顧客を戸惑わせることはない（What?）。

Eコマースのビジネスモデルの影響は、すべての業種の、すべての規模の企業に及ぶ可能性がある。例えば、Eコマースのビジネスモデルでは販売データを含むさまざまなデータを容易に取得できるため、販売部門はデータマイニングや類似の手法で販売分析を行って顧客

向けの直接的な販売戦略を最適化しようとするかもしれない。さらに、このような分析や最適化を自動で実施することも可能である。Eコマースでは、顧客は自分用に個別に用意された宣伝やおすすめ情報を受け取り、インターネットのグローバルなアクセスを活用することで、企業側は最小限の追加費用で、より多くの顧客にコンタクトできる（Why?）。また、通常の販売チャネルを補完する意味で、デジタル化した製品のダウンロード販売用にEコマースを利用することもできる（How?）。顧客がデジタル化された音楽、映画やソフトウェアをダウンロードする際に、企業側ではシステム化された販売プロセスが迅速に実施され、待ち時間ほぼゼロで必要な売買処理が完結する。

ビジネスモデルの原点

Eコマースの起源を、1948〜49年のベルリン危機の際に米英の空軍が実施した緊急空輸における電子的なメッセージ送信とすると、Eコマースが生まれて60年以上になる。その後の電子的データ交換（EDI）の発展は、今日のEコマースにとって、優れた先駆的事例と言える。1960年代には多数の産業セクターにおいてEDI標準が開発された。当初のフォーマットは購買、運輸、金融データに限定された設計となっており、主に同一業界内の取引処理に利用された。EDIを開発して利用した最初の業種は小売り、自動車、軍事、重工業である。1970年代から1990年代にかけてグローバルなデータ標準が開発された。

初期のEDIシステムは非常に高価であり主に企業間で利用された。その後インターネットが一般に普及したことが触媒として機能し、EDIをEコマースとして再定義し、開発する動きが進んでいった。従来型のEコマースチャネル、すなわち当初の企業間EDIについても、ゆっくりだが確実にインターネットを完全活用する方向に進んでおり、一部については個人の顧客も利用できるようになった。

ビジネスモデルの活用例

Eコマースのビジネスモデルを完成形にした会社はアマゾン社であ

アマゾン社の概要

アマゾン社に関する情報

- アマゾンは1994年にジェフ・ベゾス氏が設立した
- 2013年の売上は744.5億米ドル
- 英国のブランド調査会社であるMillward Brown Optimorによると、アマゾン社は地球上でもっとも価値のある会社のひとつ。ブランド価値は約457.3億米ドル
- アマゾン（Amazon）のロゴはAからZ（最初から最後）まで笑顔であることを表している。その意図はすべての物を世界中のすべての人に届けるというアマゾン社の想いである
- 全世界の2億2,400万人の人々が最低でも3ヵ月に一度はアマゾンで買い物をしている

Spiegel Online (http://www.spiegel.de/spiegel/print/d-123826489.html)
Amazon (http://www.amazon.com/) より

る。1994年にジェフ・ベゾス氏が設立した書店は、早くも翌年にはウェブサイトを開設し、書籍の販売をEコマースプラットフォームで開始した。アマゾン社は旧来型の書店と異なり書籍の在庫や物流に関する制約がないため、書店に比べてはるかに多くの品揃えができた。その後も急激な成長と全世界への展開により、さらに品揃えを増やした。アマゾン社は、Eコマースモデルをベースとして受発注／配送の統合システムを構築し、自社で利用するだけでなく一般の小売事業者にも同社システムをオンラインプラットフォームとして提供している。

エイソス社（Asos）は英国のオンライン小売店でファッション、化粧品、および自社独自の衣料品を、使い勝手のよいEコマースサイトで販売している。エイソス社は傘下の支店や中間業者に伴うコストを削減し、競争力ある価格でよりよい顧客サービスを提供している。使いやすいウェブサイトとグローバル展開により同社は160ヵ国以上の数百万名の顧客とつながっている。

1999年に設立されたザッポス社（Zappos.com）は米国最大の靴のオンライン小売店で、膨大な品揃えの靴をEコマースサイトで提供している。靴からスタートした同社はそれ以降も、洋服、アクセサリー、スポーツ用品、メガネ、家庭用品など、さらに取扱品目を多様化した。その後にアマゾン社と連携して、オンラインショッピングの利便性向上と迅速な配送の実現を目指している。ザッポス社はプロセスを自動化して中間コストを排除するため、すべての製品を在庫して自社配送してい

る。同社は、Eコマースモデルに基づきインフラコストと中間業者のコストを最小化することで低価格、利便性の高いオンラインショッピング、優れた顧客サービス、およびそれらと一体となった迅速な配送を実現し、その結果として多くの顧客と売上を獲得している。

　30万以上の顧客を持つ<u>フライヤーアラーム社</u>（Flyeralarm）は、2002年に設立された欧州最大手の印刷会社のひとつである。同社の顧客はEコマースサイトから、チラシ、雑誌、オフィス用品、ロゴ入りのグッズ、カタログなどを発注できる。ユーザーはウェブサイトで印刷種別、サイズ、色、図柄、紙質などを指定し、注文の多くは24時間以内に配達される。フライヤーアラーム社は効率的なEコマースウェブサイトの手本と言える例であり、印刷プロセスを自動化して中間業者を省くことでコストを削減する一方、顧客にとってはフライヤーアラーム社の提供する迅速で効率的なサービスと低価格な印刷物が魅力となっている。

　多くの企業の購買部門は透明性向上と処理コスト低減のためにB2Bプラットフォームを利用している。企業が自社の情報を取引先に公開することでEコマースの新たな機会が生まれることもある。例えば、ネジの在庫が切れそうになったときに、ネジを自動的にホームセンターのロウズ（Lowe's）やホームデポ（HomeDepot）あるいは直接ウルト（Wurth）のようなネジメーカーから調達することも可能だ。製品のスマート化やネットワーク接続の増加によって、購買プロセス自動化や、生産性向上が促進される流れにある。

活用の視点

　デジタル化（ビジネスモデル11参照）と同様、Eコマースには無限の可能性がある。Eコマースによって買い物という行為が再定義され、B2Cではほぼすべての取引をオンラインで完結できる。従来型のオンラインマーケティングやオンライン受注のメリットは明白だが、Eコマースにはほかにも隠れた利点がある。例えばビッグデータや、検索・取引履歴データには活用の見込みがある。先進諸国におけるデータ共有に伴う懸念の高まりにもかかわらず、顧客に価値を生み出し続ける限り、これらのデータの商用利用は進んでいくであろう。一方で企業

間のB2Bにおいては、Eコマースは費用対効果の向上や取引処理コストの削減に貢献している。

ビジネスモデル革新への問いかけ

- Eコマースの導入は自社の顧客に価値をもたらすか、あるいはコスト削減につながるか?
- 自社の顧客が必要とする情報をデータとして整理し、オンラインで提供可能か?
- オンライン化によって自社の営業上の強みは強化されるか、あるいは競争優位性が損なわれるか?

14

Experience Selling

体験の販売

= 雰囲気を売る

基本パターン

体験の販売モデルでは、商品として販売する製品やサービスに付随的なサービスを追加することで価値の向上を図る。例えば、書店は喫茶エリア、著名人のサイン会、ワークショップなどのより満ち足りた体験を生み出す各種サー

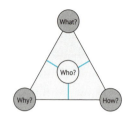

ビスを提供するかもしれない。このビジネスモデルはマーケティングと密接な関わりがある。製品やサービスをデザインするだけでなく体験や印象を付随させることで、飽和した市場に代わり映えしない製品がひとつ増えたという商品提供でなく、製品の機能に留まらない包括的な経験を顧客に提供する（What?）。このモデルの意図は、顧客の感性に訴える環境を整えることで競合から差別化する点にある。体験の販売に成功すれば、顧客は企業へのロイヤルティを高め、付随する体験が含まれることを前提に、より多くの商品をより高い価格で買うようになる（Why?）。体験の販売では顧客の体験に影響するすべての事業活動を管理し、協調させる必要がある。それらの活動には販売促進、店舗デザイン、販売担当者、製品機能、店頭在庫、商品パッケージなどを含む（How?）。顧客がどの店舗に行っても均質な体験を得られるようにすることも重要だ（How?）。

ビジネスモデルの原点

体験の販売モデルは1998年に出版された『The Experience Economy』（邦題『経験経済―エクスペリエンス・エコノミー』B・Jパイン II、J・H・ギルモア著、電通「経験経済」研究会訳、流通科学大学出版、2000）という書籍に詳しく紹介されている。著者は、冷戦時代の1970年に書かれた『Future Shock』（邦題『未来の衝撃』アルビン・トフラー著、徳山二郎訳、中央公論新社、1982）を参照し、将来の「体験産業」では顧客は非日常的なよい体験により多くのお金を費やすであろう、という記述に着目している。ドイツの社会学者であるゲルハルト・シュルツェ氏は1992年に「Erlebnisgesellschaft」（thrill-seeking society：スリルを求める社会）という用語を生み出して体験の販売に関する理論を打ち立てたが、その後

ロルフ・イェンセン氏が「dream society」(夢社会)の研究を発表したことでその理論が広がった。

1903年創業の米国の有名なオートバイメーカーであるハーレーダビッドソン社は体験販売のコンセプトを非常にうまく活用した企業だ。1969年の映画『Easy Rider』(邦題『イージー・ライダー』1970)はハーレーダビッドソンブランドが自由の象徴として関連づけられる絶好の機会を提供した。フィリップモリス社(Philip Morris)は同様の手法で、たばこを吸うカウボーイ「マルボロマン」を限りない自由と冒険の象徴として同社のたばこブランドのマルボロと紐づけ、製品販売に活用した。

レストレーション・ハードウェア社(Restoration Hardware)は体験の販売に関するパイオニアの1社である。1980年創業の同社は、時代を越えたクラシック家具やアンティーク家具の精巧なレプリカをチェーン店で販売している。レストレーション・ハードウェア社の店舗に漂う静かで心地のよいノスタルジックな雰囲気に浸っていると、複雑さを増す世界においてシンプルな生活を送りたいという願望が顧客の心に呼び起される。

ビジネスモデルの活用例

ワシントン州シアトルを本拠地とするスターバックス社は世界62ヵ国で2万店以上の店舗を運営するコーヒーハウスチェーンである。全世界のスターバックス社の店舗ではコーヒー、焼き菓子、スナック、紅茶、サンドイッチ、パック入り食品など、各種の食品や飲料を提供している。コーヒーには気の利いたカフェラテやアイスコーヒーなどの「グルメな」タイプの飲み物もある。それに加えて、各店舗で提供される一連の機能、製品、サービスが、全体としてスターバックス社独特の体験を生み出す(Wi-Fi、心地よい音楽、くつろげる雰囲気、快適なテーブルや椅子など)。体験の販売モデルを取り入れてコーヒー以外の多くの独自機能を提供することで、スターバックス社は顧客の支持と人気を獲得し、最終的に売上増加につなげている。

バーンズ&ノーブル社(Barnes & Noble)は米国最大の書店である。ニューヨークを本拠地とする同社はオンライン展開もしているが、体験の販売のコンセプトを取り入れた大規模なアウトレット店舗で有名だ。

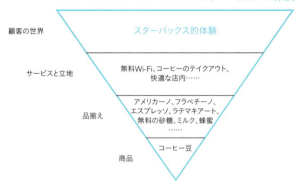

書籍販売に加えて(書籍の多くは割引価格で提供されている)、バーンズ＆ノーブル社では(コーヒー店、イベント、著者の来店、朗読会など)書籍以外のさまざまな製品やサービスをトータルな「体験」の一環として全米数百店舗で顧客向けに提供している。また、同社の小売りアウトレットの多くではDVD、ビデオゲーム、ギフト商品、音楽CDも販売している。同社は体験の販売により自社店舗を競合と差別化し、数多くの製品やサービスのクロスセル(ビジネスモデル7参照)を実施している。トータルな体験とひとつの店舗でさまざまな製品やサービスを購入できるという利便性は、独特な「バーンズ＆ノーブル社的体験」を生み出し、顧客をひきつけている。

カリフォルニアを本拠地とする米国の食料品専門店のトレーダー・ジョーズ社(Trader Joe's)は、体験の販売の非常に優れた事例であり、特徴的なショッピング体験と、さまざまなグルメ食材、有機栽培食品、ベジタリアンフードを提供する。同社ではパンやシリアルなどの主食のほか、家庭用品、ペットフード、植物など食料品以外も販売している。トレーダー・ジョーズ社の商品の多くは商品ごとに個別にカスタマイズされた棚に陳列されており、それ自体が特別な顧客体験となっている。棚にはたいてい製品の産地に由来した名前がつけられており、イタリアならトレイダー・ジョット(訳注:ジョットはイタリア男性に多い名前。例えばイタリア・ルネサンス期の天才画家ジョット・ディ・ボンドーネなど)、中東ならアラビアン・ジョーズ、フランスならトレイダー・ジャック(訳注:ジャックはフランス男性に多い名前。例えば哲学者のジャン＝ジャック・ルソー、ジャック・シラク元大統領など)

といった具合である。顧客の体験をさらに盛り上げるべく、販売員は担当エリアに合わせた衣装を着ている。トレーダー・ジョーズ社は環境フレンドリーな製品と有機栽培食品に力を入れており似たような嗜好を持つ購買者層をひきつけている。コストを抑えるため、同社では最大でも4,000種類という厳選した商品のみを提供しており、商品全体の約80％は自社ブランドである。

体験の販売の別の事例としては、1987年に設立されたオーストリアのレッドブル社（Red Bull）がある。レッドブル社は同名のエナジードリンクで有名で、それは世界でもっとも人気のあるエナジードリンクである。同社は、シンボルであるレッドブルのブランドのもと、若い男性層をターゲットとした派手なマーケティングキャンペーンを行っており、フォーミュラ・ワン、モトクロス、ウィンドサーフィン、BMX、スノーボードなどのエクストリームスポーツや活動的なライフスタイルを、同社製品に紐づけるべく全世界に徹底的に広告宣伝をしている。著名なスカイダイバーのフェリックス・バウムガルトナー氏による成層圏からのジャンプといった、他の会社がやらないようなエクストリーム・フライング・イベントや、ボックスカーレースなどの変わった趣向のイベントまでサポートしている。これらの活動は、レッドブルを飲んで日常生活のそれぞれのシーンにおいて元気を出してもらおうという「レッドブル的な体験」との連想を強める役割を果たしている。レッドブル社が他社より高い価格で製品を販売できるのは、顧客が単なる飲料でなくトータルな体験を求めているからである。

活用の視点

すでに小売業では体験の販売を非常にうまく活用している。最近の小売業者は単にモノの販売をするのでなく、顧客の心をつかむための主導権争いをしているのだ。体験の販売は顧客の心をつかむための大きな一歩となる。トータルな体験を提供することで顧客とのきずなを深め、競合と差別化することができる。顧客はこれまでより頻繁にあなたのお店を訪れ、より多くの時間とお金を費やしてくれるようになる。

ビジネスモデル革新への問いかけ

- どうすれば自社のブランドの意味を真に反映した顧客体験を作り出せるか?
- どうすれば自社の全社員を、体験の販売の推進派にできるか?
- 自社の製品が提供する体験を明確に定義する方法は?
- 顧客に好意的な感情を持ってもらい、そのうえで実際の受注に結びつけるにはどうすればよいか?

15

Flat Rate

フラット料金

＝ 食べ放題

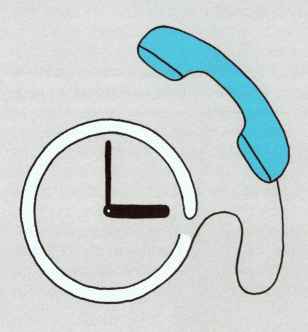

15 Flat Rate

基本パターン

フラット料金（Flat Rate）のビジネスモデルでは顧客はサービスや製品の料金を一括で支払い、好きなだけ利用する。顧客の最大のメリットは、コストを完全に固定したうえで無制限に消費できることだ（What?）。企業にとっては、通常料金の範囲を超えて利用する顧客と、あまり利用しない顧客のバランスがとれていれば財務的に健全な形で運用できる（Why?）。あまりないケースではあるが、途方もないコストが発生してしまうのを防ぐために企業側が利用上限を設定する場合がある。これは、無制限の利用という原則からは外れてしまうが、利益を確保する唯一の手段となる。

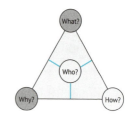

ビジネスモデルの原点

カジノの街ラスベガス生まれのバッカルー・ビュッフェ（Buckaroo Buffet）は史上初の「食べ放題」レストランである。顧客は実際に食べる量とは関係なく固定料金を支払い、好きなだけ食べる。一度の食事で人間が食べられる量には上限があることを前提として、価格は平均に基づいて決められている。食べ放題のチケットを買ったにもかかわらず、多くの顧客は平均以下の量しか食べず、利益が得られる。

フラット料金のビジネスモデルの歴史については得られる情報が少ないが、遠い昔から存在していたことは疑う余地がない。スイスの国有鉄道会社であるスイス連邦鉄道（Swiss Federal Railways）ではフラット料金のコンセプトに基づき1898年に年間シーズンチケットを導入し、100年以上経った今も販売を続けている。顧客は固定料金でチケット（旅行パス）を買い、時間、列車の種類、行先にかかわらず1年間無制限に何度でも乗り降りできる。この仕組みにより、列車での旅行はより魅力的なものとなり、頻繁に利用する顧客のコストは、あまり利用しない顧客の支払いで賄われる。年間チケットの導入で通常の従量料金制に比べて売上は安定し、予測可能になった。さらにスイス連邦鉄道社は年間チケットをある種のステータスシンボルとしても利用した。

フラット料金のビジネスモデルは旅行業界で1980年代に広く受け入

れられた。旅行代金にすべての食事や飲み物の料金が含まれたパッケージツアーを意味する「all-inclusive（すべて込み）」という言葉がある。このアイデアの生みの親はゴードン・スチュアート氏であり、1981年にジャマイカでサンダルス・リゾーツ（Sandals Resorts）という名前の「すべて込み」のホテルを始めた。彼の狙いは政情不安定で訪問客が少ない島に旅行者を呼び寄せることであった。サンダルス・リゾーツの成功によりスチュアート氏はカリブにおけるもっとも有力なホテルマンのひとりとなった。

ビジネスモデルの活用例

前述の例のほかに、他の業界でもフラット料金のビジネスモデルが画期的なイノベーションを起こした。1990年代の通信業界で、フラット料金プランを携帯の通話料金に適用する画期的なアイデアが生み出された。あらかじめ決められた範囲内の通話先であれば、顧客はどの通話先にでも月額固定料金で好きなだけ通話ができるというものだ。今ではこのようなプランは当たり前だが、規制撤廃が進んでいた当時の通信業界では他社との差別化を図る重要な手段だった。

1999年に最初のオンデマンド型インターネット・ストリーミングメディア会社として設立されたネットフリックス社は、フラット料金ビジネスモデルに重要なイノベーションを起こした。月額たったの7.99米ドルで、顧客は10万本以上の映画やTV番組を好きなだけ観られるのだ。全

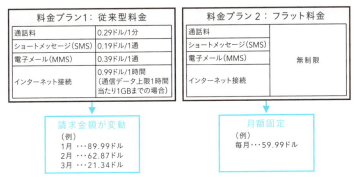

携帯電話の料金体系の例

15 Flat Rate

　世界に2,600万人以上の契約者を持つネットフリックス社のビジネスモデルは大成功と言える。ネクスト・イシュー・メディア社は、雑誌の世界にネットフリックス社のビジネスモデルを持ち込んだ。同社の独自ソフトウェアを使って、顧客は『Sports Illustrated』、『Time』、『WIRED』など100種類以上の雑誌をすべて読むことができる。各雑誌の購読料を個別に払う代わりに、月額9.99米ドルの料金でサービスを受けられる。

　スウェーデン企業のスポティファイ社はフリーミアム（ビジネスモデル18参照）とフラット料金ビジネスを組み合わせた会社だ。同社はデジタル著作権管理が整備された商用の音楽配信サービスを提供し、コンテンツはソニー、EMI、ワーナーミュージック（Warner Music Group）、ユニバーサルミュージック（Universal Music Group）などのレコード会社から供給を受けている。2006年設立の同社は、2010年にはおよそ1,000万人のユーザーを擁し、そのおよそ4分の1は月額料金を支払っていた。2014年にはユーザー数は2,400万人に達し、そのうち1,200万人以上が有償ユーザーであり、さらに広告収入もあった。2013年には45億時間相当の音楽がストリーミング配信された。アカウント登録あるいは初回ログインをフェイスブックのユーザーアカウントで行うと6ヵ月間の無償お試し期間として、広告付きではあるものの無制限に音楽を聴くことができるようになる。お試し期間終了後には視聴可能時間が月額10時間に短縮され、1週間当たり2.5時間に区切られて提供される（未使用の残り時間は繰り越される）。近い将来同社は、アップル社が君臨するiTunesシステムの大きな脅威になるかもしれない。

活用の視点

　あなたの会社が次の条件のうちひとつでも当てはまればフラット料金は機能する。第1にコストが手に負える範囲であること（例：サービス原価の低いインターネットビジネス）、第2に顧客にとっての有用性が使うほど低下していくこと。つまり、顧客がパイをひと切れ食べるごとに、さらにもうひと切れ食べたいという欲求が薄れていくということだ。第3には、あなたの会社にとって、そのつど顧客に課金するよりもフラット料金で課金する方が、コスト効率がよいことだ。

ビジネスモデル革新への問いかけ

- 平均的な顧客の消費量は計算上のマージンの範囲内に収まるか?
- 利益を減らす可能性があったとしても市場シェアを広げたいか?
- 顧客が自社のサービスを乱用することを防げるか?
- 対象市場における需要の価格弾力性を調査したか?
- 価格による差別化という潜在的な資産を失うことを考慮したか?

16
Fractional Ownership

部分所有

シェアリングで資産の有効活用

基本パターン

部分所有（Fractional Ownership）では、顧客は資産全体でなくその一部を購入する。全体金額の一部を支払えばよいので、高額で手の出なかった製品やサービスを顧客が購入できるようになる（What?）。部分所有は組合のスタイルを

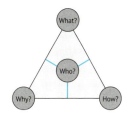

とることが多く、各購入者は所有割合に応じて一定の利用権を得る。管理会社が、資産の保守管理を行うとともに組合運営のためのルールや規定を作るのが一般的だ（How?）。資産を販売する側から見ると、販売価格を小分けにすることで幅広い層の顧客に販売できるようになる（Who?）。さらに、一括で販売する場合の金額より小分けにした販売価格の合計金額を高く設定することで、部分所有モデルで追加の儲けを生むことができる（Why?）。一部の富裕層しか興味を示さないような高額な製品やサービスを販売する場合には、このようにコストを分割する方法が特に有効である。また、資産を複数人で共有することによりひとりで所有するよりも資産の稼働率が上がることも、部分所有のメリットだ（What?）。

ビジネスモデルの原点

部分所有の発祥は、20世紀初頭のロシアで行われた共産主義の集団農場の運営にさかのぼる。1960年代に航空機の部分所有ビジネスを作り上げたネットジェッツ社（NetJets）は、このビジネスモデルを一般企業の分野に持ち込んだパイオニア企業のひとつと言える。顧客は航空機を部分所有し、飛行時間の一部を割り当てられる。割り当ては特定の機種に制限されず、同社が持つ世界800以上の航空機のいずれでも利用できる。この方法で、ネットジェッツ社は24時間以内に利用可能な航空機を顧客に提供し、個人で自家用航空機を所有する場合と同等の利便性を顧客に提供している。部分所有のビジネスモデルの採用によりネットジェッツ社は自家用航空機の分野にまったく新しい市場セグメントを創出した。

ビジネスモデルの活用例

　最初に導入されて以降、部分所有は他の業界にも広がっていった。例えば旅行業界ではタイムシェアという手法が開発された。顧客はリゾート地のコンドミニアムなど別荘を利用する権利を購入し、毎年一定期間の割り当てを受ける。スイスのハピマグ社 (Hapimag) はこの分野のイノベーターのひとつだ。1963年創業の同社は、今やタイムシェアにおける世界的リーダーである。ハピマグ社の利用権を購入した顧客は、世界16ヵ国の56ヵ所以上のリゾートを利用できる。ハピマグ社は資産のメンテナンスと予約の管理サービスを行う代金として毎年管理費を集金する。タイムシェアは旅行業界におけるまったく新しいモデルであり、もっとも急成長を遂げた分野のひとつである。

　カーシェアリングは部分所有モデルの別の活用例である。複数のオーナーで車を共有することで、より効率的な活用が可能となる。さらに言えば、リースの仕組みを使って車を所有することなく、自前の交通手段を持つことも可能だ。スイスのカーシェアリング会社であるモビリティ・カーシェアリング社 (Mobility Carsharing) は部分所有モデルを自動車ビジネスで商用化した最初の企業のひとつである。ビジネススキームとしては個々の利用者による短期のカーリースだ。モビリティ・カーシェアリング社はスイス全域の街中や郊外で多数のセルフサービス型ステーションを提供している。顧客は、直前予約でも24時間自動車を利用でき、年会費、燃料や保険の負担も利用量に応じた金額ですむ。同社は初期投資と運用コストを顧客のレンタル料で賄うが、さらにセルフサービス型（ビジネスモデル45参照）の運営が無駄の削減と利益向上にも寄与している。同社はカーシェアリング事業者における成功企業であり、顧客数は10万人を越える。

　2005年にロンドンで設立されたイーキュリー25 (ecurie25) は国際的なスーパーカー会員組織であり、ネットジェッツ社と同様のビジネスモデルで超高級車の部分所有サービスを提供している。顧客は高級車の共有権を購入し、週単位で利用する権利を得る。イーキュリー25の共有プログラムは、高級なスーパーカーを所有する優越感をたとえ一時であっても味わいたいと願う人々の心をとらえている。

　次に紹介するホームバイ (HomeBuy) は資産の部分所有のコンセプト

部分所有の概念

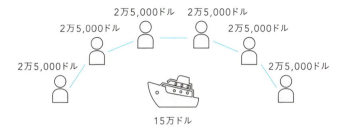

に基づいたイギリス政府の事業である。人々は以下のふたつのシナリオのうちひとつを選択する。(1) 資産ローン：政府と不動産会社が購入金額の20％分のローンを貸し付け、残金は購入者が頭金と住宅ローンで賄う。(2) 分割所有：購入者は資産の25〜75％を購入し、残りは住宅協会が買い上げてその比率に応じた家賃が課される。土地価格の高騰という状況下、政府補助金と建設業者や不動産事業者との協業スキームを組み合わせることで、ホームバイは他の方法では家を購入できない人々が家を購入できるようにした。返済のスキームも適切に設計されている。購入者は住宅を分割所有することで、価値の上昇のメリットを得られるようになっており、また現在価格で買い増すことで所有割合を増やすこともできる。家賃収入と政府補助金がこのスキームの安全性を担保し、これまで資産所有の基準を満たさなかった人々への販売機会を実現している。

業務用途でも部分所有モデルが多数導入されている。例えば、利用すればするほど経済効果がある一方で実際には利用機会の少ない機械を購入しなければならないというケースにおいて、共同投資の手法がよく利用されるようになった（訳注：例としては農家がコンバイン型収穫機を購入するケースなど）。業務用途での共同投資に関する標準スキームはまだ確立されていないため、このシステムではパートナー間の強い信頼関係が必要である。

活用の視点

顧客が資産の共有を希望する業界では、部分所有モデルは非常に

うまく機能する。時とともに資産が価値を増していく場合には、魅力的ですらある。古くからこのモデルは航空機や不動産業界で利用されてきた。もしこのモデルを採用すれば、アプローチ可能な顧客層が広がり、従来はビジネスの対象になり得なかった新たな顧客を獲得できるようになる。

ビジネスモデル革新への問いかけ

- 資産を共有する際に顧客のリスクを最小化するような適切なスキームを設計できるか?
- 所有権を分割することにより顧客は自社の製品を購入しやすくなるか?
- 契約、売買取引の観点から、製品利用権をどのような形で分割するのがもっとも適切か?
- 顧客が共同所有権を売却したくなった場合に、単純かつ確実に契約終了できる仕組みがあるか?

Franchising

17

フランチャイズ

みんなはひとりのために、
ひとりはみんなのために

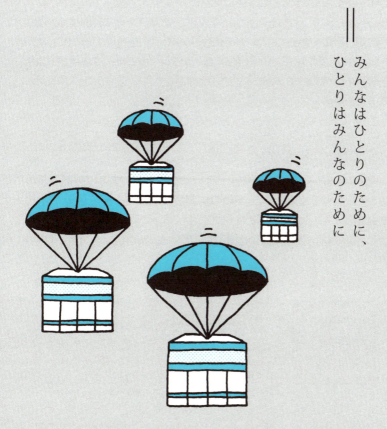

17 Franchising

基本パターン

フランチャイズ（Franchising）では、フランチャイザー（フランチャイズの本部や主宰者）が自社ビジネスモデルの利用権をフランチャイジー（加盟者）に販売する（Why?）。このシステムにより、フランチャイザーは自社ですべてのリスクを負うこ

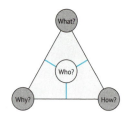

となく、また必要なリソースを集めることなく、自社ビジネスを迅速に各地へ展開できる（How?）。リスクとリソースの2点は、独立した事業主体であるフランチャイジーの責任範囲となる。フランチャイジーのメリットは、製品、商標、機材、業務プロセスなど、差別化要素や競争優位性が実証済みのビジネスモデルを利用できることだ（What?）。

フランチャイズを利用すれば、独自に新しいビジネスアイデアを事業化する場合に比べて、起業のリスクはかなり小さくなる（What?）。フランチャイジーは、人材トレーニング教材、業務プロセスに関する知識、ブランド認知を含む、フランチャイザーのノウハウを利用できる（What?）。フランチャイズの理想的なシナリオは、フランチャイザーは自社ビジネスを迅速に拡大し、フランチャイジーは利益を得る、というウィンウィンの関係である。

ビジネスモデルの原点

フランチャイズはもともと中世フランスで生まれ、特定の製品を王の名のもとで作る権利を、王が授ける制度であった。その後の工業化の到来によりフランチャイズは民間にも広まっていった。1851年設立の米国のミシン製造販売の シンガー社 （Singer）は、フランチャイズの

フランチャイズの概念図

概念を利用した最初の企業である。シンガー社は小売店向けにフランチャイズ形式でミシンを供給し、小売店は特定地域での独占販売権を得た。同社は小売店がフランチャイズ契約のもとでシンガー社ブランドのミシンを製造し、販売できるように資金面の支援も行った。その代わりに、小売店は顧客に対するミシンの使い方の教育を受け持つ。製品販売の拡大に伴いシンガー社はロイヤリティの形で売上を得たが、ミシンは製造コストがかかるため、フランチャイズネットワークに加入した多くの小売店側でミシンの製造を行うのでなければ、大きな売上を上げることは難しかったはずだ。

食品業界の巨大企業マクドナルド社はセルフサービス型レストランチェーンをフランチャイズ形式で全世界に展開した。販売代理人であったレイ・クロック氏がリチャードとモーリスのマクドナルド兄弟を説得し、レストランを全米に展開したことから同社のサクセスストーリーが誕生した。契約に基づいて数年間でフランチャイジーを開拓したところ事業が大成功を収めたのを受け、クロック氏は1961年にマクドナルド兄弟から商標権を270万米ドルで購入した。その後もクロック氏は努力を続け、マクドナルド社を世界最大のレストランチェーンに成長させ、米国で一番の資産家になった。その後もマクドナルド社は拡大を続け、世界119ヵ国で展開している。起業家はフランチャイジーの申し込みを行い、審査に合格したら、マクドナルド社がフランチャイジーに必要な情報、機材、レストランの開店に必要な店舗用の設備を提供する。マクドナルド社が業務プロセスから製品までコンセプト全体を販売できるのは標準化のおかげである。フランチャイザーであるマクドナルド社は、世界規模のフランチャイズネットワークからロイヤリティとして売上・利益を得る。同社はフランチャイズ本部としての中核サービスに集中して、競争力のある価格でファストフードを提供し、店員の待ち時間や無駄から生じるコストを削減し、顧客の回転率と利益を増加させることに努めた。

ビジネスモデルの活用例

このビジネスモデルは飲食業界で幅広く利用されており、サブウェイ社（Subway）、ピザハット社（Pizza Hut）、ケンタッキーフライドチキン社

など数多くの有名レストランチェーンでフランチャイズが採用された。例えばサブウェイ社は米国のファストフードのレストランチェーンで、サブマリンサンドイッチとサラダが人気商品だ。サブウェイ社は世界100以上の国と地域に展開しており、世界でもっとも速く成長したフランチャイズのひとつである。サブウェイ社の事業コンセプトは全世界のフランチャイジーに受け入れられた。同社ではメニューを国別に変えることで、幅広い地域に展開し、各地域の味の好みと食習慣にうまく適応していった。同社は情報、店舗、フランチャイジー向けサポートを提供し、フランチャイジーが契約地域において常によい評判を得られるように支援する。その代わりに同社はその対価として、3万店を越える巨大な世界的フランチャイジーネットワークからロイヤリティを受け取るのだ。ほかにも、フランチャイズのコンセプトを採用して世界的な成功を遂げている会社としてスターバックス社やセブン-イレブン社（7-Eleven）などがある。

　ホテル業界もフランチャイズを採用している。初期の1社は1993年創業のマリオット・インターナショナル社（Marriott International、以下マリオット社）である。マリオット社は、ホテルとリゾート施設の提供に特化した米国企業であり、全世界に展開するホテルの管理とフランチャイズを行っている。マリオット社の特徴は、ビジネス顧客向けに特化したホテル施設と、休暇を過ごすためのラグジュアリーなリゾート施設の提供である。フランチャイズ形式のビジネスモデルを通じて同社ブランドとコンセプトを世界各地に展開し、情報と資産、必要なサポートをフランチャイジーに提供することで、全世界でブランドとサービスの標準化を実現している。マリオット社は契約期間中にフランチャイジーから申込金および継続的なロイヤリティを受け取り、さらにフランチャイジーは国内のマーケティング費用とマリオット社の予約システム利用料を負担する。フランチャイズを通じてマリオット社は70ヵ国に展開し、世界でも有数のホテルチェーンとして君臨している。

　ナチュール・ハウス社はスペイン最大のフランチャイザーで全世界に1,800以上の店舗を持つ。同社はチェーンストアを通じてダイエットの指導、継続的コンサルティング、ダイエット計画支援およびサプリメント、健康食品、化粧品、ボディケア製品などを顧客に提供している。フランチャイジーはナチュール・ハウスブランドで店舗を開き、栄養バランス

とダイエットに関する製品とアドバイスを顧客向けに提供する。ライセンシング（ビジネスモデル26参照）によるノウハウ提供とチェーンに所属するフランチャイジー向けの継続的な支援の実施により、ナチュール・ハウス社のビジネスが成立している。ナチュール・ハウス社は初期費用と年間ロイヤリティをフランチャイジーから徴収する。同社の認知度は向上を続けており、それに伴って顧客と売上が増加するというメリットをフランチャイジーは享受している。

別の成功事例としてホルシム社によるフランチャイズ提供があるが、同社は、セメント、砂利、さらには混合済みコンクリート、アスファルト、および周辺サービスを提供するグローバル大手サプライヤーである。2006年にホルシム社のインドネシア法人であるホルシム・インドネシア社（Holcim Indonesia）がSolusi Rumahという名称の画期的なフランチャイズビジネスモデルを立ち上げた。「Datang bawa mimpi, pulang bawa solusi（夢を持って訪れ、解決策を持って家に帰ってください）」というキャッチコピーの通りに、Solusi Rumahではインドネシアの住宅建設業者に住宅のワンストップ・ソリューションを提供する。つまり、設計サービス、建材、住宅モーゲージやマイクロファイナンスによる融資提供、さらには建設作業と建造物の保険まで、すべてをひとつの小売店舗内で提供するのである。各店舗はホルシム社のフランチャイジーであるコンクリート製品製造者あるいは自前のコンクリート製造設備を持たない小売店によって運営される。Solusi Rumahによりホルシム社はインドネシア市場で急速に展開しつつ、フランチャイジーがSolusi Rumahのポジショニングである高品質な高級ブランドとして地場の競合から差別化できるようにしている。ホルシム社のSolusi Rumahビジネスモデルの成功は称賛に値し、立ち上げからほんの数年で180ものSolusi Rumah店舗をジャワ、バリ、そしてもっとも人口の多いスマトラ島の南部に開店した。

活用の視点

すでにノウハウや強力なブランドといった重要な資産を構築済みであり、リスクを抑えつつ迅速に拡大したい場合にフランチャイズモデルが有効である。

ビジネスモデル革新への問いかけ

- 自社の能力や資産には、自社側で決めたルールを遵守してまで、フランチャイジーが契約したくなるほどの魅力があるか?
- リスクを抑えながらビジネスを何倍にも拡大して大きな成長を達成するために、自社はどうすべきか?
- フランチャイズのビジネスモデルを支え、パートナーを強力にバックアップするために、適切な標準プロセスやITシステムを準備済みか?
- 文書化した自社ノウハウの模倣を防ぐために、法と実質の両面で防衛策を講じられるか?
- 自社のビジネスモデル自体の模倣は防げるか?
- フランチャイジーが自社ネットワークに確実に留まるようにするためには、どうしたらよいか?

18

Freemium

フリーミアム

= 無償版で人集め

基本パターン

「フリーミアム (Freemium)」という用語は「フリー」と「プレミアム」を組み合わせた造語である。このビジネスモデルは、言葉の成り立ちが示すように、無償で提供される製品やサービスの基本バージョンと、追加支払により利用可能

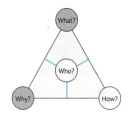

になる有償バージョンで構成される (What?)。無償バージョンは、大規模な顧客基盤の獲得を意図したもので、後で十分な数の顧客が有償バージョンに移行してくれるという目論見のもと提供される (Why?)。

このパターンの成果を見るKPIはいわゆるコンバージョン率であり、具体的には無償顧客に対する有償顧客の比率を測定する。どのくらいが適切かはビジネスモデルごとに異なるが、通常は1桁パーセントである。ほとんどの人々が無償バージョンを利用し、コストは有償顧客で補填されることを考えると、無償部分の提供コストは非常に低くあるべきで理想的にはゼロがよい。多くのケースにおいて、「フリー」ユーザーのサポートを継続しながら事業から利益をあげるためには、これが唯一の手段である (Why?)。

ビジネスモデルの原点

2006年にベンチャーキャピタリストのフレッド・ウィルソン氏が最初に「フリーミアム」のビジネスモデルを提唱した。同氏はこのパターンを次のように表現した。「サービスを無償でばらまくのだ。広告付きでもそうでなくともよい。口コミ、SNSでの紹介、オーガニック検索などで大量の顧客を効率的に集め、その後で有償の付加価値サービスやアップグレードサービスを顧客層に提案するのだ」。命名の起源はウィルソン氏がブログ記事でこのビジネスモデルにぴったりの名前を募集したことに端を発している。「フリーミアム」がもっとも適切な用語として選ばれ、以降は確立された用語として利用されている。

インターネットの登場とサービスのデジタル化 (ビジネスモデル11参照) がこのビジネスモデルの発展を後押ししている。そのどちらも、事実上コストゼロで製品を数限りなく複製し最低限の価格で販売する「ビット

フリーミアム

経済」を可能にする。フリーミアムを使った初期のビジネスモデルに1990年代のウェブメールのサービスがある。例えばマイクロソフト社のホットメールでは、無償の基本アカウントを提供しているが、無制限のストレージ容量などの追加サービスは有償である。

ビジネスモデルの活用例

　インターネットの急速な拡大と歩調を合わせるように、フリーミアムモデルは多様な製品に採用されていった。2003年設立のテレコム会社であるスカイプ社は、フリーミアムのビジネスモデルで利益をあげることに成功した企業の好例である。スカイプ社はインターネット回線経由で世界中のだれとでも通話できるボイスオーバーIP（VoIP）のソフトウェアをユーザーに提供し、加えて、固定電話や携帯電話と通話をするために必要な通話クレジットを販売している。その後にマイクロソフト社の傘下に入ったが、同社は世界中に5億人をはるかに上回るユーザー数を持つと言われており、テレコム業界に多大な影響を与えた。スカイプ社のソフトウェアを使えば無償で通話できるため、従来型テレコム企業の固定電話回線や携帯電話回線の通話料収入が激減したのだ。

　フリーミアムモデルで成功した他の例に、音楽ストリーミング配信サービスのスポティファイ社がある。無償版は画面上に広告が表示され続けるが、使い勝手のよいプレミアム版に移行すれば表示されなくなる。2006年にスウェーデンでサービスを開始した同社は、サービス開始後1年間で100万人以上のユーザーを獲得した。そこでスポティファイ社はフリーミアムのビジネスモデルにちょっとした工夫を施し、無償版ユーザーのサービス利用可能時間に月当たりの制限を設けることで有償の

フリーミアムモデルの採用企業年表

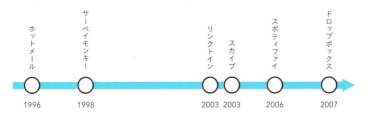

プレミアム版への移行をうながすことにした。

　フリーミアムをベースとしたビジネスでほかに特筆すべき例としては、ドロップボックス社（Dropbox）とリンクトイン社がある。ドロップボックス社のモデルは、クラウド上の一定量のデータ保存スペースを無償提供し、保存するデータ量を増やしたいユーザーは月額料金を支払う、というものだ。リンクトイン社の場合には、「プレミアムバッジ」を購入することでプレミアム版の製品を利用できるようになる。プレミアム版を利用すればリンクトイン上の人的ネットワークをより自由に検索し、会員のプロフィール情報を匿名で閲覧できる。

活用の視点

　インターネットビジネスでは製造コストがゼロに近く、ネットワーク効果のメリットを得やすいため、このパターンがよく利用されている。過去においては、新しいソフトウェアやビジネスモデルが顧客に受け入れられるかどうかをテストするために、インターネット系の企業などがフリーミアムモデルを活用していた。顧客中心の事業では、このパターンがより有効に機能する。

ビジネスモデル革新への問いかけ

- 自社の顧客はなにを必要としているか？
- どのようにすれば顧客によりよい体験を提供できるか？
- 顧客が他社サービスに移るのを防ぐよい方法はあるか？
- 自社の製品やサービスにお金を払う気にさせるために、付加価値としてどんな機能を提供すべきか？

19

From Push to Pull

プル戦略への移行

カンバン方式

基本パターン

市場の主導権が売り手から買い手へと移行し、それに伴い販売も需要主導型に変化しつつあることに多くの人々が気づいているが、それを適切なビジネスモデルに結びつけられるかどうかが難しい部分である。プル戦略への移行

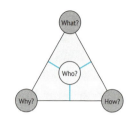

(From Push to Pull) では、「お客様は神様です」という考え方に則り、企業のすべての判断を顧客中心で行い、顧客を自社の基礎研究、新製品開発、生産、物流、流通に巻き込む (What?)。

視覚的なイメージとしては、自社の一連のプロセスが結びついている長いロープを顧客が引っ張ると、各プロセスが次々に起動され価値提供が実行されるという具合だ。製品の「作り置き」に基づくプッシュ戦略とは正反対である。顧客に自社の価値提供を押しつける「プッシュ戦略」を「プル戦略」に切り替えたい企業は、柔軟で感度の高いバリューチェーン構築が必要となる。その結果として在庫コストが減少し、付加価値を生まない業務が排除されるのだ (Why?)。したがってプル戦略の哲学をバリューチェーンすべてのフェーズに浸透させる必要がある。例えば、デカップリングポイントをバリューチェーンのどこに設定するかによって、製造プロセスは大きく異なってくる。ここで言うデカップリングポイントとはバリューチェーンのどの地点からプル戦略を採用するかを決めるもので、それ以降のプロセスは実際に需要が発生したら実行される。別の言い方をすれば、デカップリングポイントはプッシュとプルの境界線である。プッシュ戦略からプル戦略への移行においては、顧客が欲しいものだけをもっとも効率的に生産する、という発想の転換が必要である。

プル戦略は、例えば製品開発プロセスなど、ビジネスのあらゆる面において適用できる (How?)。オープンイノベーションやエンジニアリングトゥオーダー型プロジェクト (訳注：顧客のリクエストを受けて仕様策定・設計・生産を行う形態) は、中間業者や外部パートナーの関与なしに製品開発の初期から顧客を巻き込む2つの形態である。

顧客が特定の会社の製品を積極的に欲しがる状況は、一種のプル戦略と言える。特殊なマーケティング手法を使うことで、意図的に商

品に対する顧客の興味をあおることができる。このアプローチは、顧客に直接販促活動を行って小売業者への需要を一時的に喚起する目的で、消費者向けの製品メーカーがよく使う手である。興味をあおられた多くの顧客が特定の商品を買い求めた結果、小売業者はその商品の棚スペースを作るようになるわけだ。プル戦略への移行モデルをうまく導入するには、バリューチェーンの各ステップを慎重に吟味し、どのタイミングで顧客と接点を持ち連携することが顧客を自社の商材へひきつけるために最適かを見極めることが必須である。

ビジネスモデルの原点

「プッシュ」と「プル」という用語はもともと物流やサプライチェーンマネジメントから生まれたものだ。「トヨタ」は生産物流へのプル戦略導入の代名詞となった。第二次世界大戦後、トヨタは同社が世界最大のメーカーのひとつに成長する鍵となった独自の生産システムを生み出した。当時の日本経済は脆弱な国内需要と圧倒的な労働力不足にさらされていた。それに対する製造業各社の対策が、製品製造を極限まで効率化、低コスト化する試みであった。トヨタ生産システムでは、スーパーマーケットモデルの需要主導型の商品補充（売れた分だけ棚入れする）をヒントに、オンデマンドでの在庫補充によって自社内の在庫を最小化した。トヨタ生産システムの導入に伴い、同社では顧客を常に中心に置きつつ、無駄とコストを削減するために自社のバリューチェーンすべてを設計し直すことになった。ジャストインタイム(JIT)生産方式、サイクル時間の最小化、カンバン物流方式による在庫削減、トータルクオリティマネジメント(TQM)、これらはすべて顧客を中心に置いた製造形態である。だからこそトヨタは変化する顧客ニーズや市場の状況に非常に迅速に対応できるのである。トヨタでは顧客が注文したものだけを製造するため、ひとつ手前の工程を次の工程の作業起点とするが、顧客の注文がプロセス全体の最初の出発点となる。このアプローチでは在庫コストの削減に加えて、過剰な生産能力も排除されるため、その余力を他の有益な活動に回すことができる。トヨタ生産システムはすばらしい成功を収め、長期間にわたり世界最高水準のシステムとして認められている。

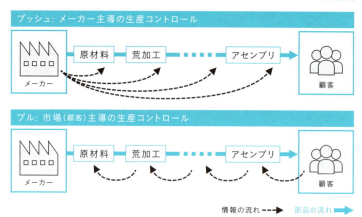

プル戦略への移行：トヨタ生産システムの概念図

プッシュ型：メーカー側の需要予測に基づく生産計画の実行
プル型：市場の状況に応じた必要数量の生産

　その後も引き続きさまざまな種類のツールや手法が生み出されてビジネスモデルが強化され、数多くの企業に手本として利用されている。多数の企業がトヨタのビジネスモデルを模倣し、例えばボッシュ社ではトヨタ生産システムと似たボッシュ生産システムという名称で呼ばれており、さらにその発展形をBMW社が高級車種に適用している。

ビジネスモデルの活用例

　スイスの多国籍企業であるゲベリット社は浴室・トイレ・洗面所や配管といった水回り製品のメーカーである。1874年に設立された同社は、長年にわたり卸売業者や工具店からの注文に頼って事業を行っていた。1990年代後半に自社が業界におけるさまざまな課題に直面していることに気づいた。すなわち製品の大多数がコモディティ化し、イノベーションや差別化は期待できないうえに、需要の停滞に伴う価格競争のプレッシャーにさらされていたのだ。2000年に同社は業界では当たり前とされていた考え方を打ち破り、工具店など中間業者への過度な依存から脱却し、新たなビジネスモデルを打ち立てた。それ以降ゲベリット社は中間業者の排除を推し進め、顧客との直接的な接点の構築を目指した。言い方を変えるとプル戦略への移行というビジネスモ

デルを適切に発展させることを目指したのだ。ゲベリット社はターゲットとすべき正しい顧客はだれなのか気づいたのである。同社の顧客は、それまで顧客として考えていた工具店、卸売業者、あるいは同社製品のエンドユーザーではなく、建設業界における決定権者である建築家、建築業者、配管業者であった。これにより同社は製品流通において中間業者を相当数減らすことに成功した。加えて、さまざまなツールを開発することで顧客の声をより深く取り入れ、新たな製品開発プロセスへの連携が可能となった。具体的には、無償トレーニング、顧客サポートの管理、適切なソフトウェアのサポートなどで、これらの施策により建築段階における同社の存在感が高まった。中間業者の排除をベースとしたプル戦略への移行モデルを導入することで、ゲベリット社は自社の視点を完全に転換した。つまり製品を工具店の棚に「プッシュ」する代わりに、適切な対象顧客グループからの要望で製品が「プル」されるようになったのだ。

　ファッション業界においては、スペインのアパレル・アクセサリー小売業であるザラ社がプル戦略への移行モデルを採用した。同社は手頃な価格の洋服を店舗やオンライン販売で提供しているが、最新のファッショントレンドに沿ったコレクションを迅速に提供することで有名である。最新のトレンドや変化を確実につかむため、同社は200名以上のデザイナーを採用し、世界中に大量のトレンドウォッチャーを送り込んでいる。新たなコレクションは短時間でデザインされ、自社所有の製造施設で生産された後、迅速にザラ社の店舗やオンラインストア用の倉庫に配送される。来店する顧客数を増やすため、ザラ社の店舗は都市の中心部のにぎやかな区域にある。街中にあるザラの店舗のショーウィンドウは広告の役割も果たしてくれるため、同社は広告キャンペーンに高いお金を払う必要はない。このビジネスモデルのいくつかの要素をファッション業界に導入したパイオニアはベネトン社(Benetton)だが、完成形にしたのはザラ社である。この柔軟なビジネスモデルのおかげで、2006年にザラ社は同社の競合であり世界トップの売上を誇るH&M社(Hennes & Mauritz)に追いついた。

活用の視点

　プル戦略への移行は、自社のバリューチェーン全体を対象とした取り組みであり、無駄の排除を行いやすい。また、顧客を中心としたこのようなアプローチは業界を問わず適用可能だ。品種が少なく需要が安定しており、在庫コストが高いようなメーカーにとって、このモデルを適用するメリットがもっとも大きい部分は、バリューチェーンの下流である製造・物流である。

ビジネスモデル革新への問いかけ

- 自社の製造、物流システムは、より高い柔軟性を必要としているか?
- 現状において自社は余剰在庫を抱えているか?
- 本当に自社の活動全体を顧客中心にすることが可能か?
- 自社のサプライヤーはジャストインタイムの製造方式に協力してくれるか?
- 自社のサプライヤーはプル型製造に対応する能力があるか?
- このモデルを導入することで、自社の柔軟性が向上するか?
- バリューチェーンのどの活動から検討を始めるべきか?
- 中央集権的に活動計画を立てることで、この取り組みに制約が生まれないか?

20

Guaranteed Availability

稼働保証

いつでもご利用いただけます

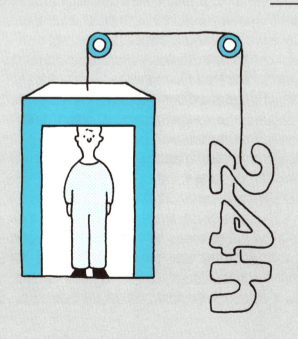

基本パターン

　稼動保証（Guaranteed Availability）の
ビジネスモデルの本質的な狙いは、機
械や装置のダウンタイムをほぼゼロにす
ることで、操業停止に伴う損失を減少
させることである（What?）。このビジネス
モデルでは、稼動を保証するために必

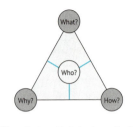

要な一連のサービスを継続的に顧客へ提供しなくてはならないため、
固定額の契約を結ぶスタイルが一般的である。契約には、代替の装
置や機械の提供に加えて、修理対応やメンテナンスサービスが含まれ
る（How?）。安定的に利用できることは顧客に高い価値をもたらすため、
一般的にこのビジネスでは長期間にわたる顧客との強固な関係を築く
ことができる（Why?）。

ビジネスモデルの原点

　稼動保証の起源についての確実な情報はないが、長期にわたって
存在していたことは間違いない。古代中国の医者は病気を治すことで
なく、健康を維持するための身体のメンテナンスに対し費用を請求し、
医者の技量は面倒を見ている健康な人の数で決まった。中国のこと
わざに「名医は病気を未然に防ぎ、並みの医者は病気にかかりにくく
し、ダメな医者は病気の治療をする」というものがある。営利事業とし
ての稼動保証モデルは輸送機器の管理サービスを通じて普及していっ
た。ここで言う輸送機器の管理サービスとは、トラック、自動車、船舶、
列車などの運行計画、運行管理、統制のことだ。輸送機器の管理サー
ビスを提供した初期の会社に米国の**PHHコーポレーション社**（PHH
Corporation）がある。同社は、58万台を超える車両を稼動保証付きで
リースしていた。サービス内容としては、顧客が必要な台数を常時提
供するというコンセプトのもと、顧客企業の車両の手配、取得、資金
調達、メンテナンス、安全管理、保険、保障、車両追跡、そして物
流から事務処理まですべてを提供した。また価格面においては、車
両管理における圧倒的な経験とノウハウを活かして競争力ある料金で
サービスを提供し、顧客数と売上を拡大した。顧客にとっての魅力は、

車両がすぐに利用でき、また車両管理を専門企業にアウトソースできることであった。その後、車両管理能力は運輸・物流企業の事業運営上欠かせない機能となった。

ビジネスモデルの活用例

　さまざまな業界のかなりの数の企業が稼動保証モデルを採用している。米国の多国籍企業でありコンピューター、ソフトウェア、ITインフラ装置メーカーであるIBM社は、ITにおいて多数の発明とビジネスイノベーションを生み出してきており、通信とITの分野において幅広く製品やサービスを提供している。1990年代のコンピューター価格の急激な低下により、深刻な財務危機に陥り、困難を極めた1992年には歴史的な81億米ドルの損失を計上した。会社を存続させるため、当時のCEOのルイス・ガースナー氏は純粋な製品ベンダーからソリューションを中心としたサービスプロバイダーに自社を変革した。パソコン事業部にとって、この変革はハードウェアビジネスをあきらめることを意味した。その代わりに稼動保証ソリューションを顧客に提供し、自社の顧客である銀行や企業、その他大規模な各種団体のコンピューターインフラの保守メンテナンスを請け負うことになった。IBM社は自社変革の取り組みを通じて柔軟性を高め、競争の厳しいコンピューター市場における独自性を確保した。その後に同社は再び高利益体質を取り戻したが、ハードウェア販売からの利益はわずか20％のみである。

　稼動保証モデルの他の成功事例にリヒテンシュタインを本拠地とする建設用工具や資材の専門企業のヒルティ社がある。同社は10年以上前から自社のハンマードリル向けに「ヒルティ機器管理スキーム」を提供している。車両管理のマネージャーと同じようにヒルティ社が顧客の機器1台1台を管理し、メンテナンスと修理をすべて請け負う。もしツールが破損した場合には、すぐに修理あるいは交換することを保証している。ツール故障に伴う作業停止時間がコスト悪化に直結する建設業界において、このような高信頼サービスによるコストの最小化は、当然ながら大きなメリットである。

　米国企業のマシナリーリンク社（MachineryLink）はコンバイン型収穫

機などの農業機器の分野で、機器販売と独自のデータサービス付きのレンタルメニューを提供している。収穫機やその他の農耕用機器をレンタルした顧客はファームリンク分析データサービスを利用でき、分単位で更新される天気、市場価格、市場動向、企業業績などの情報を利用できる。また、マシナリーリンク社のレンタルサービスにより、顧客は機器の一括購入資金を他の用途に割り当てることができる。これらすべてのメリットが顧客にとっては魅力となり、同社の売上は増加した。稼動保証モデルの活用により、マシナリーリンク社は米国有数のコンバイン型収穫機の供給企業となった。

スイスのABBターボシステムズ社(ABB Turbo Systems)はチューリッヒに本社を持つABBのグループ企業であり、ABBグループの全世界の顧客ネットワーク向けにターボチャージャーと保守サービスを提供している。ABBターボシステムズ社のターボチャージャーシステム(船舶の動力、発電、機関車など)20万台の利用顧客は、非常に効率的な24時間体制のグローバルサービスネットワークを利用できる。顧客は、同社の100ヵ所以上のサービスステーションからコンピューターネットワークを介してバーデンにある同社本社と接続できる。また、必要なメンテナンス作業をABBターボシステムズ社側で事前に計画することで、製品や交換部品の最適化を保証している。サービスネットワークが提供するメンテナンスと修理業務のアウトソーシングにより顧客はかなりのコスト削減効果が得られる。

エレベーター業界において、顧客とフルサービス契約を結んでいるオーチス社(Otis)、三菱電機、シンドラー社の各社は、提供するエレベーターシステムにしかるべき稼動保証をしている。これはシカゴのウィリス・タワー(旧シアーズ・タワー)のような12,000名もの従業員が毎朝通勤するオフィスビルでは非常に重要な問題である。エレベーターシステム

シンドラー社における稼働保証の概要図

シンドラー社：95%の利用保証の例

- 管理費用：月額利用料には、各種サービスやエレベーターの修理費用が含まれます
- 当社が、定期メンテナンスと検査を行い、安定運用を約束いたします
- 万一、障害による運用停止が発生した場合、当社にて修理および運用停止によって発生した費用を負担いたします

の全面停止やあるいは部分停止であったとしても、1週間当たり数百万米ドルのコスト増につながりかねない。このビジネスモデルで提供される価値は、顧客企業にとっては稼動保証によるコストメリット、提供企業にとっては利益という意味で双方にとって非常に好ましいものである。

活用の視点

もしあなたの業界で継続的な稼動が必須であれば、このビジネスモデルを有効活用できる。特にB2Bにおいては稼動保証が有効だ。この2つの条件がともに当てはまるのであれば、このパターンを利用して大規模案件を長期間にわたって獲得し、サービスに対して高額な対価を請求することも可能だ。

ビジネスモデル革新への問いかけ

- このビジネスモデルの採用に必要な投資を実施可能か? 故障品の交換用に十分な在庫を保持できるか?
- どうすれば製品故障のリスクを一定以下に抑えられるか?
- どうすればメンテナンスや復旧作業のスピードを上げられるか?
- 損失リスクを抑えるために、製品故障時の自社へのペナルティをどのように設計すべきか?
- 顧客に約束した稼動保証を果たせなかった場合、金銭あるいは信用喪失による破綻を回避できるか?

21

Hidden Revenue

隠れた収益源

= 別の方法で稼ぐ

基本パターン

隠れた収益源（Hidden Revenue）のビジネスモデルでは、事業は製品やサービスの販売によってのみ成り立つというロジックを捨てる。その代わり主な収益は、自社が無償あるいは格安で提供するサービス（What?）のスポンサーとなっ

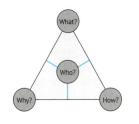

て費用負担する第三者からもたらされる（Why?）。このモデルの一般的な実行形態は広告モデルであり（How?）、自社の製品やサービスに魅力を感じる顧客を広告主であるスポンサーのために集客する（Who?）。隠れた収益源モデルを採用する最大のメリットは、従来の製品販売による売上を補完もしくは完全に代替してしまうような別の収益源が得られることである（Why?）。広告による収益を得ることで、もともとの製品やサービスを低価格あるいは無償で提供できるようになるため、顧客に対してメリットが生まれる（What?）。顧客の多くは、商品やサービスが無償になったり、特別ディスカウントが得られたりするのであれば広告を2つ3つ見ることには抵抗がないものだ（What?）。

ビジネスモデルの原点

すでに古代エジプト人の時代から広告は利用されていたようだが、広告売上を主たる収益源にするのはもっと最近になってからの話だ。広告スポンサーシップの最初の例は印刷機の開発に伴い17世紀の初めに配布され始めた広報紙にさかのぼる。典型的な広報紙の内容は公的通知、法廷スケジュール、死亡記事、および有償の民間あるいは商用の三行広告であった。三行広告ビジネスは非常に儲かり、ほとんどの広報紙の資金は三行広告で賄われていた。広報紙が近代化してよりアピール力を押し出したものが、自宅の郵便受けに配られる広告チラシと言える。

ビジネスモデルの活用例

これまでに広告スポンサーシップに基づくさまざまなビジネスモデル

が創出された。1964年に設立されたジェーシードゥコー社（JCDecaux）は素晴らしい例である。同社は、バス停、セルフサービスのレンタル自転車、電光掲示板、自動公衆トイレ、新聞スタンドなど街中の公共設備向けに画期的な広告システムを提供している。ジェーシードゥコー社は、自治体や公共交通機関と契約をして、無償あるいは格安でこれらの公共設備を提供する。その見返りに、提供した設備での独占的広告掲載の権利を得る。スポンサーは広告費用を支払うことで、街中にある公共設備という広告に適した最高の場所と、特にバス停の場合にはバスの待合時間という宣伝機会を得ることができ、その一方で自治体は無償あるいは低コストで公共サービスと洗練されたデザインの広告を提供できる。そしてジェーシードゥコー社が中間業者として両者を取り持つ。ジェーシードゥコー社のセルフサービス自転車のスキームであるシクロシティ（Cyclocity）の場合は、さらにメリットがある。顧客は自転車のレンタルサービスを利用できて喜び、街中の交通量は減り、地元の事業者は効果的な広告宣伝が実現できる。ジェーシードゥコー社は隠れた収益源モデルで、年間20億ユーロ以上を稼ぐ屋外広告企業の世界最大手企業となった。

　隠れた収益源に基づく別のタイプのイノベーションは、無料配布の日刊新聞である。これらの無料新聞は基本的に配布部数が膨大なため広告効率が高く、その運営費用は完全に広告収入に依存している。メトロ新聞社はこの分野のパイオニアである。同名の日刊新聞は世界でもっとも購読されている新聞のひとつである。1995年にストックホルムで初刷りの配布を開始したメトロ新聞社はその後に業容を拡大し、世界20ヵ国以上に3,500万人以上の読者を持つ。

　ザトゥー社（Zattoo）は広告スポンサー形式で資金を賄い、インターネット上のテレビ放送をウェブサイトや携帯アプリを通じて提供している。顧客はザトゥー社のウェブサイトでアカウントを登録し、インターネット技術のウェブストリーミングを通じてさまざまなテレビチャンネルを視聴できる。ザトゥー社はインターネットの放送サービスを無料で提供し、バナーや動画CMの広告枠を販売して運営コストを賄っている。動画CMは広告主自身が制作するので、ザトゥー社はスケジュールに合わせて素材をネットに載せるだけでよい。ザトゥー社のモデルでは、無償サービスが視聴者を集客する役割を果たし、その結果として広告市場

隠れた収益源

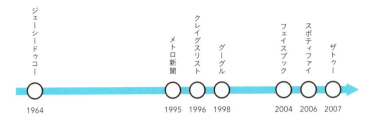

隠れた収益源モデルの採用企業年表

が形成される。ザトゥー社はインターネット上でテレビ番組の生放送を行う欧州最大手のインターネットテレビ局である。

「ターゲット広告」は隠れた収益源をインターネットに適応させた発展形である。「ターゲット広告」では、特定の対象グループに向けた広告をあらかじめ準備し、むやみに対象を広げず、広告コンテンツを効率よく伝達する。グーグル社は「ターゲット広告」という形で隠れた収益源モデルを非常にうまく活用している。グーグル社はもともと検索エンジン専業のベンチャーとして1998年に設立されたが、その後、ウェブ検索サービス、個人カレンダー、電子メールサービス、地図といった各種の無償サービスを提供することを通じて検索エンジン市場をほぼ独占し、さらにはクラウドコンピューティングやソフトウェアなど、その他インターネット技術の提供にも手を広げている。これらのサービスを広告収入ベースで提供することで、グーグル社はオンライン広告ビジネスにおける最大のブローカーとなった。同社の提供する各種無償サービスの運営費は、ユーザーが入力した検索キーワードに基づいて広告を表示させるアドワーズ（AdWords）広告プログラムの収入で賄われている。グーグル社はインプレッション課金（広告が表示されるごとに課金する）あるいはクリック課金（ユーザーが広告をクリックするごとに課金する）ベースで売上収入を得るが、このスキームは広告を出稿する顧客にとって魅力的であり、結果としてグーグル社の広告売上が増えている。グーグル社のビジネスモデルは毎年何十億米ドルもの売上を生み出しており、同社はオンライン広告市場で60％以上のシェアを獲得している。

活用の視点

　ニューエコノミー（訳注：1990年代に提唱されたITによる最適化で景気循環がなくなるという説）時代の初期にはビジネスモデルとして隠れた収益源モデルの可能性が過大評価されていた。数え切れないほどの企業が過大評価され現実の売上創出に失敗した。それ以降かなりの年月が過ぎたが、隠れた収益源の現実の価値を見極めるのは非常に難しい。隠れた収益源の価値を試算するのがいかに難しいかは、フェイスブック社が大した実績もないワッツアップのメッセージサービスを買収するために、160億米ドルという驚異的な金額を費やしたことを考えてみればよくわかるであろう。その一方で、自分の個人情報を隠れた収益源モデルに利用されることに対して顧客が徐々に警戒心を強めているのも事実だ。データの不適切利用に関する消費者の懸念が特に強いドイツでは、フェイスブック社による買収のニュースを知ってワッツアップユーザーの約3分の1が同サービスの利用をやめたと考えられている。しかしながら、広告や顧客データ売買の世界においては、隠れた収益源モデルが極めて当たり前に利用され続けている。

ビジネスモデル革新への問いかけ

- 顧客と商流を切り離して考えることができるか？
- 自社の資産を別の方法で商用化できるか？
- 自社が隠れた収益源モデルから売上をあげたとしても、顧客との既存の商取引に影響が出ないか？

22

Ingredient Branding

素 材 ブ ラ ン デ ィ ン グ

部品のブランディング

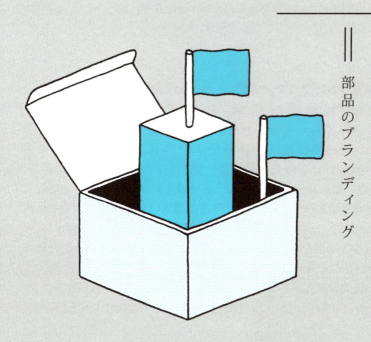

基本パターン

素材ブランディング（Ingredient Branding）とは、他の製品の素材としてのみ購入され、単独で購入されることのない製品のブランディングである。具体的には素材製品が最終製品の特徴的な機能であることを宣伝する（How?）。素材製

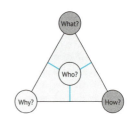

品メーカーの目的は、自社製品のブランド価値を高めて最終顧客にアピールすることだ。素材ブランディングで創られたブランド認知により、自社製品が他社製品と置き換えられにくくなり、最終製品メーカーとの交渉がしやすくなる（How?）。

理想的には、素材ブランディングがウィンウィンのシナリオをもたらし、素材製品の優れた特長が最終製品に引き継がれ、消費者の目により好ましい製品として映ることが望ましい（What?）。素材ブランディングの原理をうまく作用させるためには、供給される素材製品が最終製品の本質的な機能を担い、かつ競合製品よりも圧倒的に優れていなければならない。そうでなければ、その素材が最終製品に不可欠で重要な要素であると消費者を納得させるのは非常に難しい。

ビジネスモデルの原点

経営者の間では素材ブランディングは20世紀中ごろから利用されている。特に化学品業界では、染料やプラスチックを消費者に売り込んでいくにあたり、企業各社はこのビジネスモデルのメリットを熟知していた。1802年創業の**デュポン・ド・ヌムール社**（DuPont de Nemours、以下デュポン社）は米国の化学品会社で、ポリマー・ポリテフロエチレン、より認知度が高い同社のブランド名では「テフロン（Teflon）」と呼ばれる素材を開発した。テフロンは非常に幅広い用途に利用可能な合成物質で、特に摩擦係数の低さと化学反応性の低さという特徴が、多くの業界で活用された理由である。デュポン社はテフロンというブランドをその特徴と高品質を表す言葉として確立し、テフロンが採用されている製品の魅力が高まるようにした。よい事例としてテフロンコーティングされたフライパンがある。フライパンメーカーにはテフロンを利用する

素材ブランディング

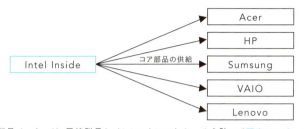

インテル社の素材ブランディングの概要図

- 製品メーカーは、最終製品（PC）にIntel Insideシールを貼って顧客にアピール
- インテル社は、Intel Insideシールを貼ったメーカーに補助金を出す

メリットがあり、デュポン社側も自社でフランパンを製造することなくテフロンを販売できるというメリットがある。多くの鍋やフライパンはテフロンブランドを目立つように表示して販売されており、テフロンのブランド認知レベルは98％以上と非常に高い。

米国を拠点とする半導体チップメーカーのインテル社（Intel）もまた素材ブランディングのパイオニアである。1990年代に同社は「Intel Inside（インテル入ってる）」キャンペーンを展開してブランド認知を高めた。パソコンメーカーは自社のパソコン上でインテルプロセッサーの宣伝をすることを了承し、その代わりにインテル社はパソコンメーカーの宣伝コストの一部を負担した。同時にインテル社はマイクロプロセッサーの重要性を消費者に認知してもらうため、独自に多数のキャンペーンを行った。この戦略は大成功を収め、消費者のマイクロプロセッサーに対する認知の拡大に大きく貢献し、インテルは全世界においてマイクロプロセッサーのNo.1ブランドとしての地位を得た。同社が最初にキャンペーンを開始してからかなり経つが、世界最大のブランディング会社であるインターブランド社（Interbrand）はインテルを世界でもっとも価値の高いブランドトップ10のひとつに挙げている。

ビジネスモデルの活用例

過去数年においても、多数のサプライヤーが自社ブランドの認知強化のために素材ブランディングのビジネスモデルを利用している。米国を拠点とする1958年創業のゴア社は、同社の薄膜素材であるゴアテッ

クス（Gore-Tex）のブランディングで大きな成功を収めた。ゴアテックスは空気を通すが水や風は通さない薄膜素材で1976年に市場に投入された。膜そのものは非常に画期的な製品であったが、当初そのメリットが顧客に十分理解されなかった。しかし素材ブランディングによりゴア社は薄膜素材の宣伝を行い、最終的にビジネス的な大成功を収めた。ゴア社は有名な繊維会社85社以上と提携しているが、その中にはアディダス社（Adidas）やナイキ社（Nike）もあり、それぞれがゴアテックスの利用を宣伝している。

シマノも素材ブランディングの成功事例である。1921年創業のシマノは日本の多国籍製造業で自転車の部品を製造しており、自転車市場の特定分野で80％の市場シェアを持っている。これまで長期にわたり、多段ギヤ変速付きの自転車は高価で複雑すぎると消費者からとらえられていたため、自転車ギヤ業界のどの会社もリーダーとしての明確な地位を築くことができずにいた。シマノは、自転車部品業界に素材ブランディング適用の潜在的可能性があることに気づき、強力なブランド構築に成功した。同様の戦略をレムス社（Remus）がオートバイの排気マフラーに適用している。

ドイツの多国籍企業ボッシュ社は、エンジニアリングとエレクトロニクスの会社で、また世界最大の自動車部品メーカーのひとつだが、素材ブランディングを自動車業界へ適用したイノベーターである。ボッシュ社は製品の高い品質と自動車の横滑り防止装置であるエレクトロニック・スタビリティ・プログラム（ESP）のようなイノベーションで有名である。高品質と高信頼性というボッシュ社の知名度は、その評判を自社製品に取り込みたいと願う自動車メーカーにとって魅力的だ。高い評価を誇る部品を採用することで、高品質、高信頼といったブランドイメージが自社の最終製品にも投影されるからだ。ボッシュ社にとっては、自ら自動車の製造に参入することなく、自社の部品に対する需要増加のメリットを享受できる。インドのタタ社（Tata）をはじめとする発展途上国のいくつかの自動車メーカーが、「ボッシュインサイド（Bosch Inside）」の宣伝を始めている。このような最終製品メーカー主導の販促活動は、この戦略がうまく進んでいることの明確な証である。

素材ブランディング

活用の視点

　消費者のブランド認知が高く、高い品質を誇る製品であれば、素材ブランディングでメリットを得られる可能性がある。最終製品と一体として動作するか、あるいは最終製品の補完的な役割を果たす素材製品の場合には、特にこのモデルが有効だ。

ビジネスモデル革新への問いかけ

- 素材のブランディングが最終製品の影を薄くしないか？
- 競合が自社と同様の素材を使うことで、自社製品が陳腐化してしまうことを防げるか？
- 最終製品メーカーに対して、自社をどのように差別化するか？

23 Integrator

インテグレーター

= 垂直統合

基本パターン

インテグレーター（Integrator）のビジネスモデルを採用する企業は、サプライチェーンのすべて、あるいはほとんど部分をコントロールする（How?）。例えば、原料の調達、生産、配送といった製造プロセスのさまざまな部分に関与すると

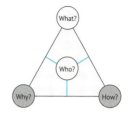

いうことだ。このようにビジネスを垂直統合することで経済的なメリットを実現できる。また、外部サプライヤー依存による不具合を防止できるため（How?）、結果的にコスト削減につながる（Why?）。さらに、業界特有のニーズやプロセスに自社が持つバリューチェーンを適合させることで（How?）、業務コストを抑えることができる（Why?）。すなわち、企業は効率化による価値創造（例：輸送時間の短縮や中間製品の適切な調整で実現）と、市場変化に対するより迅速な対応というメリットを両立できる。一方、インテグレーターモデルの不利な面は、自社サプライチェーンの一部分を切り出して外部へ業務委託しないことだ。特定の業務領域において自社より効率的に業務処理が可能な専業外部委託先が存在しても、業務委託せずに自社リソースで賄う（How?）。

ビジネスモデルの原点

インテグレーターモデルは、19世紀初めに工業化が進み国際的な大企業が設立され始めた頃に生まれた。市場支配に必要不可欠な資源と流通チャネルの確保が、これらの企業がこのモデルに興味を持った主な要因であった。アンドリュー・カーネギー氏が1870年に創業した米国のカーネギー・スチール社（Carnegie Steel）は、インテグレーターモデルのパイオニアである。同社は、共に戦略的に重要であった鉄鉱石の鉱山と製鉄業のバリューチェーンの権利を確保し、世界第2位の製鉄所となった。カーネギー・スチール社は、製鉄に必要な炭鉱や高炉を買収するだけでなく自社独自の鉄道網までも構築した。1901年にカーネギー・スチール社はUSスチール社（United States Steel Corporation）に4億米ドル（2014年の100～110億米ドルに相当）で売却されたが、後継会社も同じく高度にバリューチェーンが垂直統合されて

23 Integrator

おり、製鉄市場の世界的なリーダーとなった。

ビジネスモデルの活用例

インテグレーターモデルは他の業界にも拡がっていった。顕著な例は石油業界で、ほとんどの会社が油田と掘削リグだけでなく、製油所からガソリンスタンドまですべてを所有している。1999年に設立された石油ガス業界の多国籍企業である**エクソンモービル社**（Exxon Mobil）は高度に垂直統合されたバリューチェーンで製造、各種処理、精製までを網羅している。また、石油ガス製品の供給者としてエッソ社（Esso）、シーリバー・マリタイム社（SeaRiver Maritime）、インペリアル・オイル社（Imperial Oil）をはじめとする数百の関連会社を保有しており、エクソン社は売上高で世界最大の会社である。

フォード・モーター社（Ford Motor Company、以下フォード社）は製造工程の非常に限定的な範囲のみを自社で行うことで知られているが、それとはまったく逆に20世紀の初めに自動車業界にインテグレーションを知らしめた企業でもある。自動車の大量生産をそれまで以上に効率化するために、当時のフォード社は外部に製造委託していた数多くの部品を自社で製造し始めた。鉄鋼用の高炉を買収し、鉄鋼の生産まで内製化した。

自動車業界におけるインテグレーションの別の事例として2003年創業の**BYDオート社**（BYD Auto、訳注：BYDはBuild Your Dreams、夢を造ろうの略）があるが、中国の自動車メーカーである同社は、インテグレーターモデルを活用している。主に中国国内向けに生産を行っているが、バーレーン、アフリカ、南米、ドミニカ共和国など他の地域向けの輸出も行っている。製造する車種はコンパクトカー、乗用車、セダン、ハイブリッド車、電気自動車をはじめとする小型、中型車である。BYDオート社は、車の主要部品の製造プロセスすべてを自社で行っている。この方法を採ることでイノベーションが生まれ、効率が向上し、同社は中国最大の自動車メーカーのひとつとなった。

ファッション業界の小売企業であるスペインの**ザラ社**もまたインテグレーターモデルを採用している。競合他社の多くと異なり、ザラ社では衣料品の製造を、アジアをはじめとする発展途上国に外部委託しない

ザラ社のインテグレーター概要図

○ 徹底した垂直統合でバリューチェーンのプロセス間フィードバックを迅速に行う
○ 例えばザラ社では、バリューチェーンの末端(販売)から先頭(デザイン)に直接連絡して、市場トレンドや顧客ニーズの変化に即応している。販売現場で必要な変更も、製造側にすぐにフィードバックされる。このやり方で、ザラ社は店舗での商品回転時間を短縮している

という決断を下した。その代わりにアパレルやアクセサリーの大多数をスペインその他欧州諸国にある自社工場で、独自にデザイン、製造している。そのため、変化の激しいファッション業界の需要に極めて迅速に対応可能となった。実際に、新たなコレクションのデザインを作成するところから店頭に陳列するまでをたった2〜3週間で行えるのだ。競合各社は、ほぼすべての衣服を中国で製造しザラ社より低コストであるが、そのスピードは圧倒的に遅く、中国から各店舗までの海外輸送だけでも数週間はかかる。一方でザラ社は、新コレクションが顧客のニーズに合わなかった場合に、ごく短時間にコレクションを修正するか、製造をすべてストップすることすら可能である。このビジネスモデルのおかげで、ザラ社はファッション業界においてもっとも画期的で成功を収めた企業のひとつとなった。

機械業界では、欧米の高度に洗練された企業各社がインテグレーターモデルを目指し、顧客が必要とするものを一元供給しようとしている。しかしながら、このビジネスモデルがもたらす複雑性、すなわち少量多品種製造の進展に伴う多数のサプライヤーマネジメントが必要な状況に、適切に対処できていない会社もある。

洗練されたインテグレーターモデルの代表企業であるウルト社は留め具、ネジおよび関連工具、釘、化学品、家具や建設用の備品、工具、装置、設備資材、自動車用工具類、在庫管理用棚類、自動倉庫などの世界的な卸売業者である。ウルト社の徹底した品質検査や製品認証のもとで多数のサプライヤーから調達した商品12万点分の在庫は、専門商社や工具店が必要とする品揃えをほぼすべて網羅している。さらにウルト社は販売だけでなく、製品の研究開発も活発

に行っており、2007年には60以上もの特許を取得している。ウルト社の法人顧客数は300万社以上である。

活用の視点

　このビジネスモデルではバリューチェーンの下流に注力する。インテグレーターモデルにより2つの具体的なメリットが得られるが、そのひとつはマージンの向上で、もうひとつはバリューチェーン全体をよく把握できることだ。ワンストップ・ソリューションに対する顧客の要望は徐々に高まっており、外部パートナーを束ねて自社サービス化した3M社のやり方を見習って、自社でもさまざまなサプライヤーを束ねてサービス化したいと思うかもしれない。しかし、このモデルで成功するには幅広い領域の知識を集約してナレッジベース化する必要があり、その一方で専門性や特定分野の深い知識を失うリスクがあることも肝に銘じておくべきだ。

ビジネスモデル革新への問いかけ

- 自社にとって垂直統合は現状より儲かり、かつ維持可能か?
- 複雑性の管理、ITシステム、技術ノウハウに関する事業活動の統合から価値を生み出せるか?
- 統合によるメリットは、専門性が低くなることに伴うデメリットを上回るか?

Layer Player

24

専門特化プレイヤー

= プロのノウハウ

基本パターン

専門特化プレイヤー（Layer Player）のビジネスモデルを適用する企業は、通常バリューチェーン内の1〜3つの活動に注力する（How?）。また、このような会社はたいてい複数業界の複数マーケットにサービスを提供する（What?）。こ

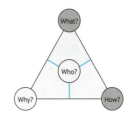

のモデルの典型的な顧客は、バリューチェーンの活動の大部分を専門のサービス提供者にアウトソースするオーケストレーター企業（ビジネスモデル34参照）である。専門特化プレイヤーモデルを採用した企業は、専門化によるビジネス効率向上と知的財産権を含むノウハウの横展開といったメリットがある。自然な成り行きとして、これら企業は特定の分野において自社に有利になるように標準を策定したり影響力を行使したりすることが多い（How?）。

専門特化プレイヤーのビジネスモデルでは、バリューチェーンの特定のステップに集中することで、規模のメリットと、専門特化した知識や能力による優位性に基づくメリットを得ることができる。このような企業は他の分野にも展開可能であることが多く、例えばアマゾン社は書籍販売から事業をスタートし、その後CD、DVD、その他多種多様な製品を販売する形で事業エリアを拡大していった。

ビジネスモデルの原点

1970年代を通じて、多くの業界で効率性とコスト競争力が課題となり、それに伴いバリューチェーンのスリム化（より詳細な情報はビジネスモデル34参照）が大きなトレンドとなった。労働力は機能別組織形態に再編され、結果として専門特化プレイヤーモデルの受け入れが進んだ。この変化による一例が、インドにおける専業のITサービス事業者の発達である。その中に、ITアウトソーシングと関連コンサルティング事業に特化したウィプロ・テクノロジーズ社（Wipro Technologies）がある。同社はインドで3番目に大きなIT企業であり、主にコンサルティングとアウトソーシングサービスを提供している。同社は顧客との対話を通してカスタム開発型のITソリューションをさまざまな業界へ提供している。

ビジネスモデルの活用例

　専門特化プレイヤーモデルは他の分野においてもうまく機能する。例えば米国を拠点とするトラストイー社（TRUSTe）はデータのプライバシー管理サービスに特化し、ウェブサイト認証技術を使って顧客企業の信頼性を高めるプライバシーマーク・プログラムを運営している。同社は関連サービスとして、市場評価管理、取引先評価、データプライバシー紛争時の代理人サービスなどを提供している。オンライン上のデータプライバシーに関するリーダーとしてのトラストイー社のサービスは、フェイスブック社、マイクロソフト社、アップル社、IBM社、イーベイ社などの有名企業に採用されている。

　専門特化プレイヤーモデルの別の成功事例はルクセンブルグを拠点とするデンネマイヤー社（Dennemeyer）である。専門特化プレイヤーとして、デンネマイヤー社は知的財産（IP）の管理と保護に関する業務を完全にカバーすることに力を注いでいる。同社のサービスは法的助言、ソフトウェアソリューション、コンサルティングサービスからポートフォリオ管理まで多岐にわたる。自然の流れとして、大手企業各社はこれら一連のサービスをすべてデンネマイヤー社にアウトソースする。デンネマイヤー社の提供サービスは多岐にわたっているように見えるが、それらすべてはIP管理に紐づいている。同社は、あらゆる業界にわたる全世界数千の企業にサービスを提供している。

　イーベイ社の子会社であるペイパル社は、特筆すべき成功を収めている専門特化プレイヤーであり、オンライン決済に特化してさまざまな関連サービスを提供している。ペイパル社の各種サービスは多種多様な業界のECサイトで利用されている。イーベイ社の売上全体の約半分はペイパル社が稼いでいると推定される。

　労働の分業化がさほど進んでおらず標準化が遅れている金融業界において、新しい専門特化プレイヤーの出現が予想されている。新たな専門特化プレイヤーが狙う典型的な対象は、垂直統合型企業で構成される成熟業界である。

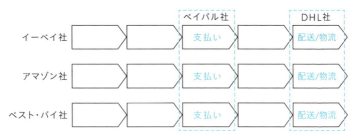

専門特化プレイヤーモデルの概念図

| 活用の視点 |

　専門特化プレイヤーとして自社の得意とする領域に特化してリーダーになることで、その領域における潜在的なビジネス機会を最大化することができる。あなたの会社はひとつの業界で得たスキルを別の業界に適用することで、複数の業界に価値提供する能力を持つ。もし特に厳しい競争の中で事業運営しているのであれば、専門特化することで中核分野の確固たる地位を築き、自社の強みを育むことがひとつの解かもしれない。

| ビジネスモデル革新への問いかけ |

- トレンドの変化を敏感に察知し、自社事業を市場ニーズに迅速に適応させるだけの専門知識と能力があるか?
- 自社の専門分野において規模の経済が働くか?

25

Leverage Customer Data

顧客データ活用

データから価値を生み出す

25 Leverage Customer Data

| 基本パターン |

顧客データ活用（Leverage Customer Data）は、技術進歩の恩恵により生まれたビジネスモデルで、データの収集と加工が大きな利益を生む可能性をもたらした。データの収集と分析を主な事業としている企業（How?）は、このビジネス

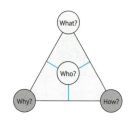

モデルに潜在的に巨大な需要があると大きな期待を抱いている。ビジネスモデルのコンセプトは「データは新たな原油だ」である。2006年に、マイケル・パーマー氏がブログで指摘した通り、適切に加工されず分析されていないデータは原油同様であまり役に立たない。ビジネスに価値をもたらすためにはデータも原油と同じく適切に加工する必要がある。

データと原油の類似点は、加工により利用価値が上がる潜在性を備えているという点にとどまらず、バリューチェーンという意味でもかなり似通っている。価値創造プロセスが顧客データ活用モデルの根幹であり、利益の源泉である顧客データを適切なツールで適切に加工することに集中する（How?）。

収集した顧客データを利用して、各顧客のプロファイルを整備する。個人プロファイルの項目数は1,000個を超えるかもしれない（How?）。入手可能なデータ量が信じ難いペースで成長していることを踏まえると（最近の見積りでは5年ごとに10倍の規模になるとのことだ）、この大きなデータのかたまりに特別な名前をつけようと思う人がいても不思議はない。このデータのかたまり、すなわち従来型のデータベースやツールでは到底分析できないような巨大なデータ群を表す用語がいわゆる「ビッグデータ」である。なお、データ分析の手法の多くはデータマイニングに分類される。留まることを知らないコンピューターの性能向上により、以前では不可能だったスピードで大規模なデータ分析が実行可能となった。

この手のデータ分析用アプリケーションの業界依存度は低く、「ビッグデータ」アプリケーションは、製造業、エネルギー、金融、ヘルスケア業界のすべてで利用されている。顧客データの活用は、競争優位性の確保、コスト削減、リアルタイムでの市場分析、より効果的な宣

伝広告の制作、依存関係の調査などに役立つ。つまり、意思決定のための非常に強力なツールなのだ（Why?）。

ビジネスモデルの原点

データ分析の価値への理解は、1980年代の情報管理の発達とともに進んだ。顧客の嗜好に合わせて広告を作成できるようになると、だれもが一斉にデータ活用に走った。それと同時に企業の顧客サービス部門において、直接顧客との関係を構築することで個々の顧客ニーズにより適切かつ効果的に対応しようという試みがなされた。1990年代には、データベースを活用し、顧客を小グループに分類することでより高い精度で対応できるようになった。これが現代のCRM（顧客管理）システムの前身である。カスタマーロイヤルティを高めるインセンティブプログラムの導入、特にクレジットカードに関するインセンティブプログラムは、購買パターンが分析できるデータを容易に得られるため、初期のシステム活用を後押しした。

インターネットの普及が進むと顧客はより多くの履歴データを残すようになり、企業、とりわけ小売業にとって、情報を集めて詳細な顧客プロファイルを作成することが比較的容易になった。一方で、これらの新たなデータ利用は世間での批判を招き、個人情報に関するプライバシーの懸念も高まった。

ビジネスモデルの活用例

小売業者の中でもアマゾン社は明らかに他を圧倒している。新規の顧客獲得には、既存顧客と関係を継続するより費用が5倍かかるという事実を踏まえると、アマゾン社が分析を通じて既存顧客との関係を深めて固定客化しようとするのは理にかなっている。既存顧客の固定客化による利益を実現するために、アマゾン社は販売データを使って製品間の関係性や、どの購入が固定客化につながるかを調査している。アマゾン社によれば、比較的少量の基本情報があれば、顧客の行動を正確に判断できる。この情報が顧客別にパーソナライズされたお勧め品や完全にカスタマイズされたウェブページの基礎情報となり、

そのウェブページの目的は、顧客の衝動買いを誘うことである。これがアマゾン社の成功を支える重要な要因である。

グーグル社では独自のパーソナライズ広告サービスを販売しているが、広告サービスの基盤となるデータの獲得が、同社の売上向上により重要な役割を果たしている。グーグル社はアドワーズサービスで広告収入によるビジネスモデルをうまく立ち上げたが、それは検索エンジンを市場投入してからわずか2年後のことで、カスタマイズされた文字広告を検索結果の中に埋め込むというものだった。2004年には、グーグルの機能を拡張して顧客のウェブ検索に直接連携した広告サービスであるアドセンス（AdSense）を投入した。そして翌年には、アーチン・ソフトウェア社（Urchin Software）の分析サービスを買収することで、顧客データ活用モデルの適用範囲を広げた。このサービスはグーグル・アナリティクス（Google Analytics）という名称で、強力なウェブサイト分析ツールとしてサイト運営者に無償提供されている。グーグル社は、検索エンジン、個人カレンダー、メールアカウント、地図、ランク付けシステムなど、多数の無償サービスを通じて集めたデータを基にした広告で売上の90％以上を稼いでいる。

数多くの米国の電話会社、その中でもベライゾン社（Verizon）、AT&T社、スプリント社（Sprint）の各社は顧客データの価値を認識している。これらの会社は匿名化した集計データを第三者に販売し、データを購入した会社は、例えば通話利用量の統計データを新規店舗の出店に最適な場所を決定するために利用する。

オンラインソーシャルネットワークのビジネスモデルはユーザーデータの分析に完全に依存している。フェイスブック社やツイッター社（Twitter）はデータを利用して、顧客企業のパーソナライズ広告をソーシャルネットワークのページに効果的に表示させている。どちらのサービスも現状は無償でユーザーに提供されており、ユーザーはサービス利用料を支払う代わりにデータを提供しているという見方もできる。フェイスブック社はビジネスモデル拡張のために努力しているが、ツイッター社は別の道を進むことを決めている様子だ。ツイッターを使う企業がプレミアムサービスを利用すると、自社のツイートがフォロワーのフィードの中で優先され、広告の一種として機能する。加えて、ツイッター社は社外のデータ分析企業と提携し、その企業に市場調査、宣伝、R&Dの

無尽蔵の情報源であるツイッターデータベースへの無制限のアクセス権を与えた。

23アンドミー社（23andMe）は2006年に設立された米国の遺伝子研究およびバイオテクノロジーの会社であり、インターネット経由で迅速な遺伝子テストを提供している。同社は遺伝子データベースを整備し、個人に遺伝子情報を提供するサービスを実現した。顧客がウェブサイトで申し込むと、テストキットが届くのでサンプルを23アンドミー社に送り返す。CLIA（米国の検査室認証プログラム）が認証した検査機関でのサンプル分析後、顧客はウェブサイトで遺伝子テストの結果を確認できる。顧客は遺伝子テストで自分の健康状態や遺伝子に関する情報を得るために進んでお金を支払い、23アンドミー社は当面の収入を得つつ、遺伝子テストで得た情報を新薬や新たな治療法の研究開発に利用できる。

ペイシェントライクミー（PatientsLikeMe）は、健康を害した人や治療中の人に向けたソーシャルネットワークサイトである。ユーザーは自分と近い状況にある他の人とつながることで、病状にうまく対処するための経験を共有したり情報交換したりできる。そのプロセスを通じて価値あるデータが生み出される。ペイシェントライクミー社はネットワークから得たデータを集約、匿名化したうえで、例えば研究者、製薬会社、医療機器メーカーなどの医療分野の第三者に販売して収益を上げ、製薬会社はデータを将来の薬や治療方法の開発に活かす。

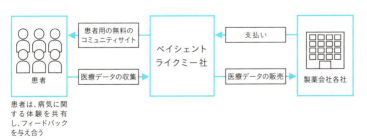

ペイシェントライクミーのビジネスモデル

活用の視点

　顧客データ活用モデルを隠れた収益源モデル(ビジネスモデル21参照)と組み合わせると、多くの場合に極めてうまく機能する。例えば顧客の行動や購買といった顧客データを収集し、異なる視点から分析することで隠れた収益源とするのだ。また、関連のないビジネスを組み合わせることで、顧客データ活用を隠れた収益源とできる場合も多い(例:スマートハウスにグーグルの検索エンジンを利用させることで、スマートハウスに住む顧客のデータに基づく新たな利便性、新たな価値、新たな用途を生み出せる)。ただし、個人情報を企業へ提供することに伴うリスクに消費者が敏感になってきているため、顧客データ活用を進める場合には、このような行動が自社事業に与える影響度合いを慎重に検討しておくべきだ。

ビジネスモデル革新への問いかけ

- 顧客を失ったり自社の本業を危険にさらしたりすることなく、顧客データから収益を上げられるか?
- 自社の顧客基盤を新たな商売に結びつけるよい方法はあるか?
- 顧客データを活用した場合にも、既存の商取引や顧客を維持できるか?

26

Licensing
ライセンシング

= 知的財産の商用化

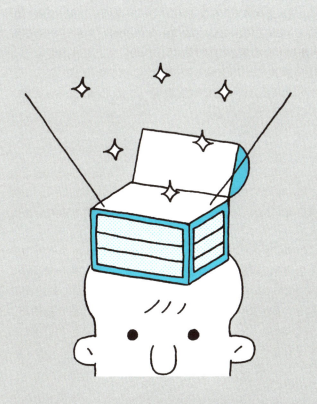

基本パターン

ライセンシング（Licensing）のビジネスモデルは、自社で作り上げた知的財産を第三者に使用させることを許諾するモデルである（What?）。自社にとって焦点となるのは権利を商用化できるかどうかであり（How?）、知的財産の商品化や

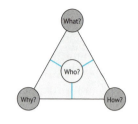

活用ではない。ライセンシングの重要な特長は、複数社に使用権を与えられる点だ。ライセンシングを利用して自社の収入源を増やし、リスクを分散できる（Why?）。さらにライセンシングにより製品やサービスをより広くより速く拡大できることが多いため、ブランドの認知がより高まり、顧客がブランドに愛着を持ち続けやすくなる（Why?）。デメリットは、ライセンス料収入は知的財産そのものを売却した場合に比べて低くなることだ。反面、製品やサービスはより速く浸透していく傾向にあるため、長期的に見ればより多くの売上につながるという面もある（Why?）。

ライセンシングを選択するさらなるメリットは、自社が完全に研究開発だけに注力できることで、具体的なアプリケーションの製造やマーケティングの能力を持つ必要がないことだ（How?）。これらの機能はライセンス使用権の購入者が用意する（How?）。コスト負担が大きく、長期間にわたり不確定要素の大きい研究開発活動の必要がないことが、逆に相手側から見た利点となる。

ビジネスモデルの原点

ライセンシングの概念の発祥は中世の欧州にさかのぼり、当時のローマ教皇は自身が持つ公式な徴税権を地方の徴税請負人にライセンスしていた。

1852年にアドルファス・ブッシュ氏とエバハード・アンハイザー氏の2人のドイツ人企業家が設立したアンハイザー・ブッシュ社（Anheuser-Busch）は米国のビールメーカーであり、バドワイザービールの製造元としてよく知られている。ブッシュ氏は、彼と彼の会社の名前の使用を、カレンダー、栓抜き、ナイフ、ワインオープナーなどのメーカーに許諾し、各メーカーは有名なビールメーカーの名前を利用することでメリットを

ライセンシングのビジネスモデル概念図

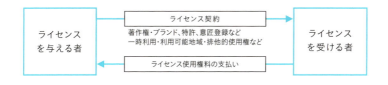

得た。ライセンス料としてアンハイザー・ブッシュ社が得た収益は大した額ではなかったが、自社の名前のついた大量の製品が幅広く流通したことによって強力なブランドを確立し、結果としてビールとその他アンハイザー・ブッシュ社製品の購入が促進され、最終的に同社の売上や利益に貢献した。

1928年にウォルト・ディズニー氏が創造した漫画キャラクターのミッキーマウスはライセンシングのもっとも有名な事例のひとつだ。まず1930年にディズニー氏が企業にキャラクターの使用を許諾し、ミッキーマウスのスクールバッグが製造された。続いて、映画、ビデオゲーム、その他のさまざまな商品にミッキーマウスは利用された。このモデルを利用してディズニー氏は他に類を見ない強力なブランドを確立し、巨額の利益を得た。

ビジネスモデルの活用例

おそらくライセンシングのビジネスモデルを利用しているもっとも有名な企業のひとつはIBM社である。同社は1911年に米国で設立され、長きにわたって国際的に活躍している。ITやメディア技術業界の競合各社が取り組むよりずっと以前から、IBM社は知的財産のライセンシングを始めた。研究開発部門が社内の新製品に直接活用できない技術を生み出したとき、その成果物の一部を外部企業にライセンスしている。IBM社はライセンシングからおよそ11億米ドルの収益を得ており、IBM研究所は他社にライセンシングするための技術イノベーションを生み出すことをミッションとして掲げている。ライセンシングが機能する鍵となる前提条件は強力な特許であり、IBM社が特許戦略に特に重点を置いているのはそのためである。

英国ケンブリッジを拠点とするアーム社（ARM）は、ソフトウェアと半導体の設計会社であり、マイクロプロセッサーのシステムアーキテクチャと仕様を開発している。しかし、同社自身はマイクロプロセッサーの製造は行わず、研究開発に特化して、製造を担当する企業にチップの設計情報をライセンスしている。アーム社は、この方法で研究開発に特化して競争力を保持すると同時に、知的財産のライセンシングから巨額の収入を得ている。

ライセンシング戦略が有効に機能している他の事例としてドイツの眼鏡用レンズメーカーであるカールツァイスビジョン社（Carl Zeiss Vision、以下カールツァイス社）がある。カールツァイス社は、自社でレンズの製造は行わず、多数の小規模製造者に技術をライセンシングし、レンズ生産を任せている。レンズ製品の世界大手となったカールツァイス社は、このビジネスモデルを導入したパイオニア企業であり、ユーザーひとりひとりの個別データに基づいて、1枚1枚設計するフルオーダーメイドレンズの製造技術である「フリーフォームテクノロジー」を2000年に確立している。

世界大手の化学メーカーであるBASF社は、化学品、プラスチック、機能性化学品、農薬から石油やガスまで、多種多様な製品ポートフォリオを持つが、ライセンシングのビジネスモデルでも成功している。IBM社と同じように、BASF社も自社の研究開発部門が生み出したアイデアのうち、自社にとっての魅力は低いが製品化の大きな可能性を秘めているものを外部にライセンスしている。

BASF社は自社で製品化しない技術を外部にライセンスするだけでなく、自社の主力製品にもライセンシングモデルを適用している。具体的には、独自の合板軽量化技術であるKaurit Lightプロセス（重量が30%軽量化され、結果として輸送費が削減される）により、木材加工業界に画期的な新技術をもたらしたのだ。1930年以来、BASF社は家具、床材、建設業界向けにさまざまな用途に応じた接着剤と充填用樹脂を販売し、同分野における欧州市場の大手として君臨してきた。コモディティ化が激しく、厳しい競争と強いコストダウン圧力がこの業界の特徴である。これまで同社は化学品を重量単位で販売するビジネスモデルのみを行っていたが、2013年以降、木材加工業界にKaurit Light技術を核とした画期的なソリューションの提供を開始した。この

新ビジネスモデルでは、BASF社がKaurit Light技術を合板メーカーにライセンスし、同時に合板接着に必要な発泡ポリマーを販売する。この手法により同社が顧客に提供する価値（より軽くより効率的な製品）を、従来よりもさらに広い範囲に提供できるようになった。この事例は、コスト重視のコモディティ化した市場環境においても、新たなビジネスモデルが強力な差別化と高い競合優位性につながることを示している。

　1973年に設立されたイタリアのDIC2社はエンターテインメント業界におけるライセンシング会社であり、有名ブランドや漫画キャラクターの代理店として機能している。DIC2社はマーベルコミック、スターウォーズ、ゾロといったフィクション漫画のキャラクターを第三者に使用許諾するビジネスを行っている。また、芸術やファッション分野のブランド、さらにはシェル社、ルート66社（Route66）、ペントハウス社（Penthouse）といった大企業ブランドの代理店ビジネスも手がけている。これらブランドや漫画キャラクターの権利取得と管理に特化することで、DIC2社は国際的なライセンス会社としての地位を築いている。

活用の視点

　このビジネスモデルは、自社が集約した知識や技術を活用するのに最適なモデルだ。また、ライセンシングは自社事業の主たる収益源になっていない製品や技術を換金する選択肢となり得る。それらの製品や技術を捨ててしまう代わりに、ライセンシングモデルを活用して自社に安定収益をもたらすことができるかもしれない。ただし、ライセンシングをうまく進めるためには特許取得が前提条件となることを肝に銘じておく必要がある。ライセンシングは製品やブランドの知名度を高め、世界展開を加速するための手段としても利用できる。

ビジネスモデル革新への問いかけ

- 他社に使用許諾できそうな製品やソリューションはあるか？
- 自社の特許は、提携先企業にとってソリューションを社内で開発するよりも魅力的か？
- 使用許諾で、自社製品やブランドの知名度を高められそうか？

27
Lock-in

ロックイン

= 切り替え障壁の構築

基本パターン

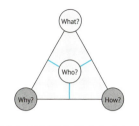

このビジネスモデルでは、顧客はベンダーの製品やサービスに「ロックイン（Lock-in）」され、他のベンダーへ切り替える場合には大きなコストやペナルティを伴うことになる。ここで言うコストとは金銭的なことだけを意味するものではなく、切り替えやその後の利用方法の習得に要する時間や労力も含む。

顧客を企業につなぎ止める方法はさまざまある。例えば、コンピューターのオペレーティングシステムのように切り替えに伴って周辺機器の買い替えなどの投資が発生する場合や、長い付き合いがありこちらの事情を熟知している保険の営業担当を簡単に切り替えられないことなどである（How?）。ベンダーにとっての主たる目的は、自社と競合他社の互換性を排除し、顧客がベンダー、ベンダーのブランド、あるいはベンダーのサプライヤーに依存せざるを得ないようにすることで、顧客のロイヤルティを強化し、長期的な継続取引を確実にすることである（Why?）。

顧客が行った購買行動によって、将来の意思決定や選択肢に制約が加わる。スイッチングコストの概念は知られているが、企業側でその額を正確に把握し、管理することは容易ではない。顧客に継続的な製品購入をうながす意味で、ロックインの概念にサプライ品モデル（ビジネスモデル39参照）のような他のモデルを組み合わせることは有効である。

ロックインモデルにはさまざまな種類がある。例えば、特定サプライヤーの利用を約束させる契約は、このモデルの典型例である（How?）。ほかによくある形態は、専用品の追加購入が必要となる製品やサービスである（How?）。このような依存関係は互換性や特許といった技術的な手段で実現されることが多い。特に特許についてはロックインの概念の本質とも言える（How?）。ロックインは周辺商品の購入という些細なことからも生まれる。というのも顧客はその元となる商品をすでに購入している事実を変えられないからだ。製品やサービスを利用するために特定の事業者からトレーニングを受ける必要がある場合には大きな切り替えコストが発生し、ロックインが生まれる（How?）。

ビジネスモデルの原点

さまざまな種類があるために、ロックインモデルの由来を特定するのは難しい。契約による縛りは6世紀ローマ帝国の時代から頻繁に行われていた。トレーニングの必要性や技術上の仕組みに伴うロックインについても長らく行われていたものと思われる。

過去数百年における複雑な技術開発や特許利用の拡大も、ロックイン型ビジネスモデルの採用増加に大きく寄与している。特にコンピューターやソフトウェア業界では、19世紀終盤以降の技術開発進展に伴い、この概念の有用性が増した。

ビジネスモデルの活用例

安全カミソリをはじめとする米国のパーソナルケア製品メーカーで、使い捨て安全カミソリ刃を生み出したジレット社は、ロックインモデルの初期の成功事例のひとつである。同社の最初の使い捨てカミソリ刃は1904年に発売された。このシステムの狙い通り、ジレット社のカミソリ本体にはジレット社の使い捨ての刃だけがピッタリはまる。替え刃には大きな利益が乗っているが、顧客はジレット社ブランドの替え刃を買わざるを得ない。ジレット社は多数の特許で他社が交換品市場へ参入するのを防ぎ、市場を確実にコントロールしている。使い捨ての替え刃(消耗品)は高マージンの継続的収益を生み出し、カミソリ本体を低価格で提供する初期投資を回収している。

デンマークのレゴ社(LEGO)は、小さなブロック同士を組み合わせる玩具のメーカーである。レゴ社は同社が特許取得済みのデザインのブロックしか組み合わせられないようにして、ロックインのビジネスモデルを構築した。レゴ社のブロックは競合他社のブロックとは組み合わせられないため、顧客は互換性を求めてレゴ社の製品を買わざるを得ず、この仕組みが同社の顧客維持と収益増加に貢献している。

カメラ業界もロックイン型ビジネスモデルの成功事例である。レンズはカメラ本体に必要な付属部品であり、どのような写真を撮りたいかによってレンズは交換できる。1930年代にカメラメーカー各社は交換

レンズを取りつける機構の特許取得を開始し、自社カメラに適合するレンズの独占販売を実現した。いったん、顧客がカメラ本体を選択したら、追加購入品は同じメーカーのものを使わなければならないのだ。一般的には、メーカー各社がそのような戦略を取ると、消費者保護団体からの圧力で互換性のある新たな標準規格の採用が始まる。カメラの場合には標準規格の差し込み口が搭載されるようになった。

ネスレ社はロックインモデルの活用に非常に長けている。同社のネスプレッソ・システムは1976年に社員が発明したものだ。ネスレ社は、コーヒーマシンと特許取得済みのコーヒーカプセルを別々に販売する。コーヒーマシンには独自の技術仕様があり、顧客はネスレ社のコーヒーカプセルを継続購入しなければならない。他社のものに切り替えるには利用中のマシンを廃棄して新たなマシンを購入する必要があるのだ。ロックインモデルが製品イノベーションのおかげでうまくいくケースも多い。ネスレ社は同社のコーヒーマシンが壊れた場合に、顧客が他社のマシンを購入してしまう危険性が高いことに気づいた。ネスプレッソ・マシンの商品寿命を左右する重要な部品がガスケットであるが、従来はマシン本体に組み込まれていた。今では、ガスケットをマシン本体でなくカプセル側に埋め込んで製品寿命を長くし、顧客の製品切り替えを防いでいる。製品本体にガスケットを組み込むよりも費用がかかるものの、マシンの寿命は格段に延び、その結果ロックイン効果が向上した。

ネスプレッソのロックインモデル概念図

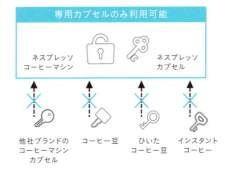

27 Lock-in

活用の視点

ロックインモデルの基本思想は、「既存顧客の維持は新規顧客を獲得するよりも低コストである」という昔からのマーケティングの格言にある。ロックインの適用には3つの方法がある。ひとつは法的なもので、簡単に解約できない契約を結ぶことだ。これは顧客にとってもっともあからさまなロックインの仕組みであり、いささか短絡的だ。2つ目は技術的なやり方で、製品やプロセスにロックイン効果を造り込み、簡単にサプライヤーや提供元を変更できないようにする。このやり方はメンテナンスと非常に相性がよい。3つ目は金銭的な手法であり、顧客がほかのサプライヤーに変更するのを思いとどまらせるような、強力なインセンティブを与えることだ。iTunesからほかに乗り換えると以前に購入した曲が聴けなくなってしまう、というのは金銭的なロックインである。以前からの購入量に応じた金銭的なメリットを与える手法がロックインによく利用されているが、サプライ品モデル（ビジネスモデル39参照）やフラット料金（ビジネスモデル15参照）といったほかのパターンと組み合わせることでより洗練された仕組みを作ることもできる。

ロックイン戦略をうまく機能させるためには、いくつもの要素を念頭に置いておくことが必要だ。重要な視点のひとつには製品自体の寿命がある。というのも製品寿命が短いと切り替えコストも低くなるからだ。考慮すべき他の視点としては、製品の販売チャネルや各種の周辺商品の提供が可能かといった点もある。これらの手段が理にかなっているかどうかは、どのくらい多くのサプライヤーと協業できるかといったことにも依存する。

ビジネスモデル革新への問いかけ

- 自社には顧客をつなぎとめるための、法的、技術的、あるいは金銭的な仕組みがあるか？
- 自社の信用を傷つけたり潜在顧客を失ったりすることなくロックインのモデルをうまく導入できるか？
- 例えば顧客に付加価値を提供するような、自社が顧客をロックインするために利用できる間接的な仕組みとしてどのようなものが考えられるか？

28

Long Tail

ロングテール

ちりも積もれば山となる

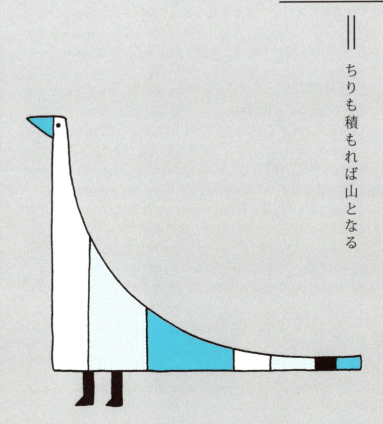

28 Long Tail

基本パターン

ロングテール（Long Tail）のビジネスモデルは非常に多種多様な製品を少しずつ販売することに注力し（What?）、限定的な製品を大量に販売する「ブロックバスター」戦略とは正反対となる。ロングテールでは個々の製品を少ない利益で

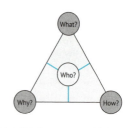

少量販売するのだが、非常に多種類の製品を販売するため最終的には大きな利益となる（Why?）。ロングテールモデルでは、企業は一般的に80％の利益を20％の製品だけで稼ぐという古典的な80：20の法則が当てはまらない。このモデルでは大量販売品とニッチ製品が同様の売上をもたらし、極端な場合はニッチ製品が大量販売品よりも大きな売上をあげることもある（Why?）。このモデルにより、ニッチ製品を販売する企業はブロックバスター製品を販売する企業と差別化し、収益を確保できるのだ（Why?）。ロングテールのモデルには、豊富な品揃えで顧客別ニーズを満たす製品を提供できるという、明確なメリットがある（What?）。

ロングテールのモデルで成功するには流通処理コストを効率化する能力が求められる。具体的には、ニッチ製品を販売するコストがブロックバスター製品を販売するコストを大きく上回らないようにしなければならない（How?）。それに加えて、大きなコストをかけることなく顧客がこのニッチ製品を見つけられるようにしなければならない。過去の検索結果や購入履歴に基づくスマート検索、顧客への製品推奨機能は、顧客が必要なニッチ製品を簡単に見つけるのに役立つ（How?）。検索コストを削減するもうひとつの方法は、顧客自身に製品を設計させることである（How?）。この概念はマス・カスタマイゼーション（ビジネスモデル30参照）やユーザーデザイン（ビジネスモデル54参照）のビジネスモデルで採用されており、顧客自身に製品の修正をさせたり、さらには自分のニーズに合わせてゼロから設計させたりする。

ビジネスモデルの原点

ロングテールのビジネスモデルは、2006年に雑誌『WIRED』の編

集長であるクリス・アンダーソン氏が初めて紹介したもので、このビジネスモデルが登場した背景としてはインターネットの普及が大きい。ついに企業は、物理的な距離やレンガとコンクリートでできた物理的な店舗といった制約から解放されたのである。この進歩により、ニッチ製品に新たな販売機会がもたらされた。しかも、デジタル化により企業は製品を「デジタル倉庫」にほぼ無料で蓄えられるようになった。1990年代前半と比べると、各種の製品、特にニッチ製品は格段に優れたコスト効率で流通できるようになっている。

1994年に設立されたオンライン小売業のアマゾン社や、その1年後に設立されたオークションサイトのイーベイ社は、ともにロングテールのパイオニア企業である。アマゾン社は売上の40％を従来の書店では購入できないニッチ書籍の販売から得ているとの推計もある。アマゾン社にとってロングテールのニッチ書籍は単に貴重な収益源というだけでなく、他の書籍販売業者と差別化する重要な手段でもある。イーベイ上では、一般の個人が商品をオークション（ビジネスモデル4参照）に出品することでロングテールを作り出している。合計数百万件ものオークションが毎日イーベイ上で実施されている。珍しいニッチ商品の例としては、ローマ法王ベネディクト16世のフォルクスワーゲン・ゴルフやウォーレン・バフェット氏とのランチデートなどがある。

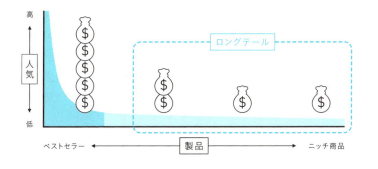

ロングテールのビジネスモデル概念図

ビジネスモデルの活用例

　インターネットが急速に拡大を続ける中で、アマゾン社やイーベイ社の後に続く新たなイノベーターが次々に生まれた。例えばストリーミングサービスのネットフリックス社の急激な拡大は、ロングテールのコンセプトをレンタルビデオに持ち込んだものである。ネットフリックス社の顧客は10万種類以上の映画、テレビドラマ、ショーなどを視聴でき、それは従来のビデオレンタル店のおよそ100倍の規模である。独自の幅広い商品ラインアップを武器に、同社は既存のビデオレンタルショップの多くを閉店に追いやった。ネットフリックス社は約2,600万人のユーザーを獲得し、あらゆる面でレンタルビデオ業界を震撼させた。

　アップル社もロングテールモデルの成功事例のひとつだ。同社のiTunesとApp Storeは世界最大の音楽とアプリケーションソフトのオンラインストアである。アップル社のオンラインストアの膨大な品揃えは、同社に莫大な売上をもたらしただけでなく顧客のロイヤルティ獲得にも大きく貢献している。本書の執筆時点までに250億以上の曲がiTunes上で販売されたが、App Storeの数字はそれを上回る驚異的なものだ。アップル社の発表では、2013年5月までに500億本を超えるアプリケーションソフトが販売されたとのことだ。

　最後に紹介するロングテールモデルの発展的な事例がユーチューブ社だ。2005年に米国で設立されたユーチューブ社は、世界最大のオンライン動画共有サイトである。2006年に16億5,000万米ドルでグーグル社に買収され、現在は同社の子会社として運営されている。ユーチューブ社の動画共有サイトでは、プロ、アマチュアを問わず、ユーザーが撮影した動画、映画やテレビの宣伝、短編動画、教育映画や動画ブログなどさまざまな種類のコンテンツを無料で、かつ大きな制約もなくアップロードして世界中のユーザーと共有できる。ユーチューブ社がこのようなサービスを提供できる背景には、ストレージの低コスト化により莫大な種類のコンテンツが保存可能となり、検索エンジンと閲覧ディレクトリ技術のおかげで、数百万の動画からすぐに目的のものを見つけることが可能になったことがある。

活用の視点

　世界中のすべてのものを取り扱えば、どの製品に注力すべきかを決める必要もなく楽だと思うかもしれない。しかし現実のビジネスシーンでは、非常に多くの成熟企業が少数のコア製品やコアコンピタンスに絞り込むことができずに、他社との競合に苦しんでいる。もしもあなたの会社が、製品、技術、市場の複雑性を味方にして競合他社よりも管理コストを低く抑えることができるのであれば、ロングテールモデルは非常に有望である。専門特化し細分化したニッチ製品を扱う場合には特に有効である。

ビジネスモデル革新への問いかけ

- すべての製品を自社から購入することが顧客にとって付加価値となるか？
- 競合他社に比べて自社は複雑性の管理に長けているか？
- 自社のプロセスやITシステムで莫大な品目の製品取引を処理できるか？
- 購入、注文処理、物流、ITなどのバックエンド処理に対応できるか？

29

Make More of It

保有能力の活用

= 本業の能力を横展開

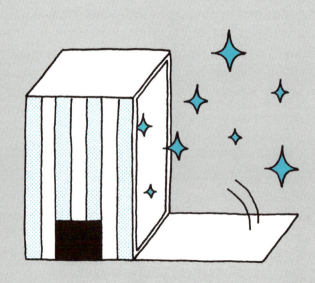

基本パターン

保有能力の活用（Make More of It）のビジネスモデルでは、ノウハウやリソースを自社で利用するだけでなく外部企業にも提供する（How?）。そうすることで、本業に上乗せする形で保有しているリソースから売上を得ることができる。具体的には、ノウハウやリソースを外部向けサービスとして販売することになる（What?）。自社に蓄積された専門知識と能力は換金可能であり（Why?）、逆に外部へのサービス提供を通じて新たな知見も得られるため、それを自社に還流することで、自社内プロセスを一層効率化して本業を活性化できる（Why?）。保有能力の活用を利用して有名になった企業は、世間からはイノベーションリーダーとして映り、本業の営業上も中長期的にポジティブな効果が得られる（Why?）。

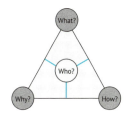

ビジネスモデルの原点

1931年、オーストリア生まれのエンジニアが創業したドイツの自動車メーカーであるポルシェ社（Porsche）は、フォルクスワーゲン・グループに属し、スポーツカーで知られている。ポルシェ社は研究開発の品質の高さと効率的な顧客開拓戦略で有名であり、関連会社のポルシェ・エンジニアリング社（Porsche Engineering）を通じて、この中核的能力を外部企業向けサービスとして提供している。ポルシェ・エンジニアリング社では、ポルシェ社が長年培った技術ノウハウやR&D設備を外部企業に提供し、自動車や自動車部品の製造プロセス全般を支援している。同社が技術ノウハウや設備を提供することにより業界のイノベーションリーダーとしての評判が高まり、その結果として顧客が魅了され、売上増加につながる。ポルシェ社がフォルクスワーゲン・グループに買収される前までは、高度な研究開発能力を発揮する十分な数の製品がなかったため、技術リソースが余剰なときには外部企業にサービスとして販売していた。ポルシェ社はハーレーダビッドソン社に最新技術を提供することで、主力製品であるV-Rodを開発したり、エレベーターメーカーであるシンドラー社のために駆動部品を開発したり

した。現在もポルシェ・エンジニアリング社は70%のサービスをフォルクスワーゲン・グループ以外の外部企業向けに提供している。

スイス企業のスルザー社 (Sulzer) は同様のモデルを採用し、自社の技術知識とノウハウを外部に販売するためスルザー・イノテック社 (Sulzer Innotec) を設立した。同社は自社の研究開発資金を自ら補填するために、独自ノウハウを外部企業に提供している。さらに他の例として、タービンメーカーのMTU社でも、MTUエンジニアリング社 (MTU Engineering) を通じて同様の戦略をとっている。

ビジネスモデルの活用例

自動化設備の専門企業であるフエスト社 (Festo) は保有能力の活用モデルを非常に効果的に活用している。1970年代にフエスト社は、自動化製品とプロセス自動化に関する教育システムとトレーニングセミナーの開発を始めた。これらの活動に対して顧客企業から高い評価を受けたため、業界最高レベルの技術教育機関でありコンサルティング会社でもあるフエスト・ダイダクティック社をグループ会社として設立した。1980〜1990年代にかけて、フエスト・ダイダクティック社は自動化分野における次世代の技術者を育成したが、特に発展途上国においては政府からの資金援助も受けて教育活動を進めた。結果として、ある年代層では、すべてのエンジニアや技術者がフエスト社の製品についての教育を受けたため、彼らはその後フエスト社のユーザーあるいは顧客候補となった。この活動は同社の本業の営業面に長期間よい影響を与えた。今日ではフエスト・ダイダクティック社は、自動化設備分野におけるトレーニングや社会人教育の世界的なリーダーである。およそ4万2,000人の専門家がフエスト・ダイダクティック社で毎年

フエスト・ダイダクティック社のビジネスモデル図

トレーニングを受け、3万6,000の工業専門学校や大学がフエスト社の製品を採用している。

アマゾン社でも保有能力の活用モデルを利用している。同社のウェブサービス部門はインターネットインフラの管理サービスを提供しており、Eコマースの第一人者としての経験値を換金している。今では世界190ヵ国の数十万社が、データ管理やサーバー管理のコンサルティングやアマゾン・ウェブ・サービス（Amazon Web Services、以下AWS）上のサーバーレンタルスペースなどを利用している。

ゼンハイザー社（Sennheiser）はヘッドフォン、マイク、ステレオなどの高級オーディオ製品を個人および業務用に提供するドイツのメーカーである。同社は音響分野における膨大なノウハウを有効利用する手段として保有能力の活用モデルに着目した。本業である高品質オーディオの製造事業を補完するため、ゼンハイザー・サウンド・アカデミー（Sennheiser Sound Academy）を設立し、音響技術や製造プロセスに関する幅広い分野で、従業員、小売業者、顧客向けにトレーニングや専門知識の提供を行っている。トレーニングや専門知識の提供を通して、同社は音響技術分野における権威として自社を位置づけることに成功している。

活用の視点

保有能力の活用モデルは単なるアウトソーシングではなく、自社の中核的能力を意義ある形で外部に提供することを意味する。自社の中核的能力を新規ビジネス開拓の武器として考えるべきである。すなわち、自社独自の簡単にまねできない能力で新規ビジネスへの道を切り開くのだ。自動車業界のある精密機器メーカーは、保有能力の活用を事業機会ととらえ医療機器業界に進出した。進む方向を決める前に、自社の中核的能力を構成する技術、プロセス、スキルがなにかを明確に把握しておきたい。これらを自己評価すれば、自社の中核的能力を武器にして新たに参入できる業界を調査検討できる。

ビジネスモデル革新への問いかけ

- なにが自社の中核的能力か本当に理解しているか?
- 自社の中核的能力はユニークで簡単にまねされないものか?
- 自社の中核的能力を他業界での利用シーンに当てはめ、うまく活用できるか?
- 新規に進出を検討している業界のイノベーション専門家に、自社の中核的能力に事業性があるかどうかを確認済みか?
- 新規に進出を検討している対象分野、その特徴、自社のメリットに関する仮説について、事実確認を行うとともに、外部の専門家による検証を行ったか?

30 Mass Customisation

マス・カスタマイゼーション

= パターンメイド

基本パターン

厳密に言えば、「マス・カスタマイゼーション（Mass Customisation）」という用語は自己矛盾している。というのも、この言葉は相反する「マスプロダクション（大量生産）」と「カスタマイゼーション（顧客ごと生産）」をひとつに組み合わせたもの

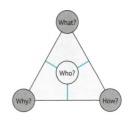

だからだ。ビジネスモデルの世界において、マス・カスタマイゼーションとは、従来型の大量生産の効率性を保ちながら顧客の個別ニーズに応じてカスタマイズすることを指す（What?）。これは製品アーキテクチャの標準化によって実現可能となる（How?）。個々のモジュールの組み合わせで数限りない種類の最終製品を生み出し、顧客の好みに合った幅広い選択肢を提供するのだ。顧客のメリットは大金を払うことなくカスタムオーダー品を購入できることである（What?）。事業者にとっては、大量生産型の競合から差別化できる（Why?）。また、顧客は自分用にカスタマイズされた製品により親近感を感じるため、顧客との親密な関係を構築しやすくなる。顧客が抱く製品への親近感は会社そのものへの親近感につながっていくのだ（Why?）。

ビジネスモデルの原点

「マス・カスタマイゼーション」という用語自体の明確な矛盾が、採算性に関する長年の課題を表している。ひとつの製品で規模の経済を実現しつつカスタム品の生産をすることは本当に可能なのか？ 1990年代に実現した製造プロセスのコンピューター管理化と、モジュラー型製造プロセスの飛躍的な効率化がその答えとなった。また、市場の細分化の進行がマス・カスタマイゼーションの普及に拍車をかけた。今日ではもはや顧客は大量生産品では満足せず、個別のカスタマイズされた製品をより強く要望するようになった。

パソコンメーカーのデル社はマス・カスタマイゼーションの可能性を最初に活用した企業である。在庫品のパソコンを販売する競合他社とは異なり、マス・カスタマイゼーションモデルを採用したデル社は、顧客ごとにカスタマイズしたパソコンを販売し、パソコン業界の最先端を

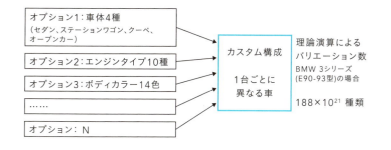

BMWにおけるマス・カスタマイゼーションモデルの概念図

行く企業として成長できた。

このビジネスモデルは自動車業界で広く活用されている。特に高級車メーカーはかなり以前から顧客にさまざまなオプションを提供している。オプションには、シャーシ（セダン、ステーションワゴン、コンバーチブルなど）、エンジン、オートマチックあるいはマニュアルトランスミッション、車体の色、内部の色調、ホイールなどがある。反対に低価格車でのオプションは少ない傾向にあり、追加の部品はパッケージ化したり、特定のモデルにバンドルしたりして、顧客の選択できる種類を減らしている。自動車業界ではマス・カスタマイゼーションの採用で最大5%利幅が増加した。

ビジネスモデルの活用例

上述の事例以外にも、マス・カスタマイゼーションによって成功したイノベーションが多数ある。リーバイス社（Levi's）は1990年代にリーバイス・パーソナル・ペア（Levi's Personal Pair）の提供を開始し、マス・カスタマイゼーションを試験的に導入した。リーバイス・パーソナル・ペアでは、身体測定の結果に基づいて完全にフィットするようにジーンズをカスタマイズするため、定番であった52種類でなく体型にフィットした数千種類からの選択が可能になった。具体的には、販売員が顧客の体型を測定し、ネットワーク接続されたコンピューターにその数値と好みの色、仕上げの情報を入力する。入力された情報が工場に送られると、

工場の製造ラインで一品ずつジーンズを生産し、出来上がったジーンズが2〜3週間後には店舗に配送される。したがって、このジーンズはオーダーメイドであり、競合他社に比べて魅力的な選択肢を提供できる。小売店にとっても在庫金額が少なくて済み、しかも製品のカスタマイズは従来の製造ラインで対応できるため、売上高利益率は高くなる。リーバイス・パーソナル・ペアにより、厳しい競争環境の中でリーバイス社は差別化に成功した。結果論ではあるが、このプロジェクトはマス・カスタマイゼーションの成功事例と言える。これによって、リーバイス社の小売店の中には300%も売上が増加した店舗もある。

<mark>マイアディダス</mark>（Mi adidas）はスポーツウェアメーカーのアディダス社が主導するプロジェクトで、顧客が自由にカスタマイズできるサッカーシューズ、サッカーシャツ、アクセサリーなどを提供している。商品はマイアディダスの洗練されたウェブサイト上でカスタマイズできる。色の選択、画像イメージの追加をはじめ、選択可能なデザインのオプションが多数用意されている。各種オプションを選択してオンラインで発注すると商品が製造されて配達される。マイアディダス・プロジェクトの成功により、同社の顧客層が、標準デザインや標準仕様のスポーツ製品より、自分でオプションを指定したカスタム品により高い魅力を感じることがわかった。

<mark>パーソナルノベル社</mark>（PersonalNOVEL）は、顧客ごとにカスタマイズした書籍や小説をウェブサイト経由で販売している。顧客はあらかじめ用意された小説、サスペンス、その他の書籍を選択し、登場人物たちの名前を決め、その他の個人的特徴や本の献辞などを決定する。髪や目の色、キャラクターが乗る車の車種、地名といった詳細もすべて設定できる。オンデマンド出版は、魅力のある新たな手法を市場に提供するだけでなく、書籍の在庫や店舗が不要になり、書籍ビジネスの業務プロセスを効率化するメリットもある。

2007年に設立された<mark>マイミューズリ社</mark>（mymuesli）もマス・カスタマイゼーションを取り入れた企業例である。同社の顧客は朝食用のシリアルやミューズリを、好みに合わせ5,660億通りのオプションから選択して作れる。この夢のような種類のオプションはスーパーマーケットの棚で手に入る選択の幅とはかけ離れたものだ。マス・カスタマイゼーションのビジネスモデルを適用したことにより、同社は設立した初日から黒

字が続いている。ほかにも成功例として、お茶にマス・カスタマイゼーションを適用したオールマイティー社(allmyTea)や、ハンドバッグの**マイ・ユニーク・バッグ社**(My Unique Bag)、時計の**ファクトリー121社**(Factory121)などがある。

活用の視点

このビジネスモデルは、カスタマイズされた製品やサービスを求める顧客への回答となる。企業側は、個別カスタマイズした製品やサービスを提供することで、より大きな顧客ロイヤルティと販売増加という報酬が得られる。マス・カスタマイゼーションは業種を問わず適用可能で、製品にもサービスにも適用できる。マス・カスタマイゼーションに伴って発生する複雑性に対処するためのバックエンドシステムを用意できるかどうかが、成功の鍵となる。もしあなたの会社が製造の自動化に力を入れているのであれば、マス・カスタマイゼーションは特に面白いビジネスモデルになり得る。オンライン注文、コンピューターによる生産自動化やロボットによる組み立てをはじめ、自社の価値創造プロセスがコンピューター化されていればいるほど、大量生産による規模の経済と個別カスタマイズ要望の組み合わせを実現することが容易になる。

ビジネスモデル革新への問いかけ

- どのようにすれば自社の製品を顧客の好みや期待に合わせてカスタマイズできるか?
- 自社事業の中で、カスタマイズ品の提供により顧客がもっとも価値を感じる分野はどれか?
- 自社のバックエンドシステムを改修することで、マス・カスタマイゼーションを効率的に実施できるか?

31

No Frills

格安製品

= 安さが一番

基本パターン

格安製品（No Frills）のビジネスモデルは単純明快だ。提供価値を極限まで絞り込み（What?）、その結果生じる削減コストを圧倒的な低価格という形で顧客に還元するのである（What?）。主たる狙いは顧客層を拡大し、理想的には莫大

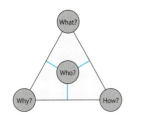

な数の潜在顧客にアピールすることである（Who?）。社会経済的な上流層に比べると、そういった顧客層は概して価格に敏感ではあるが、いったん巨大な市場が立ち上がればこのビジネスモデルでも利益を生み出すことができる（Why?）。このモデルが成功する鍵はもちろん、コストを最小化する方向に全プロセスを修正し続け、圧倒的な低価格で潜在的な顧客層を最大化することである（How?）。

コストを低く抑える有効手段のひとつは、提供内容を標準化して量産能力をフル活用し、規模の経済のメリットを得ることである（How?）。別の方法としては、例えばセルフサービス型（ビジネスモデル45参照）にするなど、流通や製品提供の手段を最適化することである（How?）。すべてがうまくいけば、提供価値のスリム化とコスト削減が歯車としてかみ合う。このことから、大幅なコスト削減が可能な分野に狙いを定めて、提供価格を最小化すべきだということがわかる。

ビジネスモデルの原点

1908年にT型フォードを開発したヘンリー・フォード氏は格安製品モデルのパイオニアとして有名である。T型フォードの販売開始時の価格は850米ドルという驚異的な安値であり、それは当時の車のほぼ半値であった。フォード社が低価格を実現できた理由は、大量生産方式を導入し、その後さらに組み立てラインの手法を導入したからである。顧客は好みに応じた車のカスタマイズはできなくなったが、多少の不自由があろうと価格の影響力は絶大であった。「黒である限りどんな色でも自由に選べます。」というカスタマイズに関するヘンリー・フォード氏の皮肉は、今や歴史に残っている。T型フォードが非常に低価格に設定できた主要因はそのシンプルな構造であり、具体的に

は簡単な車台の上に簡素な20馬力のエンジンを搭載したものだった。ヘンリー・フォード氏は目を見張る成功を収め、1918年までには全米の車の2台に1台はT型フォードとなり、1927年に同車が製造終了になるまでに1,500万台以上が販売された。

ビジネスモデルの活用例

　T型フォード以降、格安製品モデルを原動力とした画期的なビジネスモデルが、さまざまな業界で生み出された。今日よく知られている例としては格安航空会社（LCC）モデルがある。米国を拠点とするサウスウエスト航空社（Southwest Airlines）は1970年代初めに格安製品モデルを航空業界に適用し、機内食、座席予約、旅行代理店でのチケット予約といった利便性を廃止する代わりに、格安の航空運賃を導入した。低価格を実現するコスト削減の一環として、従来型の航空会社のように主要な空港を利用するのでなく、地方の小規模な空港を利用した。地方の小規模な空港は不便であるものの、空港税が安かったからだ。格安航空会社モデルは航空業界に多大な変化をもたらし、推計によれば欧州の航空便の2便に1便は格安航空会社が運航している。

　格安製品モデルの別の適用例に、食料品を低価格で販売する格安スーパーマーケットがある。格安スーパーマーケットの低価格販売はブランド品を避け、棚に陳列する商品の種類を極端に絞り込んで実現されていることが多い。商品の種類を絞ることで個々の商品の回転率が非常に高くなることが多く、結果的に低価格スーパーは在庫コストを抑えられるだけでなく、サプライヤーに対する価格交渉力も強くなる。おまけにたいていの低価格スーパーマーケットには店舗の飾りつけもなく（格安製品モデルの原理に則っている）、店員の数も最小限だ。

　ファストフードチェーンのマクドナルド社もまた格安製品モデルに基づいている。1940年代に同社のドライブイン型レストランが低迷したとき、リチャードとモーリスのマクドナルド兄弟は、店舗のオーナーたちとともに事業構造を大々的に変革した。提供メニューを10種類以下に減らし、皿を紙皿に変え、ハンバーガーの作り方も新たに考案した安上がりな方法に変えた。さらに接客係の3分の2を解雇してセルフサービス

格安製品

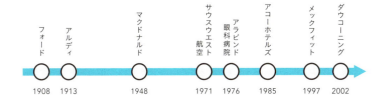

格安製品モデルの採用企業年表

- フォード 1908
- アルディ 1913
- マクドナルド 1948
- サウスウエスト航空 1971
- アラビンド眼科病院 1976
- アコーホテルズ 1985
- メックフィット 1997
- ダウコーニング 2002

方式（ビジネスモデル45参照）を導入した。これら一連の改革により、ハンバーガーを1個15セントという驚異的な価格で販売できるようになった。レストラン再開後しばらくすると顧客はサービスカウンターに長い列を作るようになり、その後に同社が大々的な成功を収めたのはみなさんご存じの通りである。格安製品モデルで各店舗は調子を取り戻したが、今日でも格安製品モデルはマクドナルド社の経営哲学の根幹である。

　アラビンド眼科病院（Aravind Eye Care System）は、インドをはじめ世界各国の人々に眼科治療を提供するためにゴヴィンダッパ・ヴェンカタスワミ博士が開始した事業である。アラビンド眼科病院は傘下の病院ネットワークを通じて、患者に高品質な治療および手術を提供している。同事業の眼科手術数は世界最多を誇り、貧困層のために何千、何万件もの眼科手術を無料で実施している。このような無料の治療は、裕福な患者が市場価格で支払う治療費と世界銀行による支援プロジェクトの一環としてインド政府から支給される補助金で賄われている。治療に対するアラビンド眼科病院の画期的な取り組みにより、医者や医療設備は有効活用され、質を落とすことなく多数の患者を治療している。その結果、患者当たりの医療コストは低く保たれ、1日当たり2,000人の患者の治療をしている病院もある。アラビンド眼科病院の活動の中心は治療費を支払えない多数の貧しい人々への治療であるが、同病院の治療品質が高いことから全世界の裕福な患者が絶えることなく訪れ、高い費用を支払って治療を受けている。

活用の視点

　格安製品モデルの対象市場は、コストに敏感な顧客層である。顧客が極端に価格重視の場合には相当に低い価格のサービスや製品しか買わない。規模の経済のメリットが得られ、さらに製品、プロセス、サービスの標準化でコスト削減が可能な場合に、格安製品モデルがもっともうまく機能する。新興市場における「フルーガル（簡素な）」製品へのニーズは、格安製品を生み育てる土壌となり得る。格安製品モデルのスローガンは「省略の美学」である。

考慮すべき点

- 自社顧客の要望のうち、取りまとめたり、標準化したりすることで種類を減らせるものはなにか？
- 自社が本当に差別化すべきポイントはどこか？
- どうすれば過剰品質を見直して、極端にコストに敏感な新興市場を攻められるか？
- 自社のバリューチェーンのどの部分で無駄を省き、コストを削減できるか？
- 自社の購買、製造、研究開発、流通のそれぞれにおいて、どのようにすれば規模の経済のメリットを生み出せるか？
- 自社のコスト削減のために大胆なプロセスの見直しが可能か？

32

Open Business

オープンビジネス

= 共同開発

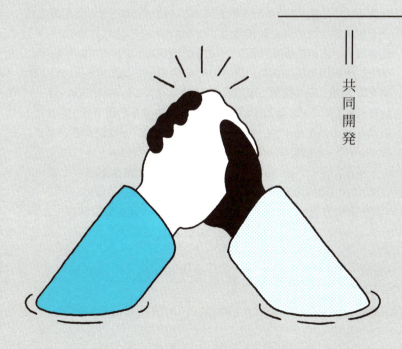

基本パターン

多くの場合、オープンビジネス（Open Business）の採用によって企業のビジネスロジックに根本的なパラダイムシフトが起こる。ここで言うオープンとは、通常社外に公開しない研究開発の価値創造プロセスに、外部パートナーを招き入れ

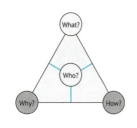

ることを指す（How?）。協業について確固たる定義はないが、標準的な顧客と供給者という関係とは大きく異なる。オープンビジネスを進めようとする企業は、ビジネスモデル全体の中で儲かりそうな業務分野をパートナーのために意図的に残しておき、その分野を得意とするパートナー企業が独自の事業活動で利益をあげられるようにする（Why?）。言うまでもなく健全なビジネスエコシステムでは、参加企業それぞれが独自のビジネスモデルを持ち、協業することで共存共栄する。このようなエコシステムは特定の中核製品やサービスを取り巻く形で発達することが多く、生物界におけるキーストーン種同様、核になる製品やサービスがなくなるとエコシステム全体が崩壊する。

オープンビジネスのモデルを活用するには、全体として画期的な効果を生み出すために、価値創造プロセスのどの部分に外部リソースを招き入れ、どの部分は自社リソースを活用するかを、システマチックに考える必要がある（How?）。自社ビジネスをオープンにする狙いは、効率化、市場シェア拡大、戦略的優位性の獲得である（Why?）。オープンビジネスモデルの設計では2つの点を考慮する必要がある。ひとつ目は既存の事業モデル、特に既存のバリューチェーンが、将来ビジネスパートナーと協業する際に余計な摩擦を生まないかということ。もうひとつは、オープンビジネスでもたらされる付加価値が既存事業にもプラスになるかということだ。別の言い方をすれば、自社の利益とパートナー企業の狙いとの間に存在する目標の不一致をうまく解決するウィンウィンのソリューションが要求されるということだ（Why?）。

ビジネスモデルの原点

クローズなビジネスモデルと対比して独立したビジネスモデルとして

オープンビジネス 32

オープンビジネスモデルを最初に考案した研究者のひとりがヘンリー・チェスブロウ氏（2006年の著書〔邦題『オープンビジネスモデル』栗原潔訳、翔泳社、2007〕）である。このモデルの成り立ちはチェスブロウ氏が説くオープンイノベーションと密接な関係がある。すなわち、ビジネスにおいて通常は外部に閉ざしているイノベーションに関する活動に、意図的に社内外の知識を取り入れるのである。閉ざされたドアの内側でイノベーションを進めるのではなく、外部企業とネットワークを形成し、共同でアイデアを出し合うのだ。消費財の巨大メーカーであるP&G社ではこの考え方をもとに、2000年にコネクト＋デベロッププログラムを立ち上げた。自社のイノベーション能力を強化するという狙いで、積極的にパートナーから新製品のアイデアや知見を求め、それらのアイデアを実現するために共同で市場展開の機会を探った。同社製品の「Mr. Clean Magic Eraser」は、もともとBASF社が開発した工業用メラミンスポンジである。P&G社の調査員が日本で万能スポンジとして販売されていた同製品に目を付け、BASF社との間で技術利用に関する契約を締結した。同社の「Mr. Clean」ブランドはこの新製品によって大きなメリットを得て、バトラー・ホーム・プロダクツ社（Butler Home Products、以下バトラー社）との協業で瞬く間に清掃用品全体に製品ラインアップを拡大した。バトラー社が新製品のアイデアと生産能力を提

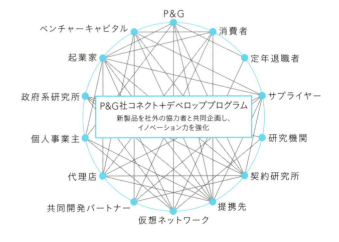

P&G社のコネクト＋デベロッププログラム

供する一方、P&G社はブランド力と販売チャネルを提供した。P&G社では、このような相互メリットを実現したパートナーシップの事例は今や珍しい話ではなく、すでに同社の新製品のおよそ半分はそのような協業や提携により開発されている。同社の提携範囲は技術、アイデア、製品機能にとどまらず、販売チャネルやブランドに至るバリューチェーン全般にわたり、オープンイノベーションから完全なオープンビジネスモデルへ発展した好例と言える。

ビジネスモデルの活用例

各種業界の多くの企業がオープンビジネスのモデルを採用し、より効率的なイノベーションプロセスを模索している。製薬会社のイーライリリー社は機密性が非常に高い業界でありながら、2001年にイノセンティブというプラットフォームを立ち上げた。同プラットフォームは、イーライリリー社の課題を解決して金銭的な褒賞を得ようとする世界中の研究者が集う場として利用された。その後2005年にイノセンティブはイーライリリー社からスピンアウトし、課題を持つすべての企業がオープンに利用できる場になった。同プラットフォームには課題解決策の立案に興味のある30万人以上のユーザーが登録しており、イノセンティブが設立されて以降、課題解決のアドバイスに対して合計で4,000万米ドル以上の報奨金が支払われている。

オープン化は研究開発だけでなく企業のビジネスモデルそのものに多大な影響を与える可能性がある。例えばIBM社は製品プロバイダーからサービスプロバイダーへ変革を遂げたことで有名だが、その過程で自社独自のOS開発をやめることを決断した。その代わりに現在ではLinuxオープンソースシステムの発展に積極的に協力している。この戦略転換により、開発コストを80%削減すると同時に、人気を増しつつある無償版のLinux OSとの互換性を保つことで自社のサーバービジネスを拡大した。 IBM社のLinuxへの深い知識が新たなサービスビジネスの成功を後押しするなど、1990年代後半に同社の売上が好転した大きな要因はビジネスモデルのオープン化であった。

ワシントン州ベルビューを拠点とするビデオゲーム開発・販売事業者のバルブ・コーポレーション社（Valve Corporation、以下バルブ社）はオー

プンビジネスモデルから2つのメリットを得ている。同社は1998年に処女作のFPS（ファーストパーソン・シューティングゲーム。主人公の本人視点でゲーム中の世界を体験できるゲーム）である『ハーフライフ (Half-Life)』を、技術力のあるユーザーが簡単にカスタマイズできる形で提供した。バルブ社がユーザー支援に力を入れた結果、独自のFPS開発者のエコシステムが形成された。これらの開発者の中に、オンラインゲームの大ヒット作のひとつであり、ついにはアジアでプロのゲームリーグまで生まれた『カウンターストライク (Counter-Strike)』の製作者も含まれていた。さらに、バルブ社は同社のビデオゲーム配信プラットフォームのSteamでもオープンビジネスモデルによる成功を再現した。ゲームの配信チャネルを自社製品の配信のみに利用していた競合他社とは対照的に、2005年以降、配信プラットフォームの利用料として売上の10〜40%を支払うことを条件に、世界のすべてのゲーム開発者がSteamを利用してゲームを配信できるようにした。本書の執筆時点でSteam上では個人開発者や大手ゲーム会社が制作した約2,000のゲームを提供している。オープンビジネスモデルを有効活用することで、未上場であるにもかかわらずバルブ社の企業価値は30億米ドルを超え、エンターテインメント業界の隠れた成功企業となった。

ABRIL Modaはコスタリカに拠点を持つ29社の小規模な繊維業者がオープンビジネスモデルを利用して生み出したファッションブランドである。これらの企業はコンソーシアムを形成し、共通のファッションブランドで製品を販売した。コンソーシアムのパートナー企業であるバラベス社 (Barrabes) の支援のもと、ソーシャルメディアプラットフォームであるhi5を利用した効果的なブランディングやキャンペーンを展開したが、広告マーケティング費用をコンソーシアムの加盟社で分担することで負担を抑えることができた。

さらに別の成功事例として、ホルシム・コスタリカ社 (Holcim Costa Rica) によるオープンビジネスモデルの採用事例がある。2010年に開始したオープンイノベーション戦略に伴い、同社では外部パートナーとの協業で顧客への付加価値を生み出す方法を日々模索していた。その具体的な成果のひとつが、コスタリカで初めて社会性と持続可能性を統合したLos Olivos住宅コミュニティである。この住宅コミュニティを開発するために、ホルシム・コスタリカ社は、建設会社、施工業者、

大学、コンサルタント、社会学者などさまざまな関係者のソリューションを連携させるためのプラットフォームを構築した。自社ビジネスモデルをオープン化することで、ホルシム・コスタリカ社は低所得世帯向け住居ソリューションの新標準を策定することに成功し、その成果に対しコスタリカの全国建設会議所よりサステナブル建築賞が授与された。

活用の視点

　自社のビジネスモデルをオープンにし、パートナーを価値創造プロセスに組み込むことは将来における成長と競争優位性確保の鍵となる。企業間連携が進み続ける世界において業界の垣根はなくなりつつあり、そのような環境で成功を続けるためには自社をオープンにする必要がある。自社をオープンにすることで、エコシステム全体を開発し、企業単体では提供できない複合的な価値を創造するのだ。エコシステムがうまく機能するには、エコシステムに参画する各パートナーが協業から十分な売上とメリットを得ることが必須である。

考慮すべき点

- 外部企業との提携で自社の顧客にどんな付加価値を提供できるか？
- 外部パートナーや外部の知見からもっともメリットを得られるのは自社のどの部門・分野か？
- エコシステムにおけるパートナーの役割、自社の役割はどうあるべきか？
- パートナーとの間で利益を分配する方法はどうすべきか？
- 参加者全員がエコシステムからメリットを得るためにどうすべきか？

33

Open Source

オープンソース

＝ 無償の公共ソリューション

基本パターン

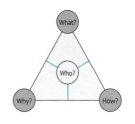

　オープンソース（Open Source）とは、製品をひとつの会社で開発するのでなく、公共コミュニティで開発することをいう（How?）。機械マニアからプロまで、だれでもコミュニティに参加して自分の知見を提供できるようにするため、ソースコードは公開されている。結果的に開発されたソリューションは特定の一社の所有物でなく、公共資産となる。つまりオープンソース製品は無料で自由に利用できるのである（What?）。だからといって、オープンソースのビジネスから収益をあげられないことはない。開発したソリューションそのものから売上は得られないが、オープンソースの基盤上に製品やサービスを構築すれば間接的な収益を手にできる可能性があるのだ（Why?）。

　このビジネスモデルを利用する企業のメリットは新製品開発への投資が不要なことである（Why?）。開発は主にコミュニティの有志が自発的に無償で行う。コミュニティのメンバーの多くは、例えば既存のソリューションを改良したいといった、個人的なモチベーションから開発に参画している。オープンソースの手法でコミュニティ全体の頭脳を結集した方が、独自開発をするよりも優れたソリューションを生み出せるというのが、オープンソース支持者の信条だ（What?）。最後に、明確なメリットのひとつとして、オープンソース開発では特定サプライヤーへの依存が生じないという点がある。

ビジネスモデルの原点

　オープンソースはソフトウェア業界から生まれたモデルで、1950年代にIBM社が利用したのが始まりだ。IBM社が自社オリジナルのコンピューターを発表した2年後に、プログラミング技術、OS、データベース情報の共有を目的に、IBMユーザーがSHAREというユーザーグループを発足した（訳注：当時IBM社はOSをソースコードで提供し、目的別にユーザーが修正していたが、修正後のOSをSHAREで共有した）。また、1990年代にはネットスケープ・コミュニケーションズ社（Netscape Communications）

オープンソース

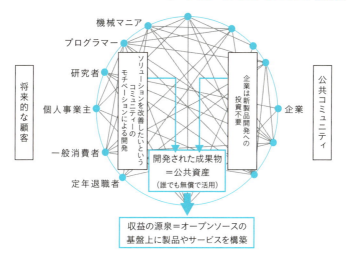

オープンソースのビジネスモデル概念図

がブラウザの開発を進めるために、オープンソースを利用した。ブラウザソフトウェア市場におけるマイクロソフト社の独占が進むと、ネットスケープ・コミュニケーションズ社は代替となる価値創造の道を探求せざるを得なくなった。これがモジラ（Mozilla）オープンソースプロジェクトの始まりとなり、Firefoxブラウザの開発につながった。一方で、オープンソースソフトウェア（OSS）はソフトウェア業界に不可欠な存在となった。一般にはレッドハット社（RedHat）が、この分野で最初に収益モデルを確立した企業として知られている。レッドハット社の売上の大部分は、サービスサポート契約とLinux OSを補完するソフトウェアアプリケーションの販売によるものである。オープンソース製品から10億米ドルを超す売上を達成した最初の企業のひとつがレッドハット社である。

ビジネスモデルの活用例

2000年頃を境に、オープンソースはソフトウェア業界以外でも利用され始めた。2001年に提供が始まったオンライン辞書ウィキペディアは、おそらくもっともよく知られている例である。今やウィキペディアは

世界でもっともよく利用されている辞書である。ウィキペディアの記載内容は全世界のインターネットユーザーによって作成され、絶え間なく編集、改善されている。無料で利用できるため、ウィキペディア社の運営資金は主に寄付で賄われている。ウィキペディアによって、多くの著名な辞書出版社が市場からの退場を余儀なくされ、古臭いビジネスモデルを継続できなくなった。

　スイスを拠点とするモンドバイオテック社（mondoBIOTECH）も、オープンソースのビジネスモデルを活用している。モンドバイオテック社は世界初のオープンソース型バイオテクノロジー企業を標榜しており、「希少疾病」と呼ばれる患者数の少ない病気に効果のある物質の発見を自社のミッションとしている。同社では研究室で開発を行う代わりに、既存の研究結果や情報をオンラインで調査して、新薬の開発を行っている。このやり方は、薬が作用する仕組みについて既存の知識をより効率的に活用できるだけでなく、極めて安価な方法でもある。モンドバイオテック社は、創業からたった11年間で300以上の開発候補物質を発見し、さらにそのうち6つがすでに希少疾病治療薬として承認を得ている。従来型の新薬開発の世界では、薬物として承認を得られる候補物質は、およそ1万件に1件である。

　自動車業界においても、すでにオープンソースのビジネスモデルの活用が始まっている。2008年に設立されたローカル・モータース社（Local Motors）は世界初のオープンソース自動車メーカーである。同社のビジネスモデルはオープンな設計ネットワークに基づいており、同社のオンラインプラットフォームを利用することで、全世界のエンジニアが新車開発のアイデアを共有し、協力し合って新車開発を進めることができるようになった。この原則に基づいて開発製造された最初の車がラリーファイター（Rally Fighter）である。創業から2年間で150台程度しか販売されていないが、ローカル・モータース社が負担したコストはわずか360万米ドルであり、これは典型的な自動車メーカーが新車の開発に要する費用のたった3%である。たったの150台を販売しただけで、ローカル・モータース社は創業2年後にすでに黒字化している。

　それら以外でもオープンソースモデルは、これまでにヒューマンゲノムプロジェクトを含む多数の研究開発事業を成功に導き、大きな価値を創造している。オープンソースモデルの最大の課題は「価値の創造」

ではなく、「価値の収益化」である。ビジネスモデルを設計する際に、生み出した価値の少なくとも一部は価値創造をした元の会社に残ることを保証できるようにすることが重要である。

活用の視点

ソフトウェアの開発においてはオープンソースモデルが広く利用されている。オープンソースモデルの採用により、対象プロジェクトを自社の思う通りにコントロールできなくなる代わりに、標準の制定、人的リソースやリスクの分担、将来的に自社の商用製品やサービスを購入してくれる潜在ユーザー層のコミュニティ形成、といった競争優位を獲得できる。さかのぼって1990年代の時点では、オープンソースはやや前衛的な概念であったが、現代ではより多くの分野でこのモデルが適用されている。特に若いプログラマーはオープンソースを活用している。バイオテクノロジーや製薬分野でもこのモデルを適用する例が増えつつある。

考慮すべき点

- 対象技術（ソフトウェア、情報その他）はオープンソース化に適しているか？
- 研究開発活動を外部と共有することで、自社の競争優位を獲得できるか？
- 自社の戦略的方向性に沿った形で製品やコミュニティが発展していくことが期待できるか？
- オープンソースのビジネスモデルで価値を創造し、かつ収益化できるか？

34 Orchestrator
オーケストレーター

= バリューチェーンを統率する

オーケストレーター 34

基本パターン

オーケストレーター (Orchestrator) 企業は自社の中核機能に集中し、バリューチェーンの中で自社の得意分野以外はすべて、うまく仕事をこなすスキルを持つ専門サービス事業者にアウトソースする (How?)。そのため、バリューチェーン

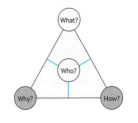

の統率者であるオーケストレーター企業は個々の価値創造活動のコーディネーションやマッチングに十分な時間を割く必要がある。このモデルでは取引コストは比較的高くなるが、それは各パートナーの専門能力の高さで相殺される (Why?)。オーケストレーターモデルの重要なメリットは、高いイノベーション能力を持つ外部企業との緊密な協業により、そのイノベーション能力をオーケストレーター企業自身の能力として活用できる点である (How?)。

ビジネスモデルの原点

オーケストレーターモデルの発祥は1970年代にさかのぼる。当時のグローバリゼーションの進展と結果的なコスト削減圧力の高まりに対応するため、製造業は製造コスト削減策として、バリューチェーンの一部を低賃金の労働力を持つ国にアウトソースせざるを得なくなっていた。この最初のアウトソーシング化の波の最大の受益者である「アジアの虎たち (訳注：当時急激な経済成長を遂げた台湾、香港、韓国、シンガポールの4ヵ国)」は、輸出主体の工業化戦略を進めている最中であったため、欧米企業のアウトソーシング先として最適であった。オーケストレーターモデルで先行したのがファッション業界で、早い段階から生産の大部分をアジアに移した。

このビジネスモデルの目立った成功例はスポーツ用品メーカーのナイキ社である。1970年代初頭に、当時CEOであったフィル・ナイト氏の方針のもと、同社はインドネシア、中国、タイ、ベトナムなど低賃金のアジア諸国に製造のアウトソーシングを開始し、自社は中核機能であるR&D、製品企画、製品設計、マーケティングに注力した。アウトソーシングによるコスト削減と中核機能への集中により、ナイキ社は競

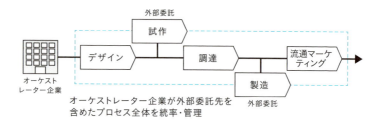

オーケストレーターのビジネスモデル概念図

合優位性を獲得し、スポーツ用品業界のトップ企業としての地位を築いた。今日においてもナイキ社は全製品の98%をアジアで製造していると推定される。オーケストレーターモデルは、ナイキ社のビジネスモデルに不可欠である。

ビジネスモデルの活用例

オーケストレーターモデルをビジネスモデルのイノベーションに適用して成功した企業はいくつもある。そのひとつに1995年に設立されたインドのテレコムサービス企業エアテル社がある。同社はオーケストレーターモデルでサービスの低価格化を実現し、2億6,000万人超の顧客を持つ世界最大の通信会社のひとつに成長した。当初のエアテル社は他の通信会社と差別化する要素をほとんど持ち合わせていなかった。同社は2002年以降自社をオーケストレーター企業へと転身させ、自社の中核機能をマーケティング、販売、資金調達に絞り込み、ITサポートをエリクソン社、ノキア社、シーメンス社、およびIBM社へ委託するなど、バリューチェーンの中核活動以外はすべて他社にアウトソースした。エアテル社はこれら企業との契約条件を巧みに交渉し、実際の利用状況に応じて対価を支払う従量課金（ビジネスモデル35参照）の契約を結んだ。このようにバリューチェーンを整理した結果、極めて低コストで通信サービスを提供可能になった。オーケストレーター企業への転身後、2003年から2010年にかけてエアテル社の売上は120%増加し、年間利益も280%増加した。

中国の利豊グループ（Li & Fung）もオーケストレーターモデルの成功

オーケストレーター

企業だ。同社はトイザらス社（Toys"R"Us）、アバクロンビー＆フィッチ社（Abercrombie & Fitch）、ウォルマート社（Wal-Mart）といった有名企業から、おもちゃ、ファッションアクセサリー、衣料品といったさまざまな商品の開発や製造を請け負っている。利豊グループでは自社で商品を製造する代わりに、1万社以上のグローバルなサプライヤーネットワークを管理下に置くことで、案件に対応している。このように同社は、グローバルなサプライチェーンのオーケストレーター企業であり、バリューチェーン上の個々のパートナー企業を結びつけることが、同社の中核機能である。利豊グループは工場をひとつも持つことなく、毎年数十億米ドルの売上をあげている。

活用の視点

オーケストレーターとして機能するには、自社の強みがなにかをしっかり把握する必要がある。自社がバリューチェーンの複数のステップに関与する場合には特に重要だ。オーケストレーター企業として自社が卓越した能力を持つ活動に専念し、ほかをアウトソースすることで、コスト削減と柔軟性を向上できる。なによりも大切なのは、鍵であるパートナー企業をしっかり握ることだ。それができなければ他の会社に乗り換えられてしまうリスクを伴う。優れたオーケストレーター企業は、自社が主導権を持ってさまざまなパートナー企業を管理することに長けている。

考慮すべき点

- 自社の主要な事業活動はなにか？
- 自社独自の強みはどこにあるか？
- 自社の価値提案全体のうち、重要性が比較的低い事業活動はなにか？ それを他社にアウトソース可能か？
- 特定の事業活動をアウトソースすることで全体コストを下げられるか？
- アウトソースで自社の柔軟性を高められるか？
- 自社には同時並行で複数のパートナー企業を管理する能力があるか？

35
Pay Per Use

従量課金

= ペイパーユース

基本パターン

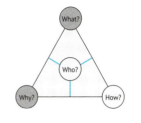

　従量課金（Pay Per Use）では、製品やサービスの利用状況を個別に測定して顧客に課金する。一般消費者向けのメディア市場（テレビの有料放送、各種オンラインサービスなど）ではこのモデルが広く利用されており、必要なときにだけサービスを利用したいという顧客に受け入れられている。別の言い方をすれば、従量課金モデルでは固定料金の代わりに実際のサービス利用量に応じて料金を支払う（What?）。サービス内容によって課金の形態は異なり、例えば利用回数、利用時間などがある（Why?）。顧客側の大きなメリットは費用の明細が明白なことだ（What?）。サービスをほとんど利用しない顧客は料金をほとんど支払う必要がないので、このモデルは非常に公平とも言える（What?）。

　裏を返して企業側からすると、サービス利用量の動向は顧客次第であるため、売上の見込みが立てにくくなる。収支計画の精度を高め、安定収益を得られるように、基本料金を設定して一定の収益を確保するケースが多い。

ビジネスモデルの原点

　ビジネスモデルとしての従量課金は長い歴史を持つ。はるか昔からレンタルモデル（ビジネスモデル40参照）では資産の利用時間に応じて一定割合を課金していたが、電子的な利用量測定方法の登場によって、従来レンタルモデルを適用していた分野以外でも資産の利用時間に応じて一定割合を課金することが可能となった。デジタルテレビの普及により可能となったペイパービュー方式のサービスは従量課金によるビジネスモデルイノベーションの典型例と言える。ペイパービュー方式では、顧客は有料放送の固定契約をせずに、映画やスポーツイベントをオンデマンドで視聴できるのだ。アナログテレビと異なり、デジタルテレビのチャンネル数は圧倒的に多く、顧客向けにさまざまなサービスメニューが提供されている。

35 Pay Per Use

従量課金のビジネスモデル概念図

いつでも使いたいだけサービスを
利用し、利用した分の料金を支払う

ビジネスモデルの活用例

　従量課金モデルはさまざまな画期的ビジネスモデル創造の源泉となっている。広告が表示された時点で課金されるのではなく、インターネットユーザーが実際に広告をクリックした回数に応じて課金されるインターネット広告の「ペイパークリック」モデルも、従量課金の派生した形態と言える。スタートアップ企業のゴートゥ社（GoTo）は1998年、この課金手法を初めて採用し、ペイパークリックを発明した企業として知られている。今やペイパークリックはオンライン広告の課金モデルの主流となった。例えばグーグル社は広告収入の90％をペイパークリック広告から得ている。

　2008年にダイムラー社はカーシェアリング事業であるカートゥーゴーを開始したが、これは従量課金モデルの画期的な適用例である。一般的なカーシェアリングや自動車レンタルのサービスでは時間や日単位で車両を貸し出すが、カートゥーゴーでは分単位で車を借りられる。さらに、顧客は返却時間をあらかじめ指定する必要もないし、鍵も都合のよいときに返せばよいのだ。カートゥーゴーでは基本料金として年会費を支払う必要がなく、単に初回登録時に入会費用を支払うだけでよい、という点も一般的なカーシェアリングサービスと異なる。カートゥーゴーは電話会社のやり方を一部流用し、実際に顧客がサービスを利用した量に応じて課金しているのだ。カートゥーゴーの自由な点や自分で費用をコントロールできるという点は顧客の受けもよく、ダイムラー社がこの形態でカーシェアリングサービスを運営しているのは正解である。ドイツのウルム市と米国テキサス州オースティン市でのテスト導入を経て、現在ではカートゥーゴーは北米の8つの市と欧州の9つの市で提供されている。2016年までに少なくともさらに50以上の都市

に展開することを目指している。

従量課金モデルは保険業界でも利用されており、かなり以前からさまざまな自動車保険が走行距離に応じた保険プランを提供している。保険料は契約者の実際のリスクに応じて算出されるが、具体的には運転時の癖や、運転地域、運転時間といったさまざまな要素に基づいて決定される。また、保険料算出のために実際の運転データがGPSシステムを通じて保険会社に送信される。米国を拠点とする保険会社のアリー・ファイナンシャル社（Ally Financial、旧GMAC社）は、このような保険プランを2004年から提供しており、自動車保険を従量課金化している。

活用の視点

IoT（モノのインターネット）はネットワーク対応のスマートデバイスの世界であり、センサーが感知した情報からデータを生成、通信し、高度な分析やアプリケーションの自動制御を行う。この新たな技術がもたらす情報を集め分析するという能力によって、従量課金のパターンにとてつもない可能性が生まれようとしている。製品の利用状況を測定する技術自体はもちろんこれまでも存在していたが、センサーやITのコスト下落に伴い、強力なビジネスシナリオへの応用が可能となった。

考慮すべき点

- 自社の課金プロセスを極限まで簡単にするにはどうすればよいか？
- 自社が従量課金を導入したら顧客はそれを活用するだろうか？
- 自社が測定、分析可能な製品データにはどのような種類があるか？
- 製品の利用データ以外に、スマートデバイスを使って顧客に提供できる付随的な価値はあるか？
- このビジネスモデルを利用することで、顧客のどんな行動を計測できるか？

36

Pay What You Want

賽銭方式

= 支払額を顧客が決める

基本パターン

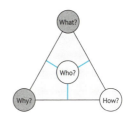

賽銭方式（Pay What You Want）のビジネスモデルでは、製品やサービスへの支払額を顧客が決める（What?）。提供側は、それがゼロあるいは実際の提供価値をはるかに下回る金額であったとしても、顧客の提示した額を受け入れることが前提となっている。場合によっては最低金額や希望価格を参考として顧客に提示してもよい（Why?）。このモデルを使えば幅広い顧客層にアピールできるかもしれないが、もっとも適しているのは、競争の厳しい市場に限界コストが低い商品を提供するケースで、しかも製品やサービスの提供側と顧客側がもともと深い付き合いをしている場合である。意外にも顧客がこのビジネスモデルにタダ乗りすることは少なく、統計調査によれば賽銭型サービスに支払われる金額はゼロを大きく上回っている（Why?）。

公序良俗などの社会的規範がある種の制御メカニズムとして作用する。また、顧客は同等の他製品を参考に価格を決めることが多い。顧客にとってはもちろん、価格を自分で決められる点がこのモデルの大きなメリットである（What?）。提供側にとってのメリットは、賽銭モデルがよい評判につながり、結果的にお得意様を獲得できる可能性があるという点だ。

ビジネスモデルの原点

賽銭モデルは昔から利用されており、典型例は大道芸人に渡すお金やレストランでウエーターに渡すチップである。商用例は、2003年にソルトレークシティーの One World Everybody Eats というレストランが最初であった。食事や飲み物の料金を顧客が自分で決めるだけでなく、顧客がお店を手伝うことで支払いをすることもでき、例えば皿を洗ったり、庭の掃除をしたりしてもよい。創業者のデニス・セレッタ氏の言葉を借りると、賽銭方式のコンセプトのおかげで、金銭的にあまり恵まれていない人たちにも健康的で高品質の食事を提供できるとのことだ。

ビジネスモデルの活用例

ここ何年間かで賽銭モデルの人気がかなり高まった。音楽業界では、英国のロックバンド、レディオヘッドが2007年に新アルバム『In Rainbows』を発売する際にこのモデルを利用した。このアルバムはレディオヘッドのウェブサイトからダウンロード可能になっており、アルバムをダウンロードしたファンがいくら払うのか、あるいは払わないのかを自分で決められるようになっていた。ファンが支払った平均額は通常のアルバムの平均価格よりも低かったものの、『In Rainbows』は同バンドの過去のアルバムすべての合計よりも多くダウンロードされ、バンドの人気は非常に上がった。

オンライン音楽サービスのノイズトレード社(NoiseTrade)は賽銭モデルをベースに2006年に設立された。特定のレーベルに所属しないアーティストが、自分たちの音楽をノイズトレード社のウェブサイト上にアップロードして無料でプロモーションできるようになっており、音楽ファンは曲をダウンロードして、その対価としてお金を寄付する。さらにアーティストを応援したい場合には、自分のコンタクト情報や推薦文を提供したり、ソーシャルメディアへのリンクや紹介アプリ機能で称賛の言葉を広めたりできる。ノイズトレード社は同社ウェブサイトへの広告や、ファンからの寄付金の一部をコミッションとして受け取ることで収益を上げている。

2010年には、賽銭モデルがハンブルバンドル社(Humble Bundle)のマーケティング実験に利用された。ハンブルバンドルはビデオゲーム、電子書籍、音楽などのオンラインコンテンツ集がダウンロードできるウェブサイトである。ダウンロード時の支払金額は顧客が自分で決められる。ハンブルバンドルには売上を高めるためのいくつものインセンティブが埋め込まれている。まず、平均金額より高い金額を支払ったユーザーはボーナスメディアを賞品としてもらうことができ、さらに最高金額を支払ったユーザーはウェブサイト上で表彰される。加えて、売上の一定割合が非営利団体に寄付される。ハンブルバンドル社は集まった金額の平均約15%を受け取ることができるようになっており、過去3年間に賽銭方式のビジネスモデルで3,300万米ドルを売り上げた。

賽銭方式

ハンブルバンドル社のビジネスモデル

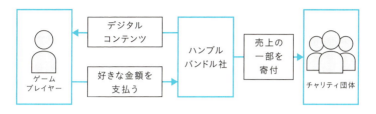

活用の視点

賽銭モデルでは、顧客が製品の価値を正しく理解し、適切な金額を支払うことを想定している。このモデルはもともとB2Cの消費者向け市場からスタートしているが、B2B分野にも適用例がある。また、提供する製品やサービスすべてにこのモデルを適用するのでなく、一部分に利用することが一般的である。例えば、コンサルタントが顧客に対して提示するコンサルティング料の一部を、提供サービスへの満足度に応じて顧客側に決めてもらうことがあり得る。

考慮すべき点

- もし顧客に自由に価格を決めてもらうとしたら、自社のどの商品やサービスであれば適切に値付けをしてくれそうか?
- 自社の収益モデルの一定部分を固定金額に、残りを顧客が自由に金額を決める形に分割できるか?
- 自社の製品やサービスを利用してもお金を払わないタダ乗り顧客を防ぐ方法があるか?

37

Peer to Peer

個 人 間 取 引

= 個人と個人の取引を仲介

基本パターン

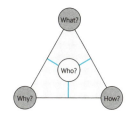

　個人間取引を表す「ピアトゥピア（Peer to Peer）」という用語はもともとコンピューター業界で生まれ、ふたつあるいはそれ以上のコンピューター間での直接通信を指す。ビジネスモデル用語としては、通常は個人間取引を指し、具体的には個人の持ち物を貸したり、特定のサービスや物を提供したり、あるいは情報や経験を共有したりするといったことになる（What?）。運営者はある種の仲介業者として機能し、取引の安全性や効率的な事務処理を担い（How?）、コミュニティ参加者をつなぐ鎖の役割を果たす。時間の経過とともに、このつなぎ役の機能で収益を上げられるようになり、例えば取引成約料や、広告、スポンサーシップによる間接的な収益などが考えられる（Why?）。

　個人間取引モデルの大きなメリットは、顧客が個人の持ち物やサービスを、商業製品やサービスとほぼ同じように活用できる点である（What?）。さらに、顧客にとっては個人間取引のソーシャルメディア的な面にも価値がある。運営企業がこのビジネスモデルで成功するポイントは、サービスに対する信用を築けるかどうかである（How?）。ユーザーの立場からすると、個人的に制作された製品やサービスを購入できるのはありがたいが、商業製品を買う方が、取引が簡単で楽だという面があるからだ。

ビジネスモデルの原点

　個人間取引モデルは1990年代の初めに広がり始めた。インターネットの誕生によって、後押しされた面が大きい。ものを購入する代わりにレンタルしたりシェアしたりするという「共同消費」がトレンドとなったことも、個人間取引モデルの発展に寄与している。このトレンドの根幹には共同体精神や共有資源利用といった考え方の再興という流れもある。オンラインオークションサイトのイーベイ社は、個人間取引モデルのパイオニア企業のひとつであり、必要なくなったものをオークションにかけられるコミュニティを世界30ヵ国以上の人々に提供している。

世界全体でイーベイ社が扱うオークション件数は1日当たり1,200万件以上にも上る。

ビジネスモデルの活用例

イーベイ社の後に続いた企業も多数ある。クレイグスリスト社（Craigslist）は非上場のウェブコミュニティ運営企業で、不動産、求人、ライブ、個人広告、募集広告、売りたし買いたしなど、地域に紐づいた物やサービスのオンライン広告に特化している。同社は、それまで紙メディアが独占していた地域広告市場に、個人間取引ネットワークを使ったオンライン広告を立ち上げたことで市場を革新した。無料の広告掲載サービスを提供することで、1ヵ月に6,000万件の地域広告が新たに掲載され、サイトの閲覧数が1ヵ月に500億ページビュー以上という大規模な個人間取引のネットワークを作り上げた。このサービスの人気を背景に、同社は求人広告やアパートの入居者募集といった一部の広告を有償化したが、それ以外については引き続き無料でサービスを提供している。

英国を拠点とするゾーパ社はオンラインネットワークを介した電子決済サービスとEコマースのサービスを提供している。同社サービスを利用すれば、銀行などの金融機関を経由することなく、個人間で直接お金の貸し借りができる。ゾーパ社は個人間取引の信用プラットフォームとして機能し、オンライン上で個人間のお金の貸し借りを行う手段と取引の安全性を提供している。お金を貸したい個人はゾーパ社のウェブサイトに金額と希望する貸し出し条件を掲示する。そしてその条件でお金を借りたいという人と貸し手をゾーパ社がマッチングする。ゾーパ社は純粋に仲介者として機能し、直接お金の貸し手と借り手を引き合わせ、銀行の機能を中抜きすることで、より低い金利など貸し手と借り手の両者にとってよりよい条件を可能にしている。同社は取引成立した際に両者に手数料を課金することで収益をあげている。

ベルリンを拠点とするスタートアップのフレンドシュランス・ドットコム社（friendsurance.com）はさらに別の個人間取引モデルを作り上げた。同社はソーシャルネットワークを一般的な保険と結びつけ、保険業界にこのモデルを適用する方法を発見した。基本コンセプトはソーシャル

個人間取引

個人間取引の採用企業年表

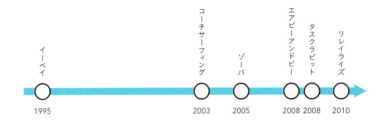

ネットワーク上に友人間の私的な保険ネットワークを構築（例：4～5人の友人）することである。自動車保険を例にとると、事故が発生した場合に個人のネットワークから一定金額が支払われる（例：ひとり20ユーロなど）。残りの費用は一般的な保険でカバーされる。この方法により、フレンドシュランス・ドットコム社は顧客の保険料を最大50％程度まで削減することに成功している。メリットを享受するのは顧客だけではない。なぜならひとりの顧客が私的な保険ネットワークを構築するために別の顧客を誘うため、営業コストをかけずに新たな顧客を開拓できるからだ。しかも、一定金額までは友人間で保障される仕組みのため、保険の不正請求といったモラルハザードのリスクも大きく低下する。

2010年に設立されたリレイライズ社（RelayRides）も個人間取引モデルを利用している。リレイライズ社はカーシェアリングの会社で、車の個人所有者が他人に車を貸すサービスを提供している。自動車には半導体チップと盗難防止システムが取り付けられ、リレイライズ社の予約システムに登録される。このスタートアップには米ゼネラルモーターズ社（General Motors〔GM〕）が出資しており、米国では非常に成功している。同社サービスには、提供開始後わずか2年間で50万人を超す会員が登録している。

1999年にニューヨークで設立されたタイガー21（TIGER 21：The Investment Group for Enhanced Returns in the twenty-first century）は、富裕層の投資家を対象とした個人間取引の教育プラットフォームである。同グループは、最低1,000万米ドルの資産を保有する個人を会員の対象としており、具体的には起業家、CEO、投資家、企業の経営層などである。同社の狙いは投資に関する会員の知識を高めるとともに、

資産保全、不動産計画、家族の人間関係に関する課題の調査をすることである。タイガー21のアプローチの特徴は、小規模なグループミーティングを毎月開催しており、メンバー同士で資産や現状の資産ポートフォリオの話ができる点である。これらのミーティングは極秘にプロフェッショナルに運営される。会員は新たなビジネスのアイデアや個人的な悩み、あるいは世界情勢に関する出来事などを提起し、それらを全員で評価、議論して、各メンバーの資産管理に対してよりよい方法を探る。真の価値はディベートにおける各会員の異なる視点から生まれる。ミーティングは外部の専門家のスピーチで始まる。タイガー21の会費は年間3万米ドルで、それにはグループミーティングや外部専門家のスピーチへの参加費用、オンラインコミュニティの利用料が含まれる。

米国の<mark>リンクトイン社</mark>はビジネスマン、ビジネスウーマン向けソーシャルネットワークの最大手である。フェイスブック同様、リンクトインのユーザーは個人プロフィールのページを無料で作成できるが、内容はビジネス向けになっている。企業の採用責任者はリンクトイン上で人材を探すことができ、職を探している人は採用情報を検索できる。もちろん、個人間取引ネットワークのユーザー間でコミュニケーションを図ったり、知り合いを増やしたりできるようになっている。ウェブサイトは簡単に作成できるようになっており、ユーザーは自分のプロフィールをわかりやすく掲載し、ネットワーク上でビジネス人脈を拡げられる。

宿泊施設の分野でも個人間取引が流行っている。<mark>エアビーアンドビー社</mark>はサンフランシスコに拠点を持つ未上場企業で、ユーザー（ホスト側）が住居、個室、アパート、城、ボート、その他の資産を個人間取引のコミュニティ内のさまざまな人に貸すための手段を提供している。ユーザーは使い勝手のよい同社のウェブサイトに情報を掲載して、割安な宿泊施設を探しているコミュニティ内の他のユーザー（旅行者などのゲスト）に、自宅その他の不動産を短期間貸し出す。詐欺や掲載内容の誇張を防止する目的で、宿泊施設と宿泊者の両方に対して評価システムが導入されている。エアビーアンドビー社の主な収益は貸し出し料金に対するサービス料（6〜12％）である。その他の収益源として宿泊者のクレジットカード利用手数料もある。

活用の視点

　個人間取引モデルは、オンラインコミュニティに適用することで、もっとも高い効果を発揮する。このモデルの基本原理はコミュニティ参加者の増加にある。すなわちユーザーがひとり増加するたびに、その他すべてのユーザーにとってネットワークの魅力が増す。これが自己増殖的な正のスパイラルを生み出し、「勝者総取り」型で新規参入が難しい市場を形成する。

考慮すべき点

- ユーザーを既存のネットワークから自社のネットワークに移行するようにうながす手段はあるか？　自社からコミュニティに対してどんな貢献ができるか？
- ユーザーに自社ネットワークの一員として長く留まってもらうには、どんなインセンティブが必要か？　ゆるやかなロックイン効果（ビジネスモデル27参照）を生み出せるか？
- 自社の計画をコミュニティに反映するには、具体的にどうすればよいか？
- 個人間取引のプラットフォームを立ち上げることで、自社はどんな目標を達成したいのか？
- ある時点でプラットフォームの完全な無償提供をやめて有償化あるいはフリーミアム（ビジネスモデル18参照）の収益モデルを導入すべきか否か？　完全な無償提供をやめるのであればそれはいつか？

38

Performance-based Contracting

成果報酬型契約

= 成果に基づく料金体系

基本パターン

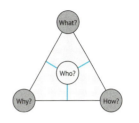

　成果報酬型契約（Performance-based Contracting）ビジネスモデルでの製品価格は、額面価値でなく製品やサービスが実際に生み出した価値に基づいて計算される（What?）。サービスの生産量は正確に測定され、それに応じた金額が顧客からサービス提供会社側に支払われる（Why?）。通常はこの金額に運用費用、メンテナンス費用、修理費用などすべてのコストが含まれており、顧客にとってはコスト管理が容易になるメリットがある（What?）。ここで重要な点は、価格の根拠は製品やサービスが生み出した価値、すなわち実稼働時間や目標達成度であり、占有時間や利用量で課金する従量課金とは本質的に対極の関係にあることだ。成果報酬型契約では、製品を提供するメーカーが顧客の価値創造プロセスに組み込まれていることが多く（How?）、製品利用に関して蓄積したノウハウを顧客に伝授し、逆に顧客による製品利用を通じてメーカーはさらに新たな知見を獲得する（How?）。このモデルの究極的な形として、所有と運用を統合した形式があり、販売企業側で製品の所有権を保持したまま運用をすべて請け負う形で顧客に製品やサービスを販売する（How?）。その場合、販売側企業の財務および運用上のリスクは増加するが、その見返りとして顧客と長期的でより密接な協力関係を築けることでリスクが相殺される（Why?）。

ビジネスモデルの原点

　成果報酬型契約は公共分野のインフラ政策から派生したもので、20世紀中頃以降はパブリック・プライベート・パートナーシップ（PPP）の事業形態に適用された。PPPとは公共機関と民間企業の協業契約であり、企業が公共サービスを提供することを法的に承認する形で公共機関が企業に特権を与える。一般には、企業への報酬は需要に対する達成度（例：保育園が受け入れ可能な児童数の枠を新規にいくつ増加させたか）に基づく。言い方を変えると支払いは結果次第ということである。
　時が経つにつれ、結果に基づく支払いは産業界にも広がっていっ

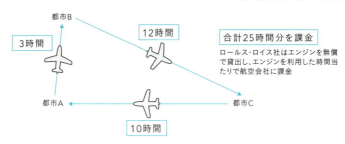

た。英国の航空機エンジンメーカーである**ロールス・ロイス社**は成果報酬型契約のパイオニア企業である。1980年代の初めに同社は「パワーバイジアワー（動力の時間当たり販売）」方式で大成功を収めた。この方式では、ロールス・ロイス社はエンジンそのものを販売する代わりに、まず顧客にエンジンを提供したうえで、飛行時間を単位としてエンジンの実稼働ベースで課金する。エンジンはロールス・ロイス社が所有し、メンテナンスし、修理するのだ。パワーバイジアワー方式は顧客の間で大好評となり、ロールス・ロイス社の売上の70％以上が同方式によるものとなった。

ビジネスモデルの活用例

成果報酬型契約はさまざまな分野に適用されている。化学品業界では、1990年代後半から**BASFコーティングス社**（BASF Coatings）が「ユニット当たり課金」モデルとして成果報酬型のサービスを提供している。同モデルでは車両の塗装費用を、利用した塗料の容量でなく塗装した部品（あるいはモジュール）の数に基づいて計算する。BASFコーティングス社は車両の最終塗装に関する責任を負い、自社スタッフを客先に派遣して顧客の効率改善を支援する。そのうえで、最終塗装材の利用効率改善で得られた節約分を、顧客とBASFコーティングス社で分け合うことでウィンウィンの関係を実現している。

米製造業の**ゼロックス社**は、プリンター、コピー機、その他の周辺機器を製造するとともに、さまざまな文書管理サービスを提供している。一般的にプリンターやコピー機は客先に設置されるが、ゼロックス社

が資産として持ち続ける。ゼロックス社は自社が保有するメンテナンスに関する大規模リソースと知見を活用して、メンテナンスコストを削減し、メンテナンス効率を向上させる。別の見方をすれば、ゼロックス社がプリンター、コピー機、その他のデバイスの提供とメンテナンスを行い、顧客は印刷ページ数に応じて料金を支払う。この分野における圧倒的な知見を活用して運用コストを低減することで、ゼロックス社は利益をさらに向上させることができる。

　スマートヴィル社（Smartville）はフランスを拠点とするスマート（Smart）ブランドの自動車製造プラントで、ダイムラー社とスイスの時計メーカーであるスウォッチ社との合弁企業である。スマートヴィル社は電気自動車とガソリン自動車の両方を生産しており、また、高い人気を誇るコンパクトカー「スマート」を近代的で高効率の製造プロセスで生産している。スマートの基本部品のサプライヤー各社は、十字型の形状をしたスマート専用の生産工場建屋内に拠点を持ち、納入した部品数に応じて支払いを受ける。つまり同社は、実質的に成果報酬型契約モデルで事業活動を行っている。スマートヴィル社では社内生産比率を可能な限り低くしており、10％足らずである（ただし外部サプライヤーはほぼすべてスマートヴィル社の工場内あるいは付近に拠点を持つ）。スマートヴィル社の優れた生産コンセプトにより、各サプライヤーの製造プロセスへの効率的な統合が実現されている。車両はサプライヤーによるモジュール納品システムに基づいて受注生産方式で生産され、サプライヤーとの物理的な距離の近さのおかげで、緊密なコミュニケーションと迅速な受け入れ検査および納品が実現され、製造現場での長期の在庫が不要となっている。企業各社の効率的な連携により、生産時間の短縮、コスト低減、サプライヤー間の協業効率促進が実現され、各社の最終的な収益向上につながっている。

活用の視点

　このモデルでは、蓄積した知識やプロセスに関する知見、メンテナンスのノウハウ、関連サービスなどの各種サービスを収益化することができる。成果報酬型契約は難しい用途に利用する複雑な製品を扱っている場合に有効である。初期投資を避けたい顧客や、最終製品や

サービスに関するコストの透明性や安定性の向上を望んでいる顧客は、成果報酬型契約を好む傾向がある。

考慮すべき点

- 自社の顧客にとって真に必要なものはなにか？
- 知識やサービスをセットで提供することが顧客に付加価値を生むか？
- 自社の顧客は、製品やサービスの利用状況に応じてコストを管理できるような透明性の高いコスト構造を望んでいるか？
- 自社のバリューチェーンをどう設計すれば、納期遵守率が高まるか？

39

Razor and Blade

サプライ品モデル

エビでタイを釣る

基本パターン

サプライ品モデル（Razor and Blade）では、本体製品は原価を下回るお買い得な価格や、場合によっては無償で提供される（What?）。一方で、本体を使うために必要なサプライ品に高い価格が設定され、収益の大部分を稼ぐ役割を

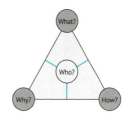

担っている（Why?）。単純で、しかし天才的なこのビジネスロジックがこのモデルの本質であり、「エサと釣り針」モデルとしても知られている。アイデアの根本は、本体製品を買うための障壁を低くすることで顧客のロイヤルティを獲得することにある（What?）。顧客がサプライ品を買ったときに初めて、お金が会社側に入り始める（Why?）。

サプライ品モデルでは本体製品の費用がサプライ品からの収益で穴埋めできることが前提となる。サプライ品の利用頻度が高い場合には、このビジネスモデルは特に高い効果を発揮する（Why?）。別の言い方をすれば、企業側は単に本体製品を販売するだけでなく、サプライ品の販売を通じて潜在的な売上を増加させるのだ。この潜在的な売上を現実の収益にするため、顧客がサプライ品を競合他社から買うことのないように、なんらかの障壁を築くことが必須である。そのための一般的な戦略としては、サプライ品に関する特許取得や強力なブランドの構築がある（How?）。ネスレ社のネスプレッソの例に見られるように、サプライ品モデルはロックイン（ビジネスモデル27参照）との組み合わせで採用されることが多い。

ビジネスモデルの原点

サプライ品モデルの発祥は遠い昔にさかのぼる。このモデルの創始者のひとりは19世紀の終わりに中国で安物のパラフィンランプの販売を始めたジョン・ロックフェラー氏である。ランプの購入者は火をともすために高価な燃料を買わなければならず、それはロックフェラー氏の保有するスタンダード石油社の製油所で精製されたものであった。このビジネスモデルにより灯油の販売から巨額の収益を得たロックフェラー氏は米国一の大金持ちとなり、その後にはさらに世界一となった。

しかしながら、サプライ品モデルの象徴と言える「カミソリと替え刃」はもうひとりの有名な起業家によるものである。そのパイオニアとはキング・キャンプ・ジレット氏であり、20世紀の初めに交換可能なカミソリの替え刃を考案した。カミソリの替え刃の販売を促進するため、ジレット氏は替え刃対応のカミソリ本体を軍隊や大学向けに寄付した。この使い捨て替え刃の作戦は大成功を収め、製品を市場投入してから3年間で1億3,400万枚以上の替え刃が購入された。ジレット社は、サプライ品モデルと特許を組み合わせ、有効活用したよい事例でもある。ジレット社のカミソリの1ブランドであるフュージョンだけでも70以上もの特許で守られている。そのため競合他社にとって、利幅が大きく魅力的なカミソリの替え刃ビジネスに参入してジレット社の収益源を奪うのは容易ではない。

ビジネスモデルの活用例

サプライ品モデルが生まれてから150年の間に画期的な用途がいくつも生まれた。ヒューレット・パッカード社はこのモデルを世界初の民生用インクジェットプリンターであるThinkJetに適用した。高価な産業用の印刷機と異なり、ThinkJetはたったの495米ドルで販売され、一般的な米国人が十分購入できる商品となった。ヒューレット・パッカード社は、プリンター本体の販売後にプリンター用インクカートリッジを販売することで、売上のほとんどを稼いだ。サプライ品モデルは、その後のプリンター業界の方向性に多大な影響を与え、今日でもプリンターメーカーが採用している主要なビジネスモデルになっている。

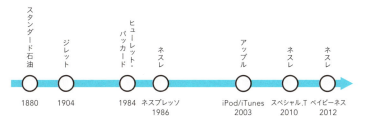

サプライ品モデルの採用企業年表

サプライ品モデルを有効に活用して成功したほかの例として、ネスレ社のネスプレッソがある。このケースでは安価なコーヒーマシンと高価なコーヒーカプセルの組み合わせがビジネスの仕組みとなっている。ネスレ社は1990年代前半にコーヒー業界にサプライ品モデルを導入することで、完全に以前の業界モデルを破壊した。ネスプレッソの登場までは、コーヒーは単なるコモディティで、高価格やイノベーションを望む余地はないと思われていたが、ネスプレッソのビジネスモデル革新は大々的な成功を収め、2011年だけで約29億ユーロもの売上を記録した。この成功から、同社はお茶（スペシャル.T）や離乳食（ベイビーネス）など、各種製品にサプライ品モデルを拡大した。

活用の視点

サプライ品モデルはB2C分野で非常によく知られている。しかしながら将来的には、例えば産業機械分野のアフターサービス事業など、B2B分野でも多くの採用例が出てくるものと考えられる。ロックインモデルと組み合わせることで、このモデルは非常に強力になる。企業各社はこのふたつのビジネスモデルを利用することで、収益性の高いアフターサービスや交換部品ビジネスを互換部品メーカーから防御している。このビジネスモデルから収益を得るためには、特許やブランド力の強化が必要になるかもしれない。

考慮すべき点

- 製品設計段階で工夫することにより、自社のアフターサービス事業を守ることができるか（例:アフターサービスに製品ベンダーの遠隔診断装置が必要になる）？
- 独自生産やコピーが非常に難しい部品を採用して、自社のアフターサービス事業や交換部品ビジネスが競合他社にコピーされることを防げるか？

40

Rent Instead of Buy

レンタルモデル

= 買う代わりに借りる

基本パターン

レンタルモデル（Rent Instead of Buy）では、買う代わりに借りる。顧客にとって最大のメリットは購入費用の準備が不要なことで、高価で買えないものも、レンタルであれば手にできる（What?）。また、レンタルを使えば固定資産として

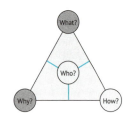

多額の資金が固定化されることもないので、金銭的に余裕が生まれる（What?）。多くの人々がこれらのメリットを享受しており、高額な資産については特にそうである。そのため、直接の販売に比べて幅広い対象を販売先にできる（Why?）。レンタルモデルを提供する側の重要な前提条件は、対象製品を準備する資金力である。なぜなら対象製品をレンタルして初めて収益が入ってくるからだ（Why?）。その意味ではレンタルモデルは従量課金（ビジネスモデル35参照）と似ているが、大きな違いとしてレンタルモデルは、利用可能な期間が料金の基準であり、実際の利用量とは異なる点だ。レンタルモデルと従量課金を併用できる場合も多い。例えばレンタカーにおいて一定の走行距離を上回った場合に追加費用を徴収する、といった形である。

ビジネスモデルの原点

レンタルモデルは古くからのビジネスモデルである。すでに紀元前450年頃には古代ローマ人が家畜をレンタルしていたという記録がある。古くから存在していたため、このコンセプトはその後もさまざまな用途に展開された。例えば中世には、貴族が土地を農夫に貸し、その対価として収穫の一部を受け取っていた（10分の1税）。この場合の「レンタル費用」はもちろん自主的に支払われたのでなく、統治地域という概念のもと徴収され、社会的身分も小作人は教会や貴族の下に位置づけられた。今日では、レンタルモデルの主要な適用対象は不動産市場である。ドイツ語圏の各国では、共同住宅の半分以上は自己所有でなく賃貸だ。

ビジネスモデルの活用例

　レンタルモデルが登場してから非常に長い時間が経つが、その間にこれを基にしたより新しく革新的なモデルがいくつも創造された。その一例が19世紀の終わりから20世紀の初めにかけて生まれた最初のレンタカー業者である。中でもジョー・サンダース氏はここで語るに値するレンタカー事業のパイオニアだ。1916年に彼が始めたのは、自分のT型フォードをビジネスマン向けに貸し出し、料金として課金した1マイル当たり10セントのお金をメンテナンスコストに充てるという試みだ。起業家としての鋭い感性を備えていたサンダース氏はこのアイデアを元に一大事業を構築できることに気づき、同氏のサンダース・システムカーレンタル・カンパニー社（Saunders System car rental company）は、1925年には全米21の州に支店を持つまでになった。

　レンタルモデルを元にした別のイノベーションはコピー機メーカーのゼロックス社（当時はThe Haloid Photographic Companyという社名であった）によるものだ。同社のゼロックス914型は、発売開始当時の1959年において、乾式複写技術を使った世界最初の商用コピー機であった。それまで1日に15〜20枚しかコピーできなかったものが、突然1日に数千枚をコピーできるようになったのだから、技術的な面では非常に画期的な装置であった。ところが潜在的な顧客層にとって、あまりにも価格が高すぎたため、ゼロックス社は販売する代わりに月額95米ドルでレンタルすることにした。この転換によって、同社の先進的なコピー機の需要が爆発し、数年後にはゼロックス社の生産が需要に追いつかなくなってしまった。後にフォーチュン誌では、これまでに米国で販売された中でもっとも成功した製品としてゼロックス914型の名前を挙げている。

レンタカーモデルの進化

自家用車	レンタカー	カーシェアリング	自家用車の相乗りや個人間の自動車レンタル
○BMW ○ダイムラー ○フォード ○GM 　……	○アラモ ○エイビス ○ヨーロッパカー 　……	○カートゥーゴー ○ドライブナウ ○モビリティ ○ジップカー 　……	○カートゥーゴー　○ドライブマイカー ○ヌーライド　　○リレイライズ ○モビリティ　　○モビリティ ○ジムライド　　○ウィップカー 　……　　　　　……

ブロックバスター社（Blockbuster LLC）は米国のレンタルビデオ会社で、ビデオ以外にDVDやオンライン映画をレンタルしていた。絶頂期には世界17ヵ国で6万名もの従業員を擁していたが、競争の激化と経営判断のミスにより売上は激減し、2010年には倒産してしまった。

1908年まで歴史をさかのぼると、当時スイスのCWSボコ社（CWS-boco）は作業着とクリーニングサービスを提供していたが、作業着については販売とレンタルの両方を行っていた。 言い方を変えると、CWSボコ社は単なる販売を超えた、利便性の高いワンストップサービスを公衆衛生業界向けに提供していたのだが、多くの顧客にとっては作業着を購入するよりもレンタルする方が便利で魅力的であったようだ。

米国を拠点とするフレックスペッツ社（FlexPetz）はペット用品および関連サービスを提供している。賛否両論があったものの、犬を飼う費用や責任を負いたくないという人向けに、同社では短期間の犬のレンタルを行っていた。慎重に事を進めるため、同社では動物の安全確保の観点から、実際にレンタルを行う前に見込み顧客のスクリーニングテストを実施していた。しかしながら、政府の規制と、このサービスが「使い捨てペット」という概念を広めてしまうという懸念の声を受けて、同社はこの事業を中止した。顧客はペットとの時間を過ごすために料金を支払い、企業はそれによって継続的な売上をあげるというのが、当初想定されていたビジネスモデルであった。

レンタルが広く普及している場合には、組み立て、ノウハウ提供、運用支援などの周辺サービスが同時に提供されていることも多い。多くのスキー場ではスキー用具レンタルの人気が高いが、より気軽に、よりシンプルに、そしてより快適に、というのがその背景である。ラクサスベイブ社（Luxusbabe）とレントアフレンド社（RentAFriend）の両社もレンタルモデルを採用しているが、今やデザイナーズブランドの財布を安価にレンタルし、さらには友だちまでもレンタルできてしまうというわけだ。

| 活用の視点 |

このモデルは広く適用可能である。あなたの会社で製品やサービスを販売しているのであれば、販売の代わりにレンタルすることも検討

可能だ。実際にその選択をした場合には、「人はモノを利用したいのであり所有したいわけではない」という最近流行のトレンドに則って事業展開できる。消費財の業界で始まったこのトレンドは、自動車業界ではすでに広まっており、おそらくその他の業界にもすぐに広まっていくものと思われる。

考慮すべき点

- 自社の顧客は本当に製品を所有したいのか、あるいは利用できれば満足なのか?
- 安定したキャッシュフローを生み出すために必要な数量のレンタル用製品を準備する資金をどのように賄うか?
- 自社製品の中で顧客に販売する代わりに貸し出すことが可能なものはどれか?
- レンタルにすることで、自社の顧客にとってどのような価値が生まれるか?

41

Revenue Sharing

レベニューシェア

= ウィンウィンで共存共栄

レベニューシェア

基本パターン

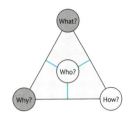

レベニューシェア（Revenue Sharing）は、個人、団体、企業などが協業し、その結果得られた売上を分け合うビジネスモデルである（Why?）。このモデルはインターネットでよく見られるアフィリエイトモデル（ビジネスモデル2参照）と組み合せて利用されることが多い（例：ECサイトの運営者がアフィリエイト広告を通じて顧客を企業サイトに誘導し、顧客のクリック数に応じて企業に支払請求する）。この場合、サイト運営者には収益上のメリットがあり、企業側はアフィリエイトからの送客で顧客ベースを拡大できる（What?）。別の仕組みとして、オンライン上で登録した各個人が協力して目標に取り組み、目標を達成して得られた利益を分け合うものもある。それ以外にも、顧客の作成したコンテンツをインターネット上にアップロードしてもらい、そのコンテンツと一緒に表示されるバナー広告の「表示回数」やリンク広告の「クリック数」から得られる広告収入を分け合うというスキームもある。

レベニューシェアのスキームで企業の顧客ベース拡大につながる戦略提携を促進し、結果的に売上向上や競争力強化につなげることが可能である。また、流通コストを抑えたり、外部の関係者とリスクを分担したりすることにも、レベニューシェアモデルを活用できるかもしれない（Why?）。いずれにしても、レベニューシェアモデルが有効に機能するには、どちらか一方の売上が増加することが必須で、それを相手方と分け合うことで、いわゆるウィンウィンの関係が生まれる。

ビジネスモデルの原点

紀元前810年頃のベニスが商業発展していた時代に、すでにレベニューシェアが利用されていたという史実がある。当時のいわゆるコンメンダでは、パートナー二者間で契約を結び、商品を共同販売していた。コンメンダの契約者は、ベニスに居住し資金を貸し出す商人と、商品を海上輸送する貿易商人からなる。リスクと収益の分配方法は契約で定義され、貸し手は貸し倒れリスクを負い、貿易商人は海上輸送に必要な船や労働力を負担した。事業から利益が生まれた場合、

配当は3:1の割合で貸し手と借り手との間で分配された。

1820年頃にフランス国営保険会社が、従業員への支払いの一部を自社利益に応じて配分するという形で、フランスで初となるレベニューシェアモデルの試験採用を始めた。それに続いて、さまざまな業種の多くの会社が利益分配の採用を始めた。ともに哲学者であるジョン・スチュアート・ミル氏とロバート・ハートマン氏の理論により、利益を分配するという考え方が世に広まった。ハートマン氏の提唱した理論は、レベニューシェアを導入することで、従業員が自分の会社をより身近に感じ会社との一体感が増す効果が得られる、というものである。社員のモチベーションが向上すれば、利益の増加に結びつくというわけだ。

ビジネスモデルの活用例

1994年にジェイソンとマシューのオリム兄弟が創業した**CDナウ社**(CDnow)は、幅広いジャンルのCD、映画、ビデオを音楽ファンに提供するウェブサイト運営会社だ。会社設立の3ヵ月後に2人が開始したウェブ購入プログラム(Buy Web Programme)は、現代で言うところの「アフィリエイト」あるいは「アソシエイト」マーケティングの先駆けである。レコードレーベルや、それより小規模なアーティスト団体が、自分たちの音楽(後にはビデオや映画も)をウェブサイト上で購入できるようにリンクを張ることができた。パートナーがCDナウのサイトにリンクを張ることを促進するために、同社はパートナーとレベニューシェア契約を結び、リンクを通じて購入された製品について、売上の3%をパートナーに支払うことにした。この施策により、同社は多数のパートナーを効率的に集めることができた。

米国の家電メーカーでオンラインサービス事業者でもある**アップル社**も、運営するApp StoreとiTunes Storeの両方にレベニューシェアモデルを適用した。アプリ開発者は自分の開発したアプリをApp Storeにアップロードし、無償もしくは好きな価格で販売する。アップル社による内容確認と承認のプロセスを経たのち、それぞれのアプリはApp Storeに公開され、アップル社がアプリ売上の1/3を得る。同様の原理がiTunes Storeにも適用されており、バンド、アーティストあるいは

レベニューシェア 41

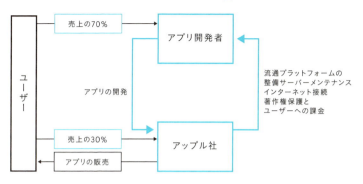

アップル社iTunesとApp Storeのビジネスモデル

レーベルが音楽をアップロードし、ダウンロードされたすべての曲からの売上はアップル社と楽曲の提供者の間で1:2に分配される。アップル社のプラットフォームは、アプリ開発者とアップル社の協業のための広大な空間となり、App Store上のアプリの数と種類は増加した。アップル社にとっては、各アプリの売上に対するコミッション収入を得られるだけでなく、App Store上の膨大な数のアプリが同社のスマートフォン購入者を増やすことにも効果を発揮した。顧客にとっては、スマートフォンそのものだけでなく、多種多様なアプリが使えることも、大きな魅力であるからだ。このスキームは、アップル社と自分の開発したアプリを販売したいアプリ開発者の双方に有益なウィンウィンの関係を生み出した。

2006年にサンフランシスコで設立されたハブページズ社（HubPages）はユーザー生成コンテンツのレベニューシェアを行うウェブサイトである。同サイトがソーシャルプラットフォームの役割を果たし、コンテンツを投稿する「投稿者（Hubber）」が雑誌記事の形式でコンテンツを作成する。同サイトは、ファッション、音楽、芸術、テクノロジーからビジネスまでさまざまな分野をカバーしており、記事だけでなくビデオや写真などの関連コンテンツも同時に投稿することが推奨されている。ハブページズ社は閲覧数ベースで米国トップ50サイトの仲間入りを果たし、レベニューシェアモデルを通じて売上をあげている。ユーザーが投稿したコンテンツのウェブページにはクリックできる広告が設置されており、広告で得られた収入をハブページズ社とユーザーで分け合う。

41 Revenue Sharing

　最近の動向として、多数のサービス事業者やコンサルティング会社が自分たちのサービスに実績ベースの価格体系を導入しようと試みており、その際にレベニューシェアモデルを活用している。顧客にとっては高いコストに伴うリスクが軽減され、一方のコンサルティング会社にとっては顧客との関係を協業パートナーとしての関係に発展させることができる。

活用の視点

　バリューチェーンの細分化、オープン化、相互依存が進むにつれ、レベニューシェアモデルが重要性を持つようになった。業界を問わず、戦略提携を通じたリスク分担にはメリットがあり、B2C、B2Bのどちらにも当てはまる。

考慮すべき点

- 自社のビジネスモデルに適したパートナーはだれか?
- シナジーを生み出すために自社とパートナーの製品の組み合わせをどのように設計すべきか?
- パートナーとの協業シナジーから利益を生み出せるか?
- 収入の分配でもめることがないように、明快なプロセスと仕組みを導入可能か?
- パートナー提携による自社ブランドへの波及効果はプラスに働くか、あるいはマイナスか?

42

Reverse Engineering

リバースエンジニアリング

= 競合から学ぶ

基本パターン

リバースエンジニアリング（Reverse Engineering）のビジネスモデルでは、既存の技術や競合製品を分析して得られた情報をもとに類似製品あるいは互換製品を開発する（How?）。必要な研究開発投資が少なくて済むため、市場の

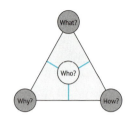

同等製品と比べ低価格で製品を提供できる（Why?）。リバースエンジニアリングの対象は製品やサービスに限らず、例えばビジネスモデル全体にも適用できる。その場合には、競合他社のバリューチェーンを分析し、バリューチェーンの原理を自社事業で利用する。

このような模倣のメリットは、不要な機能を取り除き、高価な部品を低価格なものに置き換え、完成度の高い製品をオリジナル製品より低価格で販売することで新たな顧客層を開拓できることである。また、先行企業の失敗や経験から学習できるため、オリジナル製品と同程度に優れた製品になることが多い（What?）。主な狙いは「先行者利益」の獲得でなく、既存製品の最適化にある。

このような模倣品は、オリジナルの発案者や開発者の知的財産権を侵害する可能性があるため、特許やライセンスの状況を完全に把握し、法的に確実に問題のない範囲に留まるようにし、時間とお金の無駄になる訴訟を避けることが重要である（How?）。特許期限に目を光らせることも重要なポイントである。なぜなら特許権者が期限切れの特許を根拠に、模倣品メーカーを攻撃することはできないからだ。

ビジネスモデルの原点

初期のリバースエンジニアリングは主に軍事用途で利用された。正確を期するならば第一次世界大戦から第二次世界大戦にかけて初めて利用された。当時、技術は急激に進歩していたため、敵軍の武装と輸送システムを理解することは戦略的に重要であった。リバースエンジニアリングは敵から奪取した、あるいは盗んだ装備から情報を得て自軍で活用するために頻繁に実施された。第二次世界大戦後、ドイツ民主共和国すなわち東ドイツの研究者たちは、同様の手法でコン

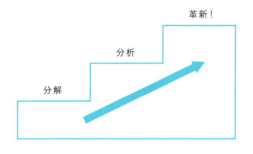

リバースエンジニアリングのビジネスモデル概念図

ピューターやハードウェア技術をコピーしたり再構築したりしようとした。

　自動車業界では、高品質な車を作るノウハウを習得するために、トヨタや日産といった日本メーカーが欧米の車を購入して、系統立った分析を行った。それぞれの車は分解され、ひとつひとつの部品の機能、構造、および特性が分析された。1970年代から80年代にかけて、日本の自動車業界はこのようにして欧米企業の模倣を始めたのだ。学び、そして改良することは、もともと日本文化の特性の一部であり、またカイゼンやQC（品質サークル）といった系統立てた手法を利用したため、トヨタや他の各社は、やがて欧米企業を追い越してしまった。

ビジネスモデルの活用例

　画期的なリバースエンジニアリングの事例は、中国の自動車業界に多く見られる。しばらく前までは、中国で提供されていた自動車は数ブランドのみであった。ところが今日では自動車業界は二桁成長を遂げ、100を優に超える車種が提供されているが、それらの多くは欧米のアウディ社（Audi）、メルセデス・ベンツ社（Mercedes-Benz）、あるいはシュコダ社（Skoda）といったメーカーのモデルと驚くほど似ている。華晨汽車（Brilliance China Auto）は、明確なリバースエンジニアリングの利用事例である。この中国の自動車メーカーは、初めはBMW社とのジョイントベンチャーで自動車を生産していたが、しばらくして自社独自で生産を始めた。そのデザインは明らかに同社パートナーBMW社から着想を得たものであり、BMW社から得た仕様情報に基づい

て特定の部品や技術を再構築している。この戦略は中国メーカーにとって非常に効率的で、自社の自動車を非常に魅力的で競争力ある価格で販売できる。研究開発コストを最小限に抑えることで、華晨汽車はオリジナルのブランドに比べて相当低い原価でコピー車を製造できている。

ペリカン社（Pelikan）はスイスの文具メーカーで、万年筆、ボールペン、紙、画材、プリンター用品、オフィス用品を製造している。同社はプリンター用品にリバースエンジニアリングのコンセプトを活用した。1990年代の初めに、有名ブランドのプリンターインクカートリッジの模倣品を製造し、非常に競争力のある価格で販売を始めたのだ。ペリカン社は大きな研究開発コストをかける必要がなく、また低価格で販売されるプリンター本体への投資費用の穴埋めをする必要もないため、このような低価格販売が可能となった。カートリッジの品質は正規ブランド品と遜色がないことから顧客には魅力的なオプションとなり、ペリカン社は収益拡大に成功した。

デナー社（Denner）はスイスのスーパーマーケットチェーンで、さまざまなディスカウント商品を店舗で販売している。自社の食料品や製品を販売するのに加え、デナー社ではネスプレッソマシン互換のコーヒーカプセルの販売を始めた。同社のカプセルはネスプレッソのオリジナル品に比べて低価格であるため、より広い顧客層にアピールした。具体的な方法としては、デナー社はリバースエンジニアリングの手法でネスプレッソのカプセルを分析すると、カプセルを再設計し、さまざまな種類のコーヒーを商品化した。そして同社の各店舗で、このカプセルをオリジナルのネスプレッソカプセルよりも低価格で販売したのだ。ネスプレッソの独自流通システムの制限を受けることもなく、自社のディスカウントチェーン店舗を通じて幅広い顧客層にカプセルを販売できたため、この施策で同社の売上は大幅に増加した。

活用の視点

自動車、製薬、ソフトウェア業界の各社はこのモデルを頻繁に利用している。リバースエンジニアリングの魅力と多大なメリットは明らかである。研究開発に要するコストと時間の節約になり、すでに市場で実

績のある製品からノウハウを獲得でき、オリジナルのメーカーや設計図がもはや存在しない製品の再構築もできる。リバースエンジニアリング手法の適用拡大の背景には、3Dスキャンや3Dプリンターの活用がある。

考慮すべき点

- 自社業界の成功事例や他業界の先進事例からなにを学べるか？
- 競合他社の製品を合法的に入手する手段はあるか？
- 自社がもっとも学習できるのはどの部分か？
- どうすれば業界リーダーから製品機能やコスト水準についての情報を得ることができるか？
- 自社のリバースエンジニアリング手法が世間の非難を浴びた場合、どのように対処するか？
- リバースエンジニアリングにおいてしばしば直面する、扱いに注意を要する法的なグレーゾーンをうまくさばけるか？
- 自社が学んだことを自社製品や自社事業に当てはめ、実際に導入するにはどうすればよいか？

43

Reverse Innovation

リバースイノベーション

= 発展途上国から先進国へ

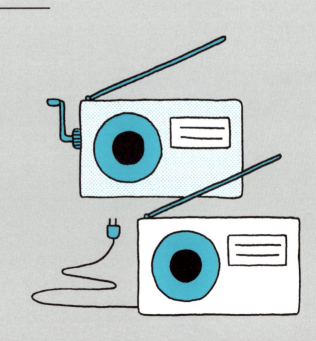

基本パターン

リバースイノベーション（Reverse Innovation）のビジネスモデルでは、最初の商品企画を発展途上国向けに行い、そのうえで先進国向けに再度パッケージングして低コストで販売する（How?）。例えば充電バッテリー式の医療機器や電気自動車は、当初は発展途上国向けに設計されたものである。発展途上国や新興国、あるいは低所得国向けに製品開発を行う際には、極めて低価格であることが大前提となる。その国の顧客が購入できるように、原価を高所得国向け製品の数分の一に抑えなければならない。同時に、先進国の基準を満たすような機能性を求められることは言うまでもない。

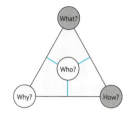

そのような過酷な環境下でビジネスを行うことで完全に新たな視点から課題の克服を図るソリューションが生まれることも多く、それは先進国の顧客に対しても高い価値をもたらす（What?）。過去においては、欧米の研究所が新製品を開発し、新興国や低所得国には後になって（「グローカリゼーション」を通じて）提供されることが一般的であった（訳注：グローカリゼーションはグローバリゼーションとローカリゼーションの複合語で、世界各地のルールや状況に適合させた製品の提供を意味する）。リバースイノベーションでは考え方を逆転させ、新興経済圏や低所得の諸国に向けた新製品開発を行った後で、先進国市場を含めた全世界向けの商用化を行う（How?）。このやり方は従来のいくつかの経済理論に相反するもので、例えば1960年代のバーノン氏の製品ライフサイクル理論における、製品は知識と資金が集中している高所得国で開発され、低コスト国で生産されるべき、といった考え方にはそぐわない（出典：1966年、レイモンド・バーノン氏）。

ビジネスモデルの原点

リバースイノベーションが誕生したのは1990年代で、かつて低所得国であったインドや中国などの多くの新興国が魅力的な市場に変貌を遂げた頃である。その頃これらの国々にさまざまな多国籍企業が研究

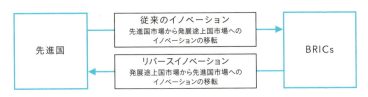

リバースイノベーションのビジネスモデル概念図

開発部門を設置し、現地消費者向けに新機軸製品の提供を始めていたが、多くの多国籍企業が驚いたのは、それらの新規製品が先進国市場でも同様によく売れたことであった。リバースイノベーションのビジネスモデルはこのようにして生まれた。

　米国を拠点とする多国籍コングロマリットのGE社はリバースイノベーションのパイオニア企業として広く知られている。2007年に同社はインドおよび中国市場向けにポータブル心電図(ECG)を開発したが、それは標準的なラップトップPCに接続して利用できる装置で、装置の価格は従来型の超音波を使った検査装置の10分の1程度であった。製品を販売開始して数年後、既存装置の低価格な代替品として、GE社がこの製品をフランス、ドイツ、米国といった先進国に持ち込んだところ非常によく売れた。

ビジネスモデルの活用例

　GE社以外にも多くの会社がリバースイノベーションを活用している。フィンランドの通信機メーカーのノキア社はリバースイノベーションのコンセプトを活用して2003年に同社ブランドの携帯電話Nokia1100を開発した。この低価格な携帯電話はインドの奥地向けに設計されており、カラースクリーンやカメラのような高価な機能はすべて取り除かれ、逆にトーチライト、アラーム時計、滑りにくい筐体といったインド奥地で実際に必要とされる機能が追加された。Nokia1100はインド市場で成功しただけでなく、先進国でも人気機種となった。それは、余計な機能のないシンプルな携帯電話を求めている先進国の顧客層のニーズにマッチしたからだ。Nokia1100はまるで屋台でスナックでも売るように世界中で爆発的に売れ、2億5,000万台を超す販売数で世界トッ

プの家電製品となった。

ダチア・ロガン（Dacia Logan）はリバースイノベーションの別の好事例だ。フランスの自動車メーカーのルノー社（Renault）は、この低価格車を東欧、特にルーマニアの低所得顧客層をターゲットに設計、開発し、5,000ユーロという破格の値段で売り出した。この車にはコストを削減するための設計や生産技術が採用されており、労働集約的な組み立て作業は労働単価の安い国で行われた。ルーマニアでの成功を受けて、ダチア・ロガンは先進国市場にも投入され、ルノー社は最終的に同車種の全売上の3分の2を先進国で稼ぎ、2006年の発売開始以降、20万台以上を販売した。

中国の電機メーカーのハイアール社（Haier）はリバースイノベーションモデルを小型洗濯機に適用した。この洗濯機はもともと中国の田舎だけで限定的に販売されていたが、1990年代の終わり頃、ハイアール社は大型で高価な洗濯機の代替品としてこの低価格な小型洗濯機をMini Magical Childというブランドで販売開始した。中国での少なからぬ成功を受け、同モデルを少し改良して世界市場向けに売り出したところ大成功を収め、Mini Magical Childは世界68ヵ国で200万台以上の販売実績をあげた。

中国市場向けに設計された製品を他の市場に適用させる際に、企業側で市場セグメントのイノベーションが必要になる場合が多い。例えば、中国市場向けに医療技術関連製品を開発する場合には機能数を絞り込み、かつ機能を単純化することが多い。このように基本的な機能だけを提供する製品をフルーガル（簡素な）製品と呼ぶ。シーメンス社（Siemens）では中国向けの製品設計用にSMARTの原則を制定した。SMARTとは、単純で（Simple）、手離れよく（Maintenance-free）、手頃で（Affordable）、壊れにくく（Reliable）、今の市場ニーズに合った（Timely）製品を意味する。前述のように中国の顧客を念頭に開発した製品を先進国で販売する際には、新たな市場セグメントや市場ドメインを開拓することになる。例えば、従来品に比べて格段に安い超音波診断装置であれば、もはや病院内だけの使用でなく、外部に持ち出して使用する可能性が生まれる。劇的なコスト削減は、同一の製品に対する新たな用途や市場セグメントを生み出すのだ。

活用の視点

　リバースイノベーションは比較的新しい戦略である。もしあなたの会社が優れた研究開発能力やイノベーション機能を持ち、かつインドや中国といった新興国を拠点としているのであれば、このパターンを適用すると面白いかもしれない。また、高所得経済圏を拠点とし、しかも業界全体にコスト低減への大きな圧力が生まれている状況であれば、その場合にもリバースイノベーションが有効に機能する可能性がある。これまでのところ特に医療技術関連で多くのリバースイノベーションの事例が見られるが、その他の業界にも間違いなくその流れが生じつつある。

考慮すべき点

- 新興国において十分強力な研究開発能力やイノベーション能力を保有しているか？
- 自社の知的財産を適切に防御することが可能か？
- 中国やインドにおける技術漏洩をどのように防ぐか？
- フルーガル製品を開発した場合、それを高所得経済圏に持ち込んで販売する能力があるか？
- 欧米に見られるNIH症候群（「中国で企画開発された製品は欧州でまったく売れない」こと）への対処方法を検討済みか？
- フルーガル製品を高所得経済圏に持ち込む際に必ず直面する市場の差異への対策や新規市場セグメントの可能性については検討済みか？

44

Robin Hood

ロビンフッド

= 金持ちから奪い貧困層に与える

基本パターン

このビジネスモデルに、ロビンフッド (Robin Hood) 以上にピッタリはまる名前を見つけるのは難しい。というのもこのモデルでは、製品やサービスを「貧困層」よりもずっと高い価格で「金持ち」に売るからだ。利益の大半は金持ちの顧客

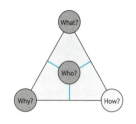

層から稼ぎ出す。貧困層に低価格でサービスをしても直接の利益は生まないが、他社には実現できない規模の経済を作り出せる (Who?)。加えて、貧困層に便宜を図ることは企業イメージの向上にもつながる。

ロビンフッドの価値観を踏襲する企業は、富裕層からの支払いで貧困層を支援する。その目標は、通常であれば貧困層には手が届かない製品やサービスを貧困層にも買えるようにすることだ (What?)。具体的な方法としては、富裕層から稼いだ売上を貧困層への製品やサービス提供費用として補填することで、貧困層に対して格安あるいは無償で製品やサービスを提供できるようにする (What?)。そうすることで貧困層には支援となり、富裕層は良心が満たされる (What?)。企業にとってのメリットは、ロビンフッド的な価値観の実践者として企業イメージを強化できることだ (Why?)。

ビジネスモデルの原点

ロビンフッドの話は欧州に中世からあったが、ビジネスモデルとして世に現れたのは1970年代である。その発展を促進したのは、「企業の社会的責任 (CSR)」への意識の高まりである。インドのアラビンド眼科病院は、これを実践した初期のパイオニアだ。失明をくい止める医療施術をインドの一般大衆に提供するために、1976年に医師のゴヴィンダッパ・ヴェンカタスワミ博士がこの病院を開設した。失明の60%以上は白内障が原因であり、手術によって治療可能である。ところが不幸にも、この手術の費用はインドの一般大衆にとって高すぎた。この不公平に立ち向かうためにヴェンカタスワミ氏はあるビジネスモデルを生み出した。それは、裕福な患者は手術費用を全額支払い、金銭的に恵まれない患者は支払える額だけを支払うというもので、ときには

支払いがゼロという場合もある。裕福な患者から得た収入を利用して、金銭的に恵まれない患者の治療費を賄うことが基本構想だ。また、貧困層の患者数は多く、病院の稼働率が上がるため、規模の経済が生まれる。このビジネスモデルが成功したのは感嘆に値する。アラビンド眼科病院の患者の3分の2が無償で治療を受けているにもかかわらず、病院全体としては毎年利益をあげており、創設から40年足らずで200万回以上の手術実績がある。

ビジネスモデルの活用例

それ以降も多くの会社がロビンフッドモデルを使ってビジネスモデルイノベーションを実施した。その中のひとつにカリフォルニア州サンタモニカを拠点とするトムズシューズ社（TOMS Shoes）がある。同社を2006年に設立したブレイク・マイコスキー氏は、南米を旅行中に現地の人たちの多くが靴を履いておらず、履いていたとしても粗悪な靴しかなかったことに非常にショックを受けた。靴が適切に普及していないことから、現地の人の間では象皮病（苔状足病）など、裸足であることが原因で引き起こされる足の疾患が多発していた。マイコスキー氏はこのような状況を解消したいと、トムズシューズ社を設立した。同社では「ワンフォーワン」ポリシーを実践し、靴が1足売れるごとに、非営利の関連会社であるフレンズオブトムズ社（Friends of TOMS）を通して貧困にあえぐ人に1足の靴を寄付している。同社はアルゼンチンの伝統的なアルパガータのデザインの靴を先進国に販売することで売上をあげているが、ワンフォーワン施策の費用を賄うため、1足50～100米ドルで販売している。この金額は靴の製造コストのおよそ2倍に相当するが、顧客は金額の上乗せ分を気にしていない様子だ。トムズシューズ社が設立されて4年後の時点で、すでに同社の靴の販売実績は世界25ヵ国で合計100万足を超えた。同様の施策を洋服や眼鏡にも拡張することで、同社の売上はさらに増加した。

ワン・ラップトップ・パー・チャイルド（One Laptop per Child、以下OLPC）は、ロビンフッドの別の成功事例である。2005年に設立されたOLPCはマイアミを拠点とする非営利組織であるが、発展途上国の子どもたちに安価なラップトップPC XO-1を教育目的で提供している。

同組織はマサチューセッツ工科大学教授ニコラス・ネグロポンテ氏の教育研究プロジェクトの成果が発展して生まれたものであり、低所得国の子どもたちに最新のコミュニケーションツールを提供し、最新の知識や情報へのアクセス手段を与えることで、よりよい将来を実現する助けにしようというのが狙いである。XO-1ラップトップはOLPC事業の中核であり、その製造原価はたった100米ドルで、低所得国の学校での利用を想定した仕様で開発・製造されている。ラップトップを世界中に迅速に行き渡らせるため、OLPCはギブワンゲットワン制度として、トムズシューズ社と同じビジネスモデルを採用している。米国やカナダで消費者が399米ドル(および配送料)を寄付すると、自分用のXO-1ラップトップを1台受け取ることができ、ほぼ同じものが発展途上国の子どもたちにも提供される。なお最近では、OLPCは先進国の消費者への販売よりも、寄付金の募集に注力している。

ワービーパーカー社(Warby Parker)は米国の眼鏡ブランドで、医療機関での処方に基づく眼鏡とサングラスを販売している。同社はロビンフッドのビジネスモデルを採用して、高品質の眼鏡を顧客に販売しつつ、貧困にあえぎ援助を必要とする人々に眼鏡を提供する支援をしている。同社では、先進国で眼鏡がひとつ売れるごとに、売上の一定割合をビジョンスプリング(VisionSpring)のような非営利の提携団体に寄付している。ワービーパーカー社の提携先は、発展途上国における就業教育や生産活動も支援している。オンライン上のネット企業であるワービーパーカー社は、業務の無駄を削減することや小売店を省くことで眼鏡の低価格化を実現し、同社の売上と提携先への寄付金はともに増加している。

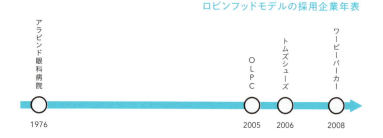

ロビンフッドモデルの採用企業年表

活用の視点

ロビンフッドのモデルは、自社事業の主力市場に確固たる顧客基盤があり、さらに自社の製品あるいはその簡易版を低所得者層に提供するために一部のリソースを配分しても採算が合う場合にうまく機能する。ロビンフッドモデルの主な狙いはふたつあり、ひとつは自社の評判を上げること、もうひとつは将来の売上を獲得するための重要な戦略として活用することである。今日のほとんどの企業にとって、将来の成長市場は現時点での低所得国であると想定でき、例えば2025年には18億人以上の人々がグローバル消費者層の一部となるとの報告もある（出典：McKinsey Global Institute、2012年）。ロビンフッドモデルにより、現時点における低所得顧客との間に強力かつ長期的な関係性を構築可能であり、将来的にこの顧客層がグローバル消費者層の一部になった際には、この関係性が重要な競合優位性になり得る。

考慮すべき点

- 低所得顧客向けに自社の製品やサービスを供与できるか？
- どうすれば、自社にとって確実かつ安定的に市場をセグメント分けできるか？
- 自社が低所得者層向けに提供する製品をほかの収益で補填したり、あるいは製品の原価を抑えるために既存製品を手直ししたりできるか？

45

Self-service

セルフサービス

= 顧客自身に働いてもらう

基本パターン

セルフサービス（Self-service）のビジネスモデルでは、価格を下げる代わりに製品やサービスの価値創造の一部を顧客に肩代わりしてもらう（How?）。特に適しているのは、コストがかかる割に顧客からはあまり価値を認められないプロセ

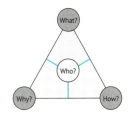

スだ。低価格であることに加え、セルフサービスは顧客にとって時間の節約につながることが多い（What?）。作業内容によっては顧客が行った方が迅速かつピンポイントに実施できるものもあり、その場合にはセルフサービスの結果として効率が向上することすらある。一般的な適用シーンとしては、自分で棚から品物を取ったり、自分でプロジェクトの計画を立てたり、あるいは製品やサービスの支払を自動販売機などで済ませるといったものがある。セルフサービス型のビジネスは大きなコスト削減の可能性を秘めており、多数の人員が不要になる場合もある（Why?）。

ビジネスモデルの原点

セルフサービスのビジネスモデルは米国が起源であり、20世紀の初めにセルフサービス店という形態が確立された。それまで顧客はいつも「個人商店」の店先で接客されていたが、今や自分で走り回って食料品を棚から持ってこなければならなくなった。セルフサービスの概念は、産業化に伴って生産性向上への要求が高まる中で発展を遂げた。イライラした顧客が我慢できず、商品を棚から降ろす作業を自ら手伝い始めたことがセルフサービスの始まりであったという説もある。時が経つにつれてセルフサービス店舗は北米以外でも珍しいものではなくなったが、欧州の中ではスウェーデンやドイツで早くから導入された。スウェーデンでは1930年代に、ドイツでは第二次世界大戦後にセルフサービス店舗が開設された。

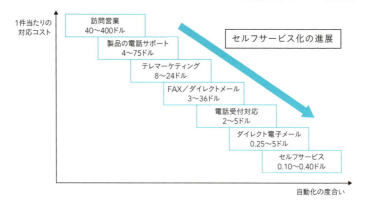

ビジネスモデルの活用例

　セルフサービスモデルは、その高い効率性が認められて小売り以外の産業にも拡がっていった。ここでスウェーデンの家具会社イケア社の話をしないのは職務怠慢であろう。イケア社は簡単に組み立てられるように設計された家具、家電製品、家庭用インテリア製品のメーカーである。イケア社の顧客は、自分で組み立てる商品の組立キット（ベッド、椅子、テーブルなど）を購入し、商品を自分で自宅に持ち帰ることにより、イケア社の価値創造プロセスの一部に組み込まれている。イケア社では販売フロアに商品がディスプレイされており、顧客は商品を見て購入を検討できる。商品の購入を決めた顧客は下の階の倉庫に移動し、独自の「フラットパック」方式でコンパクトに梱包されたセルフ組立キットを受け取る。イケア社では、このようにセルフサービスを適用して流通コストや製造コストを大幅に削減し、自社商品を非常に競争力のある価格で販売することで高い売上を実現している。フラットパック化された商品は、通常の家具に比べて圧倒的に省スペースであるため、商品在庫コストも従来の家具メーカーに比べてずっと低い。今日ではイケア社のビジネスモデルは圧倒的な支持を得ているが、同社は70年以上も前に家具業界を革新したのだ。

　セルフサービス型ビジネスモデルのもっとも有名な成功例のひとつは、ファストフード店のマクドナルド社である。セルフサービスの概念が

同社事業の根幹であり、それと同時に同社は世界最大規模のフランチャイズ組織でもある。マクドナルド社はハンバーガー、チーズバーガー、チキン、フライドポテト、朝食、ソフトドリンク、デザートの標準メニューを、世界119ヵ国の同社フランチャイズ店および直営店で提供している。多くの店舗では顧客はカウンターにいる店員に食事を注文し、即座に食べ物を受け取り、そして席に移動する。お店には顧客を接客するスタッフはいない。店舗によってはドライブスルーやウォークスルーといった別のセルフサービス方式の店舗もある。マクドナルド社は、低価格なファストフードの提供という中核サービスに集中し、接客スタッフの廃止と無駄の排除によるコスト削減を図ることで、顧客数と利益を向上させている。

　セルフサービスの概念はパン屋にも適用されている。バックベルク（BackWerk）はドイツで初めてのセルフサービス型ベーカリーだ。バックベルクでは、昔ながらの方式でカウンターの店員に頼むのでなく、ガラスで覆われたディスプレイケースに並んだざまざまな種類のパンを見て回り、欲しいものを自分で選ぶ。選んだパンを挟んでトレイに取るためのトングが用意されており、そのままPOSレジに進んで会計をする。価値創造プロセスの一部を顧客に肩代わりしてもらうことで、会社側は本当に必要なサービス（会計など）だけを提供すればよく、大幅な人件費の削減になった。この方法で同社は、従来型の競合店に比べて30〜45％も安く商品を提供できるようになった。バックベルクはこのビジネスモデルで大きな成功を収め、店舗数は285店舗まで拡大した。

　さらに、ホテル業界でもセルフサービスが活用されている。フランスのホテルグループのアコーホテルズ社（Accorhotels）は、グループ内のアイビス・バジェット・ホテル（ibis budget hotel）にセルフサービスのコンセプトを適用した。同ホテルは、効率のよいセルフサービス型の機器を使って従業員数を抑え、宿泊料金を下げることに成功した。例えばホテルに到着した宿泊客は受付カウンターでチェックインをする代わりに、入り口近くに設置された自動販売機のようなチェックインステーションで部屋を選択する。支払いと鍵の受け取りもこのチェックインステーションで行い、自分で部屋まで荷物を運ぶ。ビジネスコーナー（セルフサービスのプリンター、FAX、Wi-Fi設備）、朝食、飲み物、新聞などの各種サービスも同じようなセルフサービス方式だ。このビジネスモデルのおかげ

でアコーホテルズ社は競合ホテルより低い人件費で運営可能になり、宿泊料を下げて多くの宿泊客を集客できるようになった。2013年現在、アイビス・バジェット・ホテルはフランスを中心に世界12ヵ国、600ヵ所で運営されている。

活用の視点

　価格が安くなるならば自分で作業をしてもよいと考えている顧客にはセルフサービスモデルが有効である。また、製造プロセスにDIY的な要素が加わることで顧客にとって魅力が向上する場合にも有効であり、例えば顧客自身がデザインするTシャツなどが該当する。セルフサービスをうまく導入するには、顧客の視点に立ってセルフサービスモデルの可能性を分析することが必須である。

考慮すべき点

- セルフサービスを提供する競合に対して、自社をどのようにポジショニングすべきか？
- セルフサービスの価格をどう設定すべきか？
- 現行のビジネスで自社が提供している価値は、顧客の期待値に合致しているか？
- 顧客が実施する作業に対して、顧客は前向きな印象を持つだろうか？
- 顧客が実施する作業から失敗を撲滅するには、どのようにすればよいか？

46

Shop in Shop

店舗内出店

= おんぶ競争

基本パターン

店舗内出店(Shop in Shop)のビジネスモデルでは、小売業者やサービス事業者が大型店舗の一部を間借りして、独立店舗を運営する(How?)。一般的に、店舗内に間借りする出展者は販売する商品を自由に決めてよく、販売ス

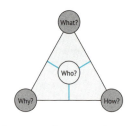

ペースも独自にデザインできるので、自社ブランドの商品を販売するうえで特に不都合は生じない。また、貸し手側の店舗と出店者の商品やサービスの間にシナジーが生まれ、お互いの価値が向上してウィンウィンの関係がもたらされることも多い。貸し手のメリットは出店者の商品やサービスによる集客効果と家賃収入であり、出店者のメリットは自前で出店する場合に比べて少ない家賃や人件費で、人通りの多いショッピングエリアに自社ブランドを露出できることだ(What?)。他社のスペースを間借りする方が独自店舗を作るよりも安上がりで自由度も高く、もちろん自前では簡単に出店できない一等地に出店できる可能性がある点も魅力だ(Why?)。

出店者が貸し手の店舗の常連客を対象顧客とするのは当然だが、貸し手にもメリットは多い。例えば、顧客に提供可能な商品やサービスの拡大による店舗全体の付加価値向上と顧客のロイヤルティ向上(What?)、家賃収入、および出店者の製品ラインは自社で在庫する必要がないので運転資金を圧縮可能(How?)、といったことである。店舗内出店モデルの大型店舗では顧客向けにさまざまな製品やサービスを提供しており、別々の店舗で買った商品をまとめて支払うことができる場合もある(What?)。また、店舗内出店の協業契約にはさまざまな形態があり、一般的な賃貸契約から画期的なフランチャイズ契約まで多岐にわたる。

ビジネスモデルの原点

このビジネスモデルの登場は古代ローマまでさかのぼり、さまざまな店舗がトラヤヌス市場に出店していたのが原点である。近代では20世紀の初めに米国で、ショッピングモールにさまざまな小売店が出店

店舗内出店

店舗内出店モデルのイメージ図

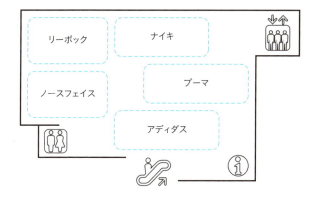

するという形態で、店舗内出店が広く普及した。その後に専門店がほかの店舗の一部を間借りして独自の販売スペースを運営することが一般的になり、店舗内出店がビジネスモデルとして確立された。

ビジネスモデルの活用例

　工具メーカーのボッシュ社は、店舗内出店のイノベーターとしてもよく知られている。ドイツのエンジニアリング会社であり電機メーカーでもある同社は、建設資材、電動工具、日曜大工用の工具など工業製品を製造している。1990年代後半に、数多くの「無名な」競合他社が次々と市場に参入し、その無名な競合他社の安い代替品に工具店の顧客が流れていることにボッシュ社は気づいた。ほとんどの顧客は、自分に必要な製品を正しく選択する予備知識を持たずに工具店を訪れるため、圧倒的な価格差のある高価なブランド品を検討対象から外していたのだ。しかしながら、ツールの特徴を正しく理解したいという声もほとんどの顧客から上がっており、各種ツールの詳細情報を店舗で提供してほしいという要望も多数あった。これが、ボッシュ社のような有名ブランド企業が店舗内出店を始めた理由である。今やボッシュ社は、工具店や量販店の自社専用エリアにブランドデザインやレイアウトを施し、棚には特別な販促物を用意して、販売活動を行っている。顧客は店頭でボッシュ製品についての詳細情報を入手し、その場で

個別相談を受けられる。店舗内店舗を活用してボッシュ社は「無名な」競合他社に対して自社を有利にポジショニングし、顧客はボッシュ社のスタッフから専門的な製品説明を受けられる。上記2点の両方が功を奏し、利益にも、また顧客が製品を適切に選択できるようになったという意味でもよい影響を及ぼした。店舗スペースの貸し手にとっては、追加の賃貸収入と、店舗内出店者であるボッシュが生み出す付加価値がメリットである。

ドイツの郵便事業会社のドイツ・ポスト社（Deutsche Post）も店舗内出店の概念を活用している。多数の郵便局の維持費はかなりの負担になる。宅配便サービスや運送サービスの急成長に加え、とどまることのない電子メールの利用拡大が重大な脅威となり、郵便局の維持が非現実的であることも多い。このような状況を受け、ドイツ・ポスト社は多数のスーパーマーケットやショッピングセンターに専用カウンターを設置し始めた。それらのカウンターで小包や手紙を郵送したり受け取ったりできるため、顧客はあちこちの施設で郵便サービスを受けられるようになった。提携先の店舗や施設への店舗内出店型カウンター設置により、ドイツ・ポスト社はサービス対象エリアや利用時間を拡大し、利便性の高い店舗内店舗を通じて顧客基盤と売上の拡大に成功した。

カナダのレストランチェーンのティム・ハートンズ社（Tim Hortons）はコーヒーとドーナツの専門店としてスタートしたが、今ではスイーツ、ベーグル、ケーキなどさまざまな商品を提供している。ティム・ハートンズ社はカナダ最大のファストフードチェーンで、国内に1,000店舗以上の系列店を持ち、海外にも出店している。一般的な出店形態のほか、空港、病院、大学などの施設内にも出店し、各施設内の人通りの多い場所に自社ブランドの小型店を多数出店することで、顧客利便性と高い認知度を実現している。ティム・ハートンズ社は、店舗内出店モデルの活用と他社や外部団体との協業により、小型店を大量出店することで独立店舗を持つ場合に比べコストを削減している。これらの施策を通じて同社はカバーエリアと顧客層を拡大し、より大きな売上と利益を実現している。

ドイツのコーヒー小売店のチボー社も店舗内出店モデルを活用している。同社のチェーン店舗やカフェでは、一般的なコーヒー関連商品

の販売に加え、消費者向けに幅広い商品やサービスを提供している。取り扱いは、衣料品、電子機器、家庭用品、携帯電話の契約申込、旅行の保険など多岐にわたる。チボー社の店舗の多くは、スーパーマーケットやその他小売店内の専用エリアに小型店舗として出店している。同社はこれら専用スペースを借りるのに独自の有利な契約を締結しており、その結果、低コストで小型店舗を出店できるというメリットを享受しつつ、圧倒的なブランドの確立と展開地域の拡大を実現している。

活用の視点

もし自社商品の販売に流通業者や中間業者を使っているのであれば、店舗内出店を検討する価値がある。このモデルを使うことで顧客のブランド認知が増し、自社と顧客とのつながりがより密接になる。自社ソリューションに対する顧客のフィードバックを直接確かめることもできる。

考慮すべき点

- 自社の販売チャネルを利用して露出を高められるか?
- 自社ブランドやソリューションに対する顧客の認知度を高めるにはどうしたらよいか?
- 売り込むために、どのようなチャネルやプラットフォームを利用すべきか?
- 自社の取り組み、ブランド、能力にぴったりの提携先はどこか?

47

Solution Provider

ソリューションプロバイダー

= ワンストップショッピング

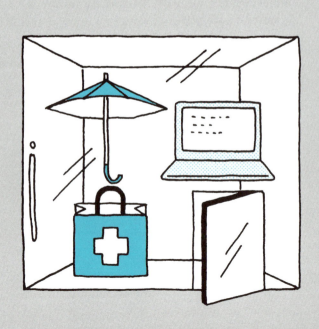

基本パターン

ソリューションプロバイダー（Solution Provider）は特定分野の製品やサービスを網羅的に取り扱い、必要なものすべてを一元的に提供する（What?）。典型的な例としては、個別の顧客の要望に合わせてサービスやコンサルティングを

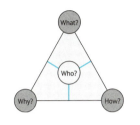

提供するとともに必要なサプライ品や交換用部品なども供給する。目標は、顧客業務の特定分野においてオールインワンパッケージを提供することである。顧客は自社事業の主要業務に集中することで、高い成果を上げることができる（What?）。このモデルは、特定の業務分野を完全にアウトソースしたいと考えている顧客には最適であり、対象分野の例としてはインターネットサービスプロバイダー（ISP）のウェブサービスや、運輸会社の国際輸送業務などがある。ソリューションプロバイダー側の主なメリットは顧客との間に緊密な関係を構築できることだ（Why?）。

ソリューションプロバイダー企業あるいはその製品やサービスは一元的な窓口として機能することが多く、各種情報やトレーニングの提供を通じて顧客の課題を解決し、効率性の向上や成果の向上に貢献する（How?）。フルサービスのソリューションプロバイダーになれば、新たな切り口のソリューションでサービスの幅を広げ自社の売上を拡大できる。顧客ニーズや商慣習の本質を見抜くことで、提供している製品やサービスを改善することも可能だ。

ビジネスモデルの原点

理論的にはソリューションプロバイダーの概念は考え得るすべての分野に適用可能だが、その源流は機械製造業界だ。なぜならこの業界は景気循環による浮き沈みが激しく、ほとんどの企業は単なる製品販売以外の部分で安定した売上をあげる必要があるからだ。ハイデルベルグ・プリンティング・マシーンズ社（Heidelberg Printing Machines）は格好の事例である。1990年代後半からの15年間で同社は目覚ましい変革を遂げ、従来型の印刷機メーカーからトータルソリューションプロバイダーになった。今や同社は単に機械を販売するのでなく、印刷

物の発行に関する全プロセスを提供している。具体的には印刷機の販売に加えて分析やコンサルティングサービスを提供し、顧客の印刷に関する業務効率向上を支援する。同社はシートフィードオフセット印刷機のグローバルリーダーであり、過去には売上の80%を機械の販売で得ていた。今日では機械の販売による売上は60%まで減り、残りの40%はサービス事業によるものだ。

ビジネスモデルの活用例

近年ソリューションプロバイダーのビジネスモデルは人気を増している。単純なリネン製造からスタートしたランタル・テキスタイル社（Lantal Textiles）は、今や世界各国の航空会社、バス会社、鉄道会社およびクルーズ運営会社向けに織物全般の製造、販売、サービス提供をしている。CEOのウルス・リッケンバーガー氏の説明によると、絶え間ない変革を経て、ランタル・テキスタイル社は美しい布地を製造する織物会社から顧客向けのソリューションを設計・実施するトータルソリューションプロバイダーへと変わった。個別の製品を提供するのでなく、サービスポートフォリオに新たなサービスを加えることで交通・輸送業界や観光業界に向けたトータルソリューションを提供している。顧客企業はランタル・テキスタイル社1社から、イノベーション開発、健康や安全性の考慮、輸送、保管、製品の更新や保守までを含むインテリアデザイン業務全般のサービスを受けることができる。このような総合サービスはビジネスサイクルの影響を受けにくく、同社は安定した売上収入を見込める。ソリューションプロバイダーモデルでランタル・テキスタイル社は事業の持続性という差別化要素を獲得し、市場リーダーとなった。

卸売業の世界的リーダーであるウルト社は従来のネジ販売事業を拡張し、ボルト、組立部品、各種工具など12万点を超す商品点数を扱うようになった。専門商社は必要な商品をすべてウルト社から入手することができ、たいていの消耗品は自動補充されるため、発注すら気にする必要がない。ウルト社は一代で、自社を対面販売ビジネスからソリューションプロバイダーに変貌させ、社員6万6,000名、売上100億ユーロの会社に成長させたのだ。ウルト社は自社の成功モデルをアジア地域にも展開しようとしている。

スイスの包装会社である<u>テトラパック社</u>（Tetra Pak）もソリューションプロバイダーモデルで成功する術を身につけた企業だ。同社は顧客向けに食品の加工、パッケージング、流通に関する幅広いポートフォリオの製品とサービスを提供している。顧客は製品（食料や飲料）の受け取りから最終加工とパッケージングまで、完全なワンストップ・ソリューションの提供を受けられる。テトラパック社は包装材の開発に加えて、ボトル詰めや包装プラントの設計までを提供する。同社の画期的な無菌加工技術は、食料や飲料の保存可能期間を延ばし、流通や在庫コストの削減に貢献している。幅広いソリューションの一元的な提供により、各種サービスとコストの効率向上を実現し、安定した売上と高い利益を確保している。

3M社は画期的な製品の企画開発力を有する企業として広く知られている。3M社は2010年に<u>3Mサービス社</u>（3M Services）をドイツに設立し、ソリューションプロバイダーへの第一歩を踏み出した。同社は3M社製品の周辺サービスを一元的に提供しているが、そのサービス内容は3M社の広範にわたる製品ラインアップを軸にパートナー企業各社から提供されるサービスで補完したものである。この手法により、3Mサービス社は自社のサービス提供範囲を新たな市場に拡大していった。提供する製品とサービスの組み合わせソリューションは、ほとんどの競合他社に比べて便利、短納期、かつコスト効率が高い。安定性の高いサービス事業に参入した結果、3M社は景気循環の販売停滞時期の影響を減らすことができ、売上と利益も拡大した。

ベスト・バイ社の顧客サポートサービスである<u>ギーク・スクワッド</u>のビジネスモデルは、24時間365日の技術サポートおよびトラブル対応サービスの提供であり、その対象はコンピューター、携帯電話、プリンター、ゲーム機、ウェブカメラ、およびDVD・MP3プレイヤーなど、あらゆるタイプの電子機器に及ぶ。顧客が利用しているなんらかの製品で問題が発生したら、ギーク・スクワッドがいつでも解決する。具体的には同社内で特別なトレーニングを受けた専門チームが、電話やオンラインで顧客を個別サポートする。テクニカルサポートの会費は月額の固定費用で、同様に保険プラン、修理対応プランも月額固定費で提供している。ギーク・スクワッドは、使い方が難しい電子機器に閉口している現代の消費者の悩みをよく踏まえたサービスだ。同社は主に米国

Solution Provider

ソリューションプロバイダーのビジネスモデル概念図

```
幅広い商品群
├─ コンピューターやネットワーク
├─ テレビやビデオ              ─→  すべての商品ブランド取り扱い  ─→  ギーク・スクワッド
├─ オーディオやホームシアター                                          ┌──────────────┐
├─ タブレットやモバイル端末                                             │ サービス一元提供 │
└─ ゲーム機                                                            │ 24時間サポート  │  ─→  顧客
                                                                      │ 遠隔対応サービス │
                                                                      │ 機器の設置      │
                                                                      │ オンサイト対応   │
                                                                      └──────────────┘
```

で事業展開しており、2万名以上のエージェントを雇用し、1994年の設立以降ずっと二桁成長を続けている。

活用の視点

　もし顧客から製品やサービスを拡張すべきという要望があるのであれば、ソリューションプロバイダーになるチャンスがある。この考え方を適用できる典型的な分野はアフターサービスである。例えばエレベーター業界では、アフターサービスが新規設置を上回る重要性を持ち、利益もあげている。ほかの有効な適用分野はサプライヤーからのさまざまな製品やサービスを顧客のために連携させるインテグレーション分野である。

考慮すべき点

- 製品やサービスを追加して連携させることで事業全体の付加価値を向上できるか？
- 製品の企画開発フェーズの早い段階でアフターサービスの事業設計ができるか（例：機械業界における予防保全やリモート故障診断など）
- 製品の幅が広がることに伴う業務の複雑化に対応できるか？
- 製品ポートフォリオの拡大に伴って専門性が薄れた場合、優れた知識や能力を持つという自社イメージをどのようにして維持するか？

48

Subscription

サブスクリプション

= 期間契約

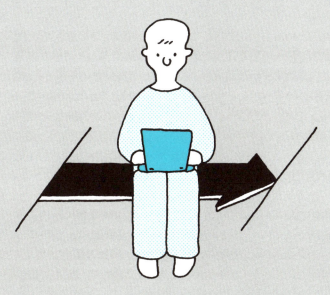

48 Subscription

基本パターン

サブスクリプション（Subscription）では、顧客は製品やサービスを一定の期間にわたって利用できる。事業者は顧客と契約を結び、サービス提供の期間と頻度を取り決める。顧客の支払い方法は一括前払い、あるいは月や年など

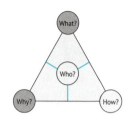

一定期間ごとの支払いである（Why?）。顧客の視点から見てサブスクリプションの人気は高い。というのも製品やサービスを買うたびに何度も支払いをする必要がなく、手間と時間の節約になるからだ。さらなるメリットは、複数の製品やサービスを個別に購入する場合に比べたいてい安く収まることだ（What?）。多くの企業はサブスクリプションの顧客にディスカウントを提供する。なぜならサブスクリプションは顧客が製品やサービスを繰り返し購入する約束ととらえることができ、企業にとっては安定収入を期待できるからだ（Why?）。サブスクリプションモデルを長期的に機能させるには、この方式のメリットを顧客にわかりやすく伝え、間違ってもだまされたと思われるようなことをしないことだ。

ビジネスモデルの原点

サブスクリプションモデルを初めて導入したのはドイツの書店で、17世紀のことだ。導入の主な理由は複数巻の百科事典など高価な書籍の需要がどの程度あるかを測定し、その売上で出版費用を賄えることを確認するためであった。それに続いて新聞や雑誌の出版社がサブスクリプションモデルを採用し、現在でもほぼすべての新聞社や雑誌社が利用し続けている。

ビジネスモデルの活用例

その起源が何であれ、サブスクリプションモデルの概念は近代の多くのビジネスモデルイノベーションに影響を与えた。例えば、クラウドコンピューティング企業のセールスフォース社では、同社の顧客管理ソフトウェア（CRM）製品群をインターネット上のクラウドサービスとして提供

している。1999年創業のセールスフォース社はソフトウェア業界にサブスクリプションモデルを持ち込み、オンライン上にある同社ソフトウェアの利用料を月額請求する料金体系を導入した。同社では、高価な個別開発ソリューションを顧客ごとに提供する代わりに、あらかじめ用意したソフトウェア群を顧客ニーズに応じて組み合わせ、サブスクリプションで提供している。しかも、ソフトウェアの最新アップデート版が提供されると同時に、顧客はその最新版を利用できるのだ。従来は個別のライセンス使用許諾契約に基づいてソフトウェアをコピーして利用する形式であり、セールスフォース社のビジネスモデルは従来型の他社と明確に差別化されている。同社は今や世界でもっとも急速に成長した会社のトップ10に入っている。また、サブスクリプションモデルのおかげで、顧客から継続的な売上を得られるので、売上や財務状態を正確に予測でき、従来のライセンス販売に比べてはるかに効率的に事業計画を立てられる。

スイスを拠点とするブラックソックス社もサブスクリプションの可能性を発掘した一社であり、そのうたい文句は次のようなものである。"ソックス定期便。穴あき靴下の悲劇を防ぐこれ以上簡単な方法はありません"。顧客は年間契約料を支払うことで、3〜6足の新しいビジネス用の黒い靴下を希望するタイミングで受け取ることができる。下着やシャツなどほかの衣料品も同じ要領で注文できる。同社は1999年に設立されたが、このビジネスモデルが功を奏し、事業は好調に推移している。創業から2013年までに、世界75ヵ国の5万人以上の顧客に対して100万足以上の靴下を販売した。同社が成功したポイントの

サブスクリプションモデルの採用企業年表

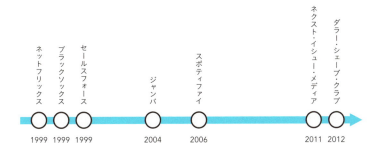

ひとつは、黒い靴下という単純な製品にストーリー性を持たせた点である。靴下の配達時には、創造力を刺激する名言や短文と気の利いたプレゼントが同梱されている。このちょっとした工夫が、顧客の契約継続率を高め、世界各国で安定したビジネスの成長に寄与している。サブスクリプションモデルをカミソリの替え刃に適用したのはダラー・シェーブ・クラブ社（Dollar Shave Club）で、同社の顧客は月当たり1ドル以下という低価格で毎月新しい替え刃を受け取ることができる。これで二度と替え刃の買い忘れは起きない！

活用の視点

このパターンがもっとも適しているのは、企業の提供する製品やサービスを顧客が継続的に必要とする場合である。毎回の製品購入にかかる手間と時間の節約、継続的に利用できること、製品やサービスを一括購入するよりリスクが低いことなど、顧客から見てサブスクリプションには付加価値がある。このモデルは多種多様な業界や事業形態で有効に機能する。

考慮すべき点

- 顧客にとって継続的に必要なのは、どの製品やサービスか？
- 自社の製品やサービスの中で、サブスクリプションに適したものはどれか？
- 自社が製品を販売するのでなくサブスクリプションで提供することで、顧客はなんらかの付加価値を得られるか？

49

Supermarket

スーパーマーケット

＝ 品揃えは多く、価格は安く

基本パターン

スーパーマーケット（Supermarket）のビジネスモデルでは、企業はさまざまな種類の商品を1ヵ所で販売する（What?）。幅広い品揃えによって、ほぼすべて顧客の要望を満たせるため大きな需要が喚起される（Why?）。顧客を呼び込むた

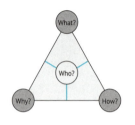

めに通常価格は低く抑えられ、規模の経済により企業側には効率性、顧客には商品の多様性というメリットが生まれる（How?）。スーパーマーケットの人気の背景には、自分の欲しいものをすべて1ヵ所で揃えたいという典型的な顧客の願望がある（What?）。

ビジネスモデルの原点

スーパーマーケットは最初に小売業界で発展した。マイケル・J・カレン氏が創業した世界最初のスーパーマーケットであるキング・カレン社（King Kullen）が、このモデルの元祖と言われている。1930年に開店したキング・カレン食料品店は、「箱は高く積み上げ、価格は安く売る」をモットーに、完璧な品揃えの食料品を低価格で提供することで顧客のお金と時間を節約した。同社には関連商品を販売する機会がいくらでもあり、価格に敏感な顧客層の心をつかむために、特別価格での商品のセット販売、特価品、割引キャンペーンなどを展開した。その結果、規模と範囲の経済により同社の業務効率は向上した。アイデアを練る際にカレン氏は、当時拡大を続けていたメイシーズ（Macy's）やザ・グレート・アトランティック＆パシフィック・ティー社（The Great Atlantic & Pacific Tea Company、現A&P）などの総合デパートを参考にした。そして当時人気を得つつあったセルフサービス（ビジネスモデル45参照）の概念が同氏の店舗にも使えることに気づいた。キング・カレン社は大成功を収め、カレン氏がこの世を去った1936年までに17店舗にまで拡大した。

ビジネスモデルの活用例

　スーパーマーケットモデルは他の分野のビジネスモデルイノベーションの発想の源となった。例えばメリルリンチ社は「金融スーパーマーケット」の概念を打ち出し、グループ企業を通じて、さまざまな種類の投資商品やサービスを個人あるいは法人顧客に提供している。狙いは可能な限り多くの投資家にアプローチすることで取引の量を拡大しようというものだ。メリルリンチ社の創業者チャールズ・メリル氏がこのアイデアに思い至ったのは、同氏が投資家としてスーパーマーケット業界に深く関与していたからである。スーパーマーケットの概念を金融業界に持ち込むという考えは、メリルリンチ社が商品数を増やすことに拍車をかけ、それまでエリート相手であった投資ビジネスを一般的な米国人に普及させ、ある種の民主化を果たした。同社グループの銀行は大々的な新聞広告を行い、従業員を教育して全米に支店網を構築し、1970年代には、預金、ローン、クレジットカード、資産管理相談サービスなどを組み合わせた本格的総合金融サービスの提供を開始した。

　玩具小売のトイザらス社もスーパーマーケットモデルに基づく事業を展開した。創業者のチャールズ・ラザラス氏は、ちょうどメリルリンチ社と同様に、どのようにすればスーパーマーケットの成功モデルを玩具業界に持ち込めるかを思案していた。同氏が1940年代に思い至ったソリューションが、世界最初の玩具スーパーマーケットのトイザらスである。少ない品揃えで高価な商品を扱うブティック店型の業者とは対照的に、トイザらス社はスーパーマーケットモデルを導入し、幅広い品揃えを低価格で提供する大規模店舗を登場させた。その結果、規模と範囲のメリットで競合よりも低価格で販売可能になり、多数の顧客を集客することで売上利益を拡大した。トイザらス社は世界の30以上の

スーパーマーケットモデルの採用企業年表

国で2,000以上の店舗を運営している。

| 活 用 の 視 点 |

　このモデルは規模と範囲の経済が有効な状況では常に適用できる。スーパーマーケットのコンセプトは幅広い製品提供に基づいており、ニッチ製品に特化するブティック型とは対極をなす。

| 考 慮 す べ き 点 |

- 市場の潜在規模はスーパーマーケットビジネスモデルを適用するのに十分か?
- 規模と範囲の経済を享受するために、ITを活用した効率化を含めバックエンドプロセスをどのように設計すべきか?
- 自社プロセスの安定化とコスト効率向上に標準化がどのように役立つか?

50

Target the Poor

低所得層ターゲット

= 所得ピラミッドの基盤層を狙う

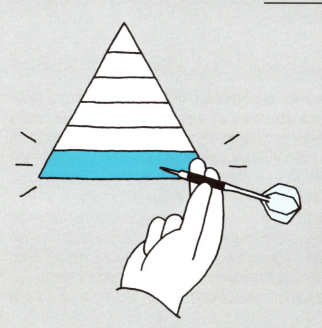

基本パターン

　低所得層ターゲット（Target the Poor）のビジネスモデルで対象とするのは経済的ピラミッドの最下層に位置するもっとも所得の低い人々であり（Who?）、彼らに安価で購入可能な製品やサービスを提供することでメリットを感じてもらう。

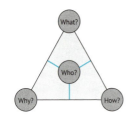

一般に、対象となるのは年間所得にして2,000米ドル以下の人々（低購買能力層）であるが、分類手法により数字は多少異なる。購買能力は比較的低いものの、これらの顧客層には潜在的に大きな販売の可能性がある、というのも世界全体の約半数の人々はこのカテゴリに入るからだ（Why?）。

　これらのあまり恵まれていない層に向けて事業展開する際には、既存のビジネスモデルに対する大きな修正を伴うことが多い（What?）。例えば既存製品の機能をほとんどなくしてしまうことや、場合によっては製品の開発をやり直すこともあり得る。流通チャネルや物流方法も根底から考え直す必要がある可能性が高い（How?）。なぜなら、ターゲット市場である低所得の新興経済国家の社会インフラは未発達だからだ。

ビジネスモデルの原点

　低所得層ターゲットのモデルは1990年代に大きく発達した。中国、インド、南米をはじめとする各国の経済が力強い成長を遂げ、これらの国々で市場の需要が急増した。ユニリーバ社（Unilever）のインド現地法人であるヒンダスタン・ユニリーバ社（Hindustan Unilever）は、早い段階で所得ピラミッドの基底部にしっかり足場を築いた。1990年代にはインド市場向けに特別に開発した洗濯用洗剤を「Wheel」ブランドで販売開始したが、インドでは衣服を川で手洗いすることが多いため、それに合わせて洗剤の水と油の比率を調整した。この洗剤をインドの人々に幅広く普及させるため、ヒンダスタン・ユニリーバ社は、生産、マーケティング、流通の機能をワンセットにして地域ごとに配置し、インド各地の街角の商店で製品を販売した。そのうえで、さらなる販売網

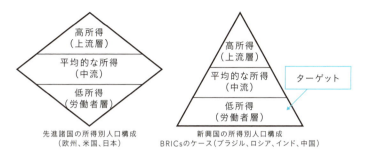

低所得層ターゲットのビジネスモデル概念図

として、現地でシャクティ（Shakti）と呼ばれる起業家たちを活用して戸別訪問で商品を売り歩いた。このビジネスモデルによりヒンダスタン・ユニリーバ社の売上は25%増加し、時価総額は1995年から2000年までの間に40%増加した。今日では、「Wheel」はインドにおける洗濯用洗剤のベストセラー商品である。

ビジネスモデルの活用例

過去数十年の間に低所得層ターゲットモデルはいくつかの画期的なビジネスモデルの源泉となった。その中でもムハマド・ユヌス氏が設立したマイクロファイナンス金融機関のグラミン銀行は最高の事例だ。グラミン銀行と創業者のユヌス氏は、ともに2006年にノーベル平和賞を受賞したが、授賞理由は「底辺層から経済的・社会的な発展を生み出す努力」に対するものである。この銀行では担保のない貧しいローン申請者に対して簡単に返済できる程度の小規模なローンを組み、その一方で返済に対する保証人の設定を義務づけ、借り手が確実に返済するような動機づけを行った。このシステムは、貧しい人々の多くには未活用の能力があり、その能力を活かせば返済金を稼ぐことができる、という考えに基づいている。この銀行の貸出先の98%は地方の女性である。多くのケースにおいて、村組織がローンの保証人となることで返済実施への社会的なプレッシャーを与えている。1983年の設立以降、この銀行は80億米ドル以上のローン貸し付けを行っているが、返済不能となった割合は2%を下回っており、先進国の銀行もう

らやむ数字だ。

タタ社の自動車Nanoは低所得層ターゲットの別の成功事例である。この車は2009年にインドの自動車メーカーであるタタ社が開発し、たった2,500米ドルという驚異的な低価格で販売された。コストを抑えるために同車の装備は最小限に抑えられており、生産工程はインドの低コスト労働力を活用し、鉄の使用量も減らすように設計されている。また、国際的な技術協力やアウトソーシングの活用により生産のコスト効率も高めている。タタ社はこの低価格車よって、貧しい人々のニーズに応えようとする企業姿勢をアピールすることができ、世間からのイメージアップを実現した。

小売業の巨人であるウォルマート社は1990年代より低所得層ターゲットの銀行サービスを米国で開始し、それ以降サービスの拡充を進めている。2007年以降のサブプライムローン問題やリーマンショックといった世界的な金融危機により全財産を失った米国市民も多く、その結果として、それらの人々は個人の信用格付けも失ってしまった。そうなると、もはや一般の銀行はお金を貸してくれない。ウォルマート社は低所得顧客層に向けた製品やサービスの提供範囲を拡大し、プリペイド型のクレジットカードなど低所得層向けに開発した各種金融サービスを開始した。ただ、銀行としての営業免許を持っていなかったため、金融サービスは金融機関としての免許が不要な範囲に限って実施された。

活用の視点

低所得層ターゲットモデルの目的は低所得顧客の増加に対応することである。「所得ピラミッドの基底部」は大きな市場であり、安定的に事業を拡大する機会となり得る。例えば低コストの医療ソリューションや飲料水フィルターを提供することで世界中の貧困者の困難を減少できれば、世間の高い評判を得られることは間違いない。おそらくより重要なポイントは、自社の従業員に満足感という価値提供ができることだ。面白いことに、低所得顧客層は互いに密接に連携しており、最近は携帯デバイスを使ってネットでつながっている。これらの諸国では固定回線は高くて所有できなくても生活していくうえで携帯電話は必須

である。実際に、水道や安定した電力供給を受けるよりも先に、ウェブへのアクセスを求める傾向がある。

考慮すべき点

- 自社の既存の顧客層だけでなく低所得顧客層にも提供できそうな製品やサービスはどれか？
- 既存サービスには高くて手が出ない人々向けにサービス内容を調整して、魅力あるソリューションとして提供できるか？
- 自社の既存ソリューションを携帯デバイスに移植することで新たな顧客層に展開できるか？

51

Trash to Cash

廃品リサイクル

= ゴミをお金に換える

基本パターン

廃品リサイクル（Trash to Cash）の基本コンセプトは、古くなった物をリサイクルして再利用することだ。中古品が回収されて世界の別の地域で再販売されたり、新たな製品に再生されたりする。収益モデルは仕入れコストがゼロかそれ

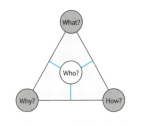

に近いことが前提で、このモデルを採用した企業では原料費を無視できる（How?）。顧客はきれいに再加工された製品を受け取るが、善い行いをしたという印象も残るように工夫されている（What?）。廃品リサイクルはサプライヤーとメーカーの双方にとってウィンウィンの状況を生み出す。つまり、サプライヤーにとっては廃品処理サービスをゼロあるいは低コストで受けることができ（How?）、メーカーにとっては製品をつくるための安い原材料を入手できるということだ（Why?）。

廃品リサイクルの原理は、「廃棄物」由来の原料を再加工しない場合にも当てはまる。ひとつのやり方としては、廃棄物をそのまま別の市場や地域に再販売する方法で、中古車市場では過去数十年にわたって一般的に行われており、最近ではほかの中古品にも同様の仕組みが適用されている。

廃棄物を再加工したり、廃棄物から別の製品を生み出したりすることで、環境にやさしい企業イメージを得られるというメリットもある（What?）。廃品リサイクルのモデルは環境保全の問題への対策となるため、企業は環境保護活動の一環として活用できる。全世界で環境問題や社会問題が深刻になる中で、企業が責任ある態度をとることの重要性が増している。この点においても廃品リサイクルモデルは企業の競合優位性となり得る。

ビジネスモデルの原点

廃品リサイクルの原理は特に新しいコンセプトではなく、従来から行われている原料や金属スクラップを再利用する仕組みとほぼ同じである。実際、このビジネスモデルの発祥は古代ギリシャにさかのぼり、考古学の発掘調査の結果でも、物資を再利用していたことが明らか

になっている。近代では、1970年頃のエネルギー価格の高騰を契機に、ビジネスとして廃棄物の再利用や再生に大きな注目が集まった。今日の社会では環境意識が高まり、気候変動を防止する手段として、廃品再利用や再生への取り組みが進んでいる。

リサイクル専業の**デュアル・システム社**（Duales System Deutschland）はこの分野の先行企業で、包材の廃品処理が専門分野である。同社はリサイクル包材のシンボルとして「グリーン・ドット（Der Grune Punkt）」マークを発案して、リサイクル材を利用した商品のラベルなどにこのマークを表示できるようにした。その狙いは、包装材メーカーや製品メーカーとの協同プロジェクトとして廃棄物リサイクルプログラムを立ち上げ、安定的に無料の原材料が供給される仕組みを構築することであった。また、各自治体の廃品回収システムとデュアル・システム社の連携により、広範な種類の廃棄物を効率的にリサイクルしている。リサイクルプログラム参加企業の主なメリットは、環境保護への貢献によるイメージ向上（とイメージ向上による将来的な販売増）、リサイクルされた低価格原料の利用、廃棄物処理費用の削減である。一方でデュアル・システム社自身は、「グリーン・ドット」マークの使用権を企業に販売して売上をあげている。

ビジネスモデルの活用例

1993年創業のスイスの**フライターグ社**（Freitag lab）は廃品リサイクルモデル活用のよい例である。同社では、古くなった各種資材（主に自動車の部品）、例えばトラックの荷台のカバーシートや、タイヤのチューブ、エアバッグなどを利用してカバンやファッション用のアクセサリーを製造している。自然にやさしいこの事業は、環境に配慮したい多数の顧客や、ひと味違う格好よいデザインを求めている人の間で人気となった。同社は業務用資材のリサイクル活用というコンセプトを前面に押し出して、強力な環境ブランディング戦略を取った。古くなった資材をリサイクルするため原料コストは極めて低く、しかも資材のほとんどは高耐久性の防水素材のため、品質上の心配もまったくない。そして削減したコストは顧客に還元できる。今日では同社は130名以上の従業員を雇用し、世界中の400以上の店舗で製品を販売している。

同様の戦略を採用している英国の<u>グリーンワイヤー社</u>(Greenwire)は、古い携帯電話やノートPCをクリーニングして再販売するリサイクル販売事業に特化している。同社は引き取り、品質チェック、クリーニング、修理の各プロセスを標準化することで、発展途上国をはじめとする同社顧客への低価格販売を実現している。廃品を提供する側である法人顧客は、グリーンワイヤー社が環境に配慮した形で手間なく廃棄物を引き取ってくれることや、老朽化した電子機器の買い取りをしてくれることに魅力を感じ、同社向けに低コストあるいは無償（買取額を受け取らずに寄付できる）で廃品を提供する。環境保護の観点から見て、グリーンワイヤー社のリサイクルサービスには極めて高い価値がある。例えば電子機器のバッテリー1個には60万リットルの水を汚染する量のカドミウムが含まれるが、悲しいことに現状リサイクルされている携帯電話は4台にひとつだけである。

BASF社は化学品、プラスチック、その他の産業用の合成素材を提供するドイツ企業である。同社の製造プラント内の処理設備は、設備間で蒸気、廃熱、副産物をスムーズに移送するためのパイプラインで相互に接続されており、原材料の利用を効率化するとともに、ひとつの処理工程で発生した副産物をスムーズに別の処理工程に移送し、有効利用できるようになっている。この仕組みを利用して、BASF社は関連会社と連携して業務を行うことも多く、ときには外部パートナーとも協業している。当然の流れとして、連携相手の外部企業はBASF社側の処理工程で発生した副産物の利用顧客となるため、BASF社の

BASF社のビジネスモデル

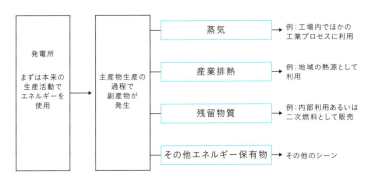

利益向上にも結びついている。

　1944年創業の米国の家具メーカー、エメコ社（Emeco）は、リサイクルが容易なアルミニウム、木材、PET（ペットボトルなどに利用されるポリエチレンテレフタレート）、WPP（フェンスなどに木の代わりに利用するウッドポリプロピレン）を利用して、さまざまなデザイナーズ家具を製造している。廃品リサイクルのビジネスモデルを効果的に活用した面白い例として、同社とコカ・コーラ社との提携事例を紹介したい。111本のコカ・コーラのペットボトルをリサイクルして、エメコ社の主力商品である米国海軍向けのアルミ製ネイビーチェアのプラスチック版を製造する、という内容だ。この施策でエメコ社は、自社の製造技術とマーケティング力を駆使して、環境意識が高い企業としてのブランドイメージを強く印象付けることに成功した。廃品リサイクルモデルの活用により、エメコ社は家具業界において環境意識の高い顧客の人気を集めている。しかも製品は機能性、デザイン、価格のすべての面で優れているため、高い人気と売上を誇っているのも当然だ。

| 活用の視点 |

　このビジネスモデルを活用すればサステナビリティ（持続可能性）に貢献できる。このビジネスモデルにおける「廃品」とは、あるバリューチェーンでは不要物とされたが、ほかのバリューチェーンでは再利用可能な資源である。あなたの会社が製造業で廃品を生み出しているのであれば、このビジネスモデルを適用できるかもしれない。

| 考慮すべき点 |

- どのようにすれば、自社の廃品から価値を生み出せるか？
- サステナビリティのコンセプトを打ち出すことで、自社のブランド価値は向上するか？
- 提携先に対する価値を生み出すには、どのような仕組みが必要か？
- 価値の高い廃品を生み出すのはどの業界か（利益率の高い業界の場合が多い）？

52

Two-sided Market

両面マーケット

グループ間の橋渡し

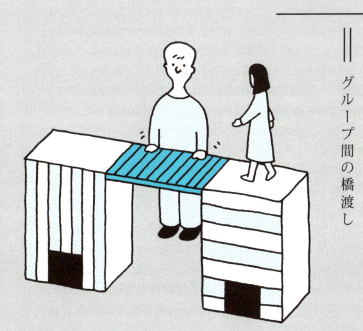

基本パターン

両面マーケット（Two-sided Market）のビジネスモデルは、補完関係にある2つのグループ双方にメリットが出るよう、中間業者としてもしくはプラットフォームを通じて両社の交流を手助けする。例えば、求人サイトは求職者と採用企業

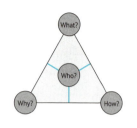

とを結びつけ、検索エンジンの検索ワード広告は広告主とユーザーの双方を引きつける（Who?）。核となるコンセプトはいわゆる間接ネットワーク効果である。間接ネットワーク効果とは、片方のグループのプラットフォーム利用者が増えると、もう片方のグループにとっても魅力が増すことを指す。この間接ネットワーク効果は双方向に機能する（What?）。このようなプラットフォームを運営する際の主要課題は、2つの顧客グループをどのように扱えば間接ネットワーク効果を最大化できるかである（How?）。また、3つ以上の顧客グループを扱うことも可能で、その意味では多面マーケットと言った方がよいかもしれない。グーグル社の検索エンジンの検索ワード広告は3面マーケットを形成しており、それはインターネットユーザー（検索者）、ウェブサイト運営者、広告主である。すべてのグループがお金を払う必要はなく、例えば検索エンジンの場合にはユーザーの利用は無料だが、広告主はウェブサイトへの掲載にお金を支払う（Why?）。

両面マーケットを機能させるためには、最初に「ニワトリと卵」の問題を解決する必要がある。プラットフォームを利用する片方のグループに十分な数の利用者がいなければ、もう片方のグループからも参加したいというモチベーションが湧かないからだ。したがって利用者集めのため、効果的なキャンペーンや特別ディスカウントなどを通じて高い認知度を獲得することが求められる（How?）。

ビジネスモデルの原点

両面マーケットはかなり古くから存在した。株式市場はおよそ600年前にこのコンセプトを採用した初期の活用例だ。現在に近い形式の株式市場は、15世紀にVan der Beurze家が設立したものが最初で

両面マーケット

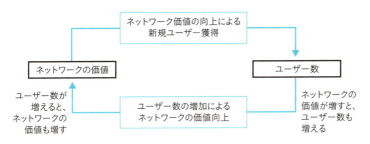

両面マーケットの構図

ある。同家はベルギー北西部ブルージュのフレミッシュ市に宿屋を所有していたが、そこは当時の欧州において重要な株取引拠点であった。有力な売買人が頻繁にその宿屋を訪れていたため、次第に宿屋自体が売り手と買い手を結びつける金融活動の中心拠点と化したのだ。現在においても依然として、証券取引所は両面マーケットのもっとも有力で本質的な活用例のひとつである。

ビジネスモデルの活用例

両面マーケットモデルは極めて汎用性が高く、数多くのビジネスモデルイノベーションで利用されてきた。例えばクレジットカード業界では、クレジットカードの持ち主と小売業者や企業の間をクレジットカード会社が取り持っている。1950年に設立された**ダイナースクラブ社**（Diners Club）は世界初のクレジットカード会社であり、平均2週間程度の支払い猶予期間を顧客に提供していた。カード利用者に金利は課されず（その後に金利が導入された）、代わりに3米ドルの年間利用料を支払う。一方の業者側は取引ごとに7％が課金される。ところがカードの利用促進のために、ダイナースクラブ社は最初に別の課題に立ち向かう必要があった（例のニワトリと卵の問題である）。十分な数のカード利用者がいなければ加入業者を募るのが難しく、同様に十分な数の業者（お店、レストラン、ホテルなど）で利用できないとカード利用者も集まらない。ダイナースクラブ社は、状況を打開して利用者を増やすためにマーケティングキャンペーンを行う必要に迫られ、最初のターゲット層としてレストランの支払いをカードで済ませたい営業マンを選んだ。

イーベイ社、アマゾン社、ザッポス社のようなオンラインマーケットプレイスは売り手と買い手のやり取りを可能にしており、両面マーケットの適用例と言える。例えばグルーポン社（Groupon）は、クーポンを売り手と買い手との間で取引させる仲介業者だが、団体割引の考え方で消費者がなるべく大きなディスカウントを得られるようにしている。消費者側は特別ディスカウントやキャッシュバックを受けることができる一方、業者側は多数の潜在顧客向けに宣伝できる。グルーポン社は、業種ごとに日替わりで目玉商品を提供している。興味を持った顧客はその商品に申し込み、申込者が最低募集人数を超えるとその商品を購入できるようになる。この仕組みにより業者側のリスクが軽減され、グルーポン社はディスカウント販売された商品価格の一定割合をサービス利用料として受け取る。このサイトは大きな間接ネットワーク効果を実現しており、魅力的な割引商品で多数の消費者を集客する一方で、その消費者を求めて多数の業者がグルーポンのサイト上に割引商品の掲載を希望する。同社は全世界の数千の業種向けにサービス展開しており、世界35ヵ国に7,000万人以上のユーザーを持つと公表している。

　ジェーシードゥコー社、フェイスブック社、メトロ新聞社のようなスポンサー広告型のビジネスモデルも広告主とユーザーを結びつける両面マーケットである。2つのグループが間接ネットワーク効果で結びつき、広告主は顧客に広告を流すというメリットを得る一方、顧客側にはサービス利用料を広告主が補填してくれるというメリットがある。例えばジェーシードゥコー社の場合、自治体や公共交通機関と契約をして無償あるいは格安でバス停など路面上の設備を提供する代わりに、その場所での独占的な広告掲載の権利を得る。広告主は広告に最高の場所と待合時間という宣伝機会にお金を支払い、自治体は無償あるいは低コストで公共サービスを拡充し、洗練されたデザインの広告を提供できる。

　メトロ新聞社は、英国中の公共交通機関や、カフェ、バス停、仕事場など街中の人の集まりやすい場所で、月曜から金曜まで毎日無料新聞を配布している。読者は非常に多く、露出機会を求める広告主と読者との両面マーケットを実現している。メトロ新聞社は広告枠の販売で新聞の制作費用と配布費用を賄い、一方の広告主は広告料

両面マーケット 52

を支払う代わりに、幅広い読者層に広告を配布することができ、また新聞を媒体とすることで広告自体を配布するコストを低減できる。

活用の視点

複数グループを橋渡しする両面マーケットのビジネスモデルはどの企業にとっても重要である。もはや従来型のマンツーマン接客モデルだけでは市場競争を勝ち抜いていくには不十分なのだ。まずは自社にとってのステークホルダーがだれで、自社とどのようなつながりを持つかをよく理解しなければならない。これらの状況を理解することで、自社にとって適切な両面マーケットモデルの形がわかるはずだ。

考慮すべき点

- 自社の業界におけるステークホルダーはだれか？
- ステークホルダーは自社とどのようなつながりを持つか？
- 取り残されてつながっていないステークホルダーがいるのはなぜか？
- ステークホルダーの間を流通しているのはどのような価値か（製品、サービス、お金など）？
- この価値連鎖における自社の位置づけはどのようなものか？
- 自社が主体となって多面マーケットを構築することで、すべてのステークホルダーを革新的な方法で接続し、顧客に新たな価値をもたらすことが可能か？

53

Ultimate Luxury

究極の逸品

= 高級にするほどよく売れる

基本パターン

　究極の逸品（Ultimate Luxury）のビジネスモデルでは、トップクラスの富裕層を相手にビジネスをする（Who?）。その領域で事業を行う企業は、対象とする超富裕層セグメントの購買力にふさわしい最高品質の特権やサービスを提供す

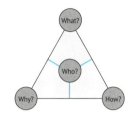

ることで、自社製品やサービスを差別化する（What?）。これらの顧客は、製品やサービスが特別であり自分にふさわしいことに価値を感じるからだ。このような製品やサービスを提供するために必要な大きな投資は、高いマージンで賄われる（Why?）。したがって注力すべきは、ブランディング、知識豊富で能力の高い営業担当者の採用、そして心に残る特別なイベントを頻繁に実施することだ（How?）。高級品市場は世界的に拡大しており、特に中国やロシアでは高級品の販売が伸びている。この現象をミクロ経済では「スノッブ効果」と呼び、高級時計は値段が高いほどよく売れるといった例が指摘されている。究極の富裕層を相手にするには、ビジネスモデルを徹底して富裕層に合わせることが必要だ。

ビジネスモデルの原点

　究極の逸品モデルの原点は古代ローマにさかのぼる。当時の商人たちは衣服を作るための高級織物、技巧を尽くしたアクセサリー用の宝石、仰々しく広大な宮殿の設計図、贅沢な家具を置くための別荘などを貴族に紹介して商売をしていた。これらすべての商材は上流階級の人々にふさわしい高級感を醸し出すものであり、当時の貴族たちの自尊心をくすぐるものだった。その後も中世の終わりまで、多くの事業者が宮廷の御用商人となる道を模索していたのは、御用商人となれば国家の紋章を自分の製品やサービスに利用できるからだ。超富裕層は現代版の貴族であり、国家こそ所有していないものの同じようなニーズや欲望を持っている。

Ultimate Luxury

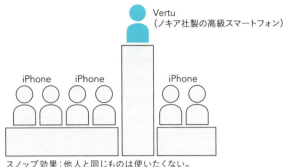

スノップ効果

スノップ効果：他人と同じものは使いたくない。
一般大衆が買えない高価なものを持ちたいという心理効果

ビジネスモデルの活用例

　多くの会社が究極の逸品のビジネスモデルを利用してきた。その中に1963年にフェルッチオ・ランボルギーニ氏が創業したランボルギーニ社（Lamborghini）がある。同社は小規模もしくは限定生産で高性能なスポーツカーを製造し、高額で販売している。特定顧客限定の販売案内やフルサービスのサポート契約といったランボルギーニ社の販売ポリシーは、大金持ちの顧客の心をとらえている。ランボルギーニ社がさらなる開発、製造、マーケティングを実施するための資金を稼ぎ出すことができるのも、この戦略がうまく機能しているおかげだ。顧客から注文が得られるのは、生産台数限定で高性能というイメージによるものであり、結果として高い売上と利益をあげている。同社のエンブレムには、1879年の闘牛で24本の槍を受けながらも倒れず、その偉大な闘志を称えるため特別に野に解放された伝説の牡牛であるムルシエラゴ（Murcielago）が燦然と輝いている。このエンブレムは力強さの象徴である。創業当初からランボルギーニ社は驚異的なエンジン性能で競合他社と差別化してきた。創業2年目に12気筒エンジンの350GTを投入してフェラーリ社（Ferrari）の全車種を圧倒した際には、全世界のカーマニアが驚愕した。1966年にランボルギーニ社はミウラ（Miura）を投入し、350馬力のエンジンで時速300キロの最高速度を達成した。ランボルギーニ社のすべての車種はスペインの伝説

的な闘牛であるディアブロ（Diablo）、ガヤルド（Gallardo）、ムルシエラゴ（Murcielago）の名をとって命名されているが、カウンタック（Countach）だけは例外で、イタリアのピエモンテ州の方言で「至高の極み」を表す感激の言葉であり、まさに究極の逸品にふさわしい名前だ。

ジュメイラ・グループ（Jumeirah）はホテル開発に究極の逸品モデルを適用している。同社のホテルにはジュメイラ・ビーチ・ホテル（Jumeirah Beach Hotel）、エミレーツ・タワーズ（Emirates Towers）、さらには世界的に知名度の高いドバイの超高級ホテルであるブルジュ・アル・アラブ（Burj al Arab）がある。ブルジュ・アル・アラブは高さ321mの超高層タワーホテルで、船の帆に似た独特の形状は富裕層の間で人気を博している。公式に5つ星を認定された、世界でも有数の高級ホテルで、5つ星ホテルの認定基準をはるかに凌ぐ設備やサービスを誇る（世界唯一の7つ星ホテルと評価する人もいる）。スイートルームには仰々しいほどの豪華な内装が施されており、広さは169～780平方メートル（51～235坪）もある。贅沢な部屋の外に出て気晴らしをしたいときにはホテルの専用ヘリコプターやロールス・ロイスで市内へ出かけることもできる。これら各種の高級サービスには高額の維持費がかかるが、高いマージンで賄われている。

究極の逸品モデルをベースとしたサービス事業者の例にはアボット・ダウニング社（Abbot Downing）もある。同社は世界各国に展開するウェルスファーゴ銀行（Wells Fargo）のグループ企業であり、5,000万米ドル以上の投資余力のある「超富裕層」を相手に金融サービスを提供している。これらの顧客には通常の銀行では提供されないさまざまな特別サービスが提供され、例えば代々の親族にまたがる資産管理計画の支援サービス、資産管理教育、リスク評価、信託、納税支援、遺産相続計画などがある。顧客数はあまり多くないが、それぞれの顧客に高いサービス料を課金できるため十分な利益を上げている。

活用の視点

収益拡大のために価格を上げようと考えることがあるかもしれないが、既存の高級品市場の顧客数は非常に少ないため値上げで得られる収益向上幅は限定的だ。一方で新興市場では贅沢品に飢えた新た

な富豪や大富豪が次々と生まれており、かなりの市場性が期待できる。

> **考慮すべき点**
>
> - すでに欲しいものをすべて持っているような人々に対して新たな価値を提供できるか？
> - 顧客数が少ないため需要の変動が激しいが、どのような対処が可能か？
> - どのような従業員であれば、顧客の非常に高い期待に応えることができるか？

54

User Design

プロシューマー

= ユーザーがデザインして販売

基本パターン

プロシューマー（User Design）のビジネスモデルでは、顧客がデザイナーと消費者の両方の役割を果たす（Who?）。自分で利用するだけでなく、ほかの人にも販売する製品をデザインすることで、顧客は製品開発プロセスの一部を担うことになる。企業はサポート役として顧客に必要なインフラを提供し、顧客が生み出したアイデアの製品化を受け持つ（What?）。典型的な例は、顧客が製品の設計やマーケティングなど必要な作業を行えるオンラインプラットフォームの提供である。具体的には製品設計用のソフトウェア、製造サービス、製品販売用のECサイトを組み合わせた提供などがある（How?）。商品が売れるごとに企業は一定の料金を受け取るが、それは販売金額の一定割合であることが多い（Why?）。企業から見て、プロシューマーモデルの主なメリットは製品開発コストをかける必要がない点である。成功の鍵は、顧客の創造力をお金に換えられるようにうまく支援することだ（How?）。

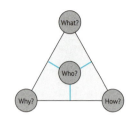

ビジネスモデルの原点

プロシューマーモデルが登場したのはつい最近の話である。3Dプリンター、CNCフライス盤（訳注：コンピューター制御の自動切削機械）、レーザーカッターなどの新たな造形技術によってこのモデルが可能になった面も強い。プロシューマーモデルでは通常ひとつの製品を大量生産することはないため、これらの新技術で少量の製品であっても現実的なコストで製造可能になった意義は大きい。マス・カスタマイゼーションモデル（ビジネスモデル30参照）のように、顧客の好みに応じたカスタマイズ品の製造が比較的容易にできるようになったことも、プロシューマーモデルの人気を高めている一因だ。このモデルのパイオニア企業のひとつに米国企業のスレッドレス社があり、芸術家のオンラインコミュニティとECサイトを組み合わせたウェブサイトを運営している。同社を創業したのはジェイク・ニッケル氏とジャコブ・デハート氏の2人で、2000年に自己資金1,000米ドルで設立した。デザイナーが集まるスレッドレス

プロシューマー

プロシューマーのビジネスモデル例

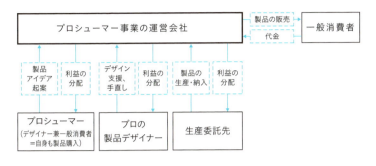

社のオンラインコミュニティでは新たなデザインが次々に生み出され、評価され、選りすぐられる。毎週およそ1,000種類の異なるデザインがオンライン上に投稿され、公開投票にかけられる。投票開始7日後に得票数の多いデザインをスレッドレス社のスタッフが吟味する。平均点とオンラインコミュニティからのフィードバックに基づき、10件程度のデザインが選定され、衣料品やその他の製品に印刷される。出来上がった製品はオンラインストアで全世界に向けて販売されるとともに、シカゴにある店舗でも販売される。デザインが採用されたデザイナーには賞金2,000米ドルと、スレッドレス社のギフトカード500米ドル分が授与される。さらに、その後にデザインが追加で使用されると、そのたびにデザイナーは500米ドルを受け取ることができる。

ビジネスモデルの活用例

過去数年の間にファッション以外の分野でもさまざまな形でプロシューマーモデルが実施されるようになった。デンマークの玩具メーカーのレゴ社は、玩具業界にプロシューマーモデルを非常にうまく適用した。同社のレゴファクトリー(Lego Factory)サービスは、オンラインの設計ツール、製造インフラ、および販売プラットフォームの機能を提供する。レゴファクトリーサービスを使い、顧客は自分のアイデアを製品化してオンラインのマーケットプレイスで販売できる。プラットフォーム上に顧客の想像力とアイデアが製品として登録されるが、レゴ社は製品の販売がうまくいくかどうかを気に掛ける必要はない。なぜなら、製品

をあらかじめキットとして製造して在庫するのではなく、製品が購入された段階でデザインされたモデルの組み立てに必要なブロックを数えて、顧客の家に配送するだけでよいからだ。

　2007年にニュージーランドで設立されたスタートアップ企業のポノコ社（Ponoko）もプロシューマーモデルの成功例だ。同社のウェブサイトでは、さまざまな製品を自分好みの仕様で制作できる。対象製品はファッション用アクセサリーから、家具、キッチン用品まで多岐にわたり、自分のデザインした製品をオンライン店舗で販売できる。ポノコ社は世界各地に分散したオンデマンドの生産システムを採用しており、大量生産のための工場や物流拠点といったインフラ費用をかけることなく、必要に応じてデザイン情報をダウンロードして生産、流通させることができる。同社ウェブサイトの人気は非常に高く、会社設立後2年が過ぎた時点で、すでに2万種類もの製品が同社のオンライン店舗で販売されていた。ポノコ社は同様の業態において、世界でも最先端、かつ最も成功した企業のひとつである。

　プロシューマーモデルの適用事例には、靴やタトゥーもある。ドリーム・ヒール社（Dream Heels）はサイト上で靴をデザインして販売することができ、クリエイト・マイ・タトゥー社（Create My Tatoo）はサイト上で自分のタトゥーのデザインを販売できる。

活用の視点

　プロシューマーモデルは比較的シンプルで、かつデザインで売れる製品に適している。このモデルは、人々が互いの深いつながりを求めるソーシャルコミュニティの概念とも通じており、互いに助け合いながら新たなアイデアを創造したり、他者のアイデアやソリューションにコメントをしたり、あるいは拡張したりする。プロシューマーモデルを実現すれば、企業は顧客が生み出した画期的なデザインを利用できる。さらに言えば、このモデルを活用することで、自社の製品やソリューションに興味を持つ顧客のコミュニティを形成し、自社ブランドの大いなる発展に役立てることができる。

プロシューマー

考慮すべき点

- どのようにすれば今よりうまく顧客と意思疎通し協業できるか？
- 顧客のアイデアや意見をうまく取り込んで、自社ソリューションの品質を高めるにはどうしたらよいか？
- 顧客が自ら作業するDIY部分を増やすことで、顧客にとっての製品価値を高めることが可能か？
- ソーシャルメディアを利用して、自社の製品デザインプロセスに顧客を取り込むことができるか？

55
White Label

OEM製品

= 他社ブランド品の製造

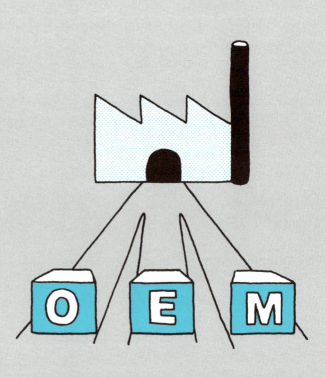

基本パターン

OEM製品（White Label）はオリジナルの製造者でなく、販売元となる別の会社が、別の名前で、別の市場セグメントに向けて販売する（What?）。OEM製品の販売元にとっては、製品の製造コストのみを負担すればよく、製品の製

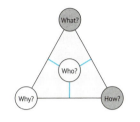

造設備などのインフラ投資が不要となる点がこのビジネスモデルの大きなメリットである（How?）。一方のOEM製造者にとっては、製造プロセスの最適化に特化すればよく、規模の経済のメリットを得やすいという点がメリットだ。完成品には特定のブランドがなく、販売元が自由に好きな形で販売できる（What?）。OEMの手法は、製品メーカーが既存の製品ラインを別ブランドで販売することにも活用できる。食品業界ではこの手法が定着しており、どこかの設備で生産された同一の製品がさまざまな形にパッケージングされ、別々の名前の製品として小売業者によって販売されている（How?）。

ブランド品のメーカーはOEM品の販売で自社ブランド品の売上を補完することが可能だ。この手法により自社ブランドでは実施できない低所得者層への販売やほかの流通チャネルを通した販売への道が開かれる。しかも、もし製品の品質を多少変えるだけで複数の顧客層へ売り分けられるのであれば、製造を効率化できる可能性もある。なぜなら、同一の製品に製造工程で若干の追加作業を行うだけで複数のOEM品を製造できるからだ。OEM製品のビジネスモデルをうまく機能させるためには、パッケージングやブランドなど見た目が異なる商品が、実際には同じ物であると顧客に気づかれないようにすることが重要である。そうでないと低価格のOEM品が高額なブランド品の販売を侵食し、カニバリゼーション（共食い）が起きてしまう。

ビジネスモデルの原点

「ホワイトレーベル」という用語は最初に音楽業界で生まれ、20世紀の半ば以降に普及した（訳注：欧米ではOEM全般をホワイトレーベル〔White Label〕と呼び、原著ではこのビジネスモデルの名前は「White Label」だが、日本語

版ではわかりやすさのため「OEM製品」とした)。当時のミュージシャンはラベルを貼っていないデモ用のCDやLPを、公式販売前にラジオ局やライブハウスに送付していた。デモ版には曲名もミュージシャン名も記されておらず、そのことから「ホワイトレーベル」と呼ばれた。ホワイトレーベルにはふたつの目的があり、ひとつは公式販売前に楽曲の新たなファンを増やすこと、もうひとつは事前に楽曲の人気を確かめ、製造するCDやLPの枚数をレコード会社がより正確に予測することである。アルバムが好評であれば、魅力的なラベルが貼られた公式版が販売開始され、プロの手でプロモーション施策が実施される。ほかの業界、特に食品業界では、のちに同様の手法が採用された。食品業界の特徴として、商品を比較的低マージンで大量に販売するという点があるが、このような特徴はOEM製品のビジネスモデルと相性がよい。

ビジネスモデルの活用例

台湾のメーカーである鴻海精密工業 (以下鴻海) は、おそらく世界最大かつもっとも重要なOEM製品モデルの採用企業である。同社は数多くの有名ブランドの電子機器や部品を生産していて、顧客にはアップル、デル、インテルといった有名企業が名を連ねる。推定値だが、

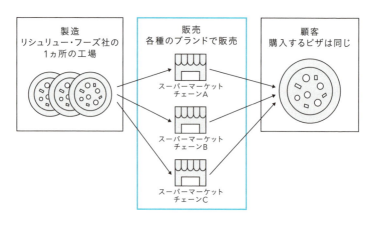

OEM製品のビジネスモデルイメージ図

インテルブランドで販売されているコンピューター用マザーボードの3分の2は鴻海が製造しているとのことだ。また、家庭用ビデオゲーム機のブランドがマイクロソフトであろうと、任天堂であろうと、ソニーであろうと、その中には鴻海のハードウェアが使われている。さらに驚くべきことに、同社はコンピューターの中核であるCPUやコンピューターのケースの製造についても世界最大手なのだ。鴻海こそOEM製造者と呼ぶのにふさわしい企業だ。逆に委託側のメーカーは、鴻海の安定した高効率な製造力のメリットを享受し、自社は研究開発、マーケティング、ブランディングに集中できる。エレクトロニクス製品の製造に特化することで、鴻海は同業界における圧倒的なノウハウを蓄積した。同社は2万件の特許を取得し、100万名近い従業員を雇用し、2011年には1,100億米ドルを超す売り上げを生み出している。

食品業界においてもOEM製品の製造者は確固たる存在であり、画期的な取り組みをしている。リシュリュー・フーズ社（Richelieu Foods）は冷凍ピザとサラダドレッシングで有名なOEM製造者である。同社の製品はさまざまな流通チェーンのブランドでマーケティングされ、販売されている。リシュリュー・フーズ社は、製造プロセスのカスタマイズや各種の包装オプションを同社の顧客である製造委託元の企業向けにあらかじめ用意しており、そのおかげで製造委託元は食品製造やパッケージングの設備を立ち上げることなく、自分たちのブランドで安定的に高品質な製品を販売できる。ディスカウントストアが販売力を獲得するにつれ、食品小売販売におけるOEM製品の重要性が増加した。食品業界において販売されている商品の3分の2以上はノーブランド品かプライベートブランド品であり、このようなOEM製品の普及拡大がOEM製造者の安定的な成長の背景にある。

プリンティング・イン・ア・ボックス社（Printing In A Box）は印刷業界におけるOEM提供者であり、顧客企業が独自ブランドでオンライン印刷事業を始めるための一連の仕組みを提供している。つまり、顧客企業がオンライン印刷事業を始めるために必要なものはすべて、例えばウェブサイトのひな型、サービス紹介資料、受注処理業務から、印刷物の配送プロセスまで、まとめて一式が提供される。プリンティング・イン・ア・ボックス社の仕組みを利用してオンライン印刷サービスを始める企業は、自社のロゴと好みの画面レイアウトで美しく装飾されたオンラ

イン店舗を開設し、ポストカード、レターヘッド、ノベルティやチラシなどのオンライン印刷サービスを販売することができる。このビジネスモデルはまさにウィンウィンと呼ぶべきものであり、顧客企業側は印刷プロセスに関する深い知識や印刷装置そのものが一切不要で、製品の流通、マーケティング、販売に集中できる。その一方でプリンティング・イン・ア・ボックス社は、印刷物の製造や配送に必要なインフラ整備に専念でき、マーケティング、ブランディングや最終顧客への販売のことを気に掛ける必要がない。

活用の視点

　もしすでに自社でブランドを確立済みであり、かつ自社の顧客層が低価格志向の場合には、ひとつの選択肢としてOEM戦略があり得る。このビジネスモデルは過去に食品業界や衣料品業界で大きな成功を収めている。もしOEMに興味がある場合には手始めに対象製品を限定して試験的に実施することをお勧めする。

考慮すべき点

- 自社の既存高級ブランド品のOEM製品を販売した場合、発生し得る製品間の競合や矛盾といった課題にうまく対応できるか？
- 顧客の目から見て、自社のブランド品とOEM製品の価値はどのように映るだろうか？
- 仮に自社の既存高級ブランド品のOEM製品を作るとしたら、既存のブランド品からなにを学ぶことができ、どのようなメリットを得ることができるか？

APPENDIX

付録

ビジネスモデルイノベーション10の鉄則

1. 経営トップの支援を得ること──ビジネスモデルイノベーションの推進は、誰にでもできる簡単なことではありません。
   - 新たなビジネスモデルが自社にもたらすメリットを強調して、ビジネスモデルイノベーションに対する経営トップの関心を高めましょう。
   - 自社の業界内、あるいは他業界におけるビジネスモデルイノベーションの成功事例を紹介しましょう。わかりやすい事例を聞けば、ビジネスモデルイノベーションの重要性が腑に落ちるかもしれません。
   - 粘り強く頑張りましょう。一夜にして、経営トップにビジネスモデルイノベーションの重要性を理解させることは難しいことです。
2. 組織横断チームで臨むこと──新たなビジネスモデルは縦割りの組織では生まれません。
   - ビジネスモデルイノベーションは組織横断の全社案件です。なるべくいろいろな部署のいろいろな経歴の人材を集めましょう。
   - ビジネスモデルの定義について、参加者全員が共通認識を持つように徹底しましょう。自社の事業において、What、Who、How、Whyがなにを意味するのかを、しっかり定義しましょう。
   - チームには必ず部外者も参加させましょう。業界の常識を打ち破るのに、部外者以上の適任はどこにもいません。
3. 変化を受け入れ、他人の指摘を真摯に受け止めるべく、心の準備をしておくこと──将来のビジネスモデルはすぐ目の前にあり、さまざまな場所にばらばらに転がっているだけだということを、よく心にとめておきましょう。
   - 別人になったつもりで少し考えてみましょう。今うまくいっている事業構造に常に疑いの目を向けることが重要です。

- 「NIH症候群」に陥らないように、「よいものは積極的に取り入れる」ことを推奨しましょう。
- 自社を取り巻くエコシステムの変化を恒常的に観察、分析しましょう。自社の既存のビジネスモデルが将来的に危機にさらされる兆しがすでに現れているかもしれません。

4 55枚のビジネスモデルのパターンカードを使って社内の常識や業界の常識を乗り越えること。
- 類似と対極のふたつの原則を利用して、ビジネスモデルのパターンカードを仕組みとして使いましょう。
- 自社事業と比較的近いモデルだけでなく、自社事業とかけ離れたモデルも試してみましょう。
- 繰り返し何度もやってみましょう。初めは、業界の部外者からなにかを学ぶのは不可能に思えるかもしれません。既存業界に関する深い知識を持った人の場合は特に、業界の常識を打ち破るのは大変なはずです。
- ビジネスモデルパターンを使ってより一層想像力を膨らませるために、手で触れられるカードやちょっとした小道具なども使ってみましょう。

5 オープンな文化を作ること――このプロジェクトに聖域はありません。
- アイデア出しの初期段階で、画期的なビジネスモデルのアイデアを否定的にとらえることは避けましょう。どんなアイデアも初めの段階では簡単に否定されてしまいます。
- イノベーションは失敗やリスクを必然的に伴うプロセスであることを忘れないようにしましょう。チームのメンバーには、失敗しても構わないので新たなアイデアをどんどん出してよいという自由を与えましょう。

6 繰り返しの手法を使い、何度も何度もやり直すこと――よくよく仮説を検証しましょう。
- アイデアの発散から収束に切り替えるタイミングを慎重に見計らって進めましょう。創造性と規律との間でバランスをとりながらプロセスを進めていくには、ある程度の経験が必要です。
- 初めから素晴らしいアイデアが出てくると期待するのはやめま

しょう。他のプロセス同様に、イノベーションも時間をかけて何度も努力を積み重ねることが必要です。
- 仮説はすぐに検証しましょう。むやみに待つ必要はありません。

7 自分たちのビジネスモデルの仮説にのめりこまないこと——特に初期の段階では、ほぼ確実にそのビジネスモデルの仮説は間違っています。
- 最初の顧客ヒアリング後に生き残るビジネスモデルはほとんどありません。あいまいさを持たせたビジネスモデルの場合にもまったく同様です。
- 訪れるであろう変更に備えて別のシナリオも用意しておきましょう。
- ビジネスモデルがなにを達成すれば成功と言えるのか、あらかじめ定めておきましょう。

8 プロトタイプ手法でリスクを限定すること——1枚の図は1,000の言葉と同等の価値があり、1回のプロトタイプは1,000枚の図と同等の価値があります。
- アイデアをプロトタイプとして形にすることを考えましょう。
- ビジネスモデルにすぐにフィードバックできるよう、プロトタイプはスピード重視で用意しましょう。
- プロトタイプとしては、例えば詳細な資料、顧客へのヒアリング、「初期の」市場参入のためのパイロットプロジェクトなどが考えられます。
- パイロットプロジェクトから得た気づきを、ビジネスモデルに適切に反映させましょう。なるべく早いタイミングで失敗することが大切です。

9 新たなビジネスモデルがうまく成長するように必要な肉付けをしてやること
- ビジネスモデル推進のための環境を用意し、外部の干渉から保護しましょう。
- 初期の段階ではビジネスモデル推進チームに自由度を与えることが重要で、具体的な目標設定は後になって状況が見えてきた段階で行いましょう。
- 短期的な結果を問わず、長期的なメリットを求めましょう。

- ビジネスモデルイノベーションは進行形のプロセスです。新たなビジネスモデルは石に刻み込まれたものではなく、常に必要な変更を加えるべきものです。

10 先頭に立って変革のプロセスを進めること
- 率先して変革のプロセスを進めることで社員の手本となり、変革に対する社員のモチベーションを高めましょう。
- ビジネスモデルイノベーションに対する社内の理解を促進しましょう。
- 変革のプロセスが常に公平で透明性の高いものであるよう、心がけましょう。
- 新たなビジネスモデルを推進するうえで、自社に足りないスキルがあれば積極的に身につけましょう。
- ビジネスモデルイノベーションが好意的に見られるように気を配りましょう。

55のビジネスモデル一覧

ビジネスモデル	マジックトライアングル	企業例／商品・サービス例 （括弧内はビジネスモデル発生年） ※イノベーション路線図(p.44)より	ビジネスモデルの概要
1 Add-on アドオン	What Why	ライアンエアー(1985)、SAP(1992)、セガ(1998)	アドオンのビジネスモデルでは、サービスや製品の本体を競争力のある価格で提供し、さまざまな追加オプションで最終的な価格が高くなっていくようにする。顧客にとっては結果的に初めに思っていたよりも多く支払うことになるが、必要なオプションだけを選択できるというメリットがある。
2 Affiliation アフィリエイト	How Why	Cybererotica(1994)、CDナウ(1994)、アマゾン(1995)、ピンタレスト(2010)	アフィリエイトのビジネスモデルでは、利益を得るために、パートナーが行う販売活動支援に重点を置く。この手法により、アフィリエイトを利用する側の企業は、営業やマーケティングに追加の労力をかけずにさまざまな顧客ベースにアクセスできる。アフィリエイトは、たいてい受注件数や広告表示回数を基準として運用される。オンラインで利用されることが多い。
3 Aikido 合気道	What Why	シックス・フラッグス(1961)、ザ・ボディショップ(1976)、スウォッチ(1983)、シルク・ドゥ・ソレイユ(1984)、任天堂(2006)	合気道は日本の武術であり、攻撃してくる相手の動きに逆らわず、相手の攻撃の力を別の方向へ向けさせる技である。攻撃者自身の力を利用するため、腕力はほとんど必要ない。ビジネスモデルに関して言えば、合気道モデルは業界標準とは真逆の製品やサービスというになる。メインストリームからはかけ離れた概念やアイデアを好む顧客には価値提案の新規性が好まれる。
4 Auction オークション	What Why	イーベイ(1995)、ウィンビッド(1996)、プライスライン(1997)、グーグル(1998)、ゾーパ(2005)、マイハンマー(2005)、イーランス(2006)	オークションのビジネスモデルは参加型の価格付けに基づいている。オークションが終了した時点でもっとも高い価格を提示した顧客が、製品やサービスを購入しなければならない。顧客の視点から見た場合このモデルの最大の利点は、自分の支払える額あるいはよいと思う金額以上は必要以上に金額に支払ってもよいということだ。

55のビジネスモデル一覧

5 Barter バーター	What Why	P&G（1970）、ペプシコ（1972）、ルフトハンザ航空（1993）、マグノリア・ホテルズ（2007）、ペイウィズアウィート（2010）	「バーター」という用語は、個人あるいは組織の間で製品やサービスを交換するビジネスモデルを指す。交換は完全に関係ないものにとっての価値が異なる場合が多い。
6 Cash Machine キャッシュマシン	How Why	アメリカン・エキスプレス（1891）、デル（1984）、アマゾン（1994）、ペイパル（1998）、ブラックソックス（1999）、グルーポン（2008）、マイファブ（2008）	キャッシュマシンのコンセプトでは、サプライヤーから販売代金を回収するより先に販売代金を回収する。そのためサプライヤーへの販売額が増加するほど手持ちのキャッシュが増加する。このパターンにより負債の支払いや新規投資などさまざまな目的で利用できる追加の資金流動性が得られる。
7 Cross-selling クロスセル	What How Why	シェル（1930）、イケア（1956）、チボー（1973）、アルディ（1986）、サニーフェア（2003）	クロスセルの目的は、既存顧客との関係を利用し、自社の基本製品やサービスの対象範囲を超えた補完的な製品やサービスを販売することだ。また、クロスセルには営業やマーケティングといった既存のリソースや能力を活用するという意味もある。顧客にとっての主なメリットは、ひとつの取引先からより多くの価値を調達することで製品を探すコストを省けるという点だ。
8 Crowdfunding クラウドファンディング	How Why	マリリオン（1997）、キャッサバ・フィルムズ（1998）、ディアスポラ（2010）、ブレインプール（2011）、ペブル・テクノロジー（2012）	クラウドファンディングはプロジェクトの資金調達するビジネスモデルである。その狙いは一般大衆にアウトソーシングし、プロ投資家の影響力や行使を制限することだ。出資の公募は、通常はプロジェクト推進の可否を問う形で実施され、すなわち最低出資総額の目標金額を達成したプロジェクトだけが実行される。
9 Crowdsourcing クラウドソーシング	How Why	スレッドレス（2000）、P&G（2001）、イノセンティブ（2001）、システムコンシステムズ（2007）、マイファブ（2008）	クラウドソーシングは、特定の作業をアウトソーシングする手法で、外部作業者を公募するところが特徴である。事業への貢献者に賞金を出す場合もあれば、自社への愛着や扱う課題への興味に頼っている場合もある。クラウドソーシングはまた、将来の製品に対する顧客の要望や好みを見出すのに非常に適している。
10 Customer Loyalty カスタマー ロイヤルティ	What Why	スペリー＆ハッチンソン（1897）、アメリカン航空（1981）、セーフウェイクラブカード（1995）、ペイバック（2000）	カスタマーロイヤルティのビジネスモデルでは、インセンティブプログラムを通じて、顧客を自社につなぎ留め、ロイヤルティを獲得する。この方法により顧客は自社と紐づき、競合他社の製品やサービスを選ぶことが減るため、自社の収益を守ることになる。

I1 Digitisation デジタル化	What How	シュービーゲル・オンライン (1993)、WXYC (1994)、ホットメール (1996)、ジョーンズ・インターナショナル大学 (1996)、CEWEカラー (1997)、サーベイモンキー (1998)、ナップスター (1999)、ウィキペディア (2001)、フェイスブック (2004)、ドロップボックス (2007)、ネットフリックス (2008)、ネクスト・イシュー・メディア (2011)	デジタル化のビジネスモデルは、既存の製品やサービスをデジタルデータとして取り扱えるようにすることで、中間業者の排除や、無駄の削減、より自動化された配送などによるメリットを実現する。このモデルは多くのタイプの事業に適用できる。
I2 Direct Selling 直販モデル	What How Why	デル (1984)、タッパーウェア (1946)、アムウェイ (1959)、ザ・ボディショップ (1976)、デル (1984)、ディノスブレッソ (1986)、ファースト・ダイレクト (1989)、ネスレ/スペシャル.T (2010)、グラシー・シェーブ・クラブ (2012)、ネスレ/ネイビーネス (2012)	直販のビジネスモデルでは、製品は小売りやアウトレットのような中間チャネルから提供されることなく、製造元やサービス提供者が直接提供される。その為売り手企業は中間業者のマージンや周辺コストを省くことができる。削減したコストを顧客に還元することも可能だ。直販モデルでは営業情報をより正確に把握し、均一で一貫した流通モデルを安定的に運用できる。
I3 E-commerce Eコマース	What How Why	デル (1984)、アマゾン (1995)、ワインビッド (1996)、ブラックソックス (1999)、ザッポス (1999)、エインス (2000)、フライヤーファーム (2002)、ゾーバ (2005)、グラシー・シェーブ・クラブ (2012)	従来型の製品やサービスがオンラインチャネルを通じて提供されるようになり、実店舗を運営する費用が不要になった。顧客側は、オンラインで製品やサービスを簡単に検索できるので、時間や移動コストをかけずに商品を入手できるといったメリットが生まれた。オンラインで商品を比較し、より低価格な商品を入手できるメリットが生まれた。
I4 Experience Selling 体験の販売	What How Why	ハーレーダビッドソン (1903)、イケア (1956)、トレーダー・ジョーズ (1958)、スターバックス (1971)、スウォッチ (1983)、ネスレ/ネスプレッソ (1986)、レッドブル (1987)、バーンズ&ノーブル (1993)、ネスレ/スペシャル.T (2010)	体験の販売モデルにおいては、製品やサービスの価値を付随する追加サービスで向上させる。体験の販売に成功すれば、顧客は企業の価値へのロイヤリティを高め、付随する体験が含まれることを前提に、より多くの商品をより高い価格で買うようになる。体験の販売では顧客の体験に影響するすべての活動に一貫性を持たせる必要がある。それらの活動には販売促進、商品デザイン、販売担当者、製品機能、店頭在庫、店舗デザイン、商品パッケージなどを含む。

406

15 Flat Rate フラット料金	What Why	スイス連邦鉄道(1898)、バックハウス・ピュッフェ(1946)、サンダルス・リゾーツ(1981)、ネットプリックス(1999)、ネクスト・イシュー・メディア(2011)	このビジネスモデルでは顧客はサービス料金を一括で支払い、好きなだけ利用する。顧客の最大のメリットは完全にコストを固定したうえで無制限に消費できることだ。企業にとっては、通常料金の範囲を超えて利用する顧客が、製品やサービスをあまり使わない顧客のバランスがとれていれば財務的に健全な形で運用できる。
16 Fractional Ownership 部分所有	What How Why Who	ハピマグ(1963)、ネットジェッツ(1964)、モビリティ・カーシェアリング(1997)、イーキュリー25(2005)、ホームバイ(2009)	部分所有のビジネスモデルでは、顧客は資産全体ではなくその一部のみを購入する。顧客は全体金額の一部を支払えばよいので、高くて手の出なかった製品やサービスを購入することができる。部分所有は一般的に組合の形態をとり、各購入者は所有割合に応じて一定の利用権を得る。
17 Franchising フランチャイズ	What How Why	シンガー(1860)、マクドナルド(1948)、マリオット(1967)、スターバックス(1971)、サブウェイ(1974)、フレスナップ(1992)、ナチュール・ハウス(1992)、メックフィット(1997)、バックペルク(2001)	フランチャイズでは、フランチャイザーが自社ビジネスモデルの利用権フランチャイジーに販売する。このシステムにより、フランチャイザーは自社ですべてのリスクを負うことなく、また必要なリソースを集めることなく、自社ビジネスを迅速に各地へ展開できる。フランチャイジーのメリットは、製品、機材、商標、業務プロセスなど、差別化要素が実証済みのビジネスモデルを利用できることだ。
18 Freemium フリーミアム	What Why	ホットメール(1996)、サーベイモンキー(1998)、リンクトイン(2003)、スカイプ(2003)、スポティファイ(2006)、ドロップボックス(2007)	このビジネスモデルは無償で提供される製品やサービスの基本版と、追加支払により利用可能になる有償版で構成される。製品の無償版は初期の顧客基盤の実現を意図したもので、あとで十分な数の顧客が有償版に移行してくれるという計算のもとで提供される。
19 From Push to Pull プル戦略への移行	What How Why	ザラ(1975)、トヨタ(1975)、デル(1984)、ゲベリット(2000)	顧客に提供価値を押し込む「プッシュ戦略」を「プル戦略」に切り替えたい企業は、柔軟かつ感度の高いバリューチェーン構築が必要となる。プル戦略への移行モデルは神様「お客様は神様です」的な考え方に集中し、企業内での判断をすべて顧客基準に、顧客を自社の基礎研究、新製品開発、生産、物流、流通に巻き込むことだ。

407 APPENDIX 付録

20 Guaranteed Availability 稼働保証	What How Why	ネットジェッツ (1964)、PHH コーポレーション (1986)、IBM (1995)、マンナリーリンクルディ (2000)、ABBターボシステムズ (2010)	稼働保証のビジネスモデルの本質的な狙いは、操業停止に伴う損失を最小化させることである。稼働を保証するために必要な一連のサービスを継続的に顧客へ提供することが一般的である。安定的に利用できることは顧客に高い価値をもたらすぶことが、固定額の契約を結ぶため、一般的にこのビジネスモデルでは長期間にわたる顧客との強固な関係を築くことができる。
21 Hidden Revenue 隠れた収益源	What How Why Who	ジェーシードゥコー (1964)、Sat.1 (1984)、メトロ新聞 (1995)、グレイダスリスト (1996)、グーグル (1998)、フェイスブック (2004)、スポティファイ (2006)、ザドゥー (2007)	隠れた収益源のビジネスモデルでは、「事業は製品やサービスの販売によってのみ成り立つ」というロジックを捨てる。その代わり主な収益を得る無料サービスを利用して利益を得る第三者からもたらされる。このモデルの一般的な実施形態は広告モデルである。
22 Ingredient Branding 素材ブランディング	What How	デュポン (1964)、ゴア (1976)、インテル (1991)、カールツァイス (1995)、シマノ (1995)、ボッシュ (2000)	素材ブランディングとは、他の製品の素材としてのみ購入され、単独で購入することのない製品のブランディングである。具体的には、素材製品が最終製品の特徴のない機能であることを宣伝する。そのような最終製品を供給する企業は自社製品のブランド価値を高めて最終顧客にアピールする。
23 Integrator インテグレーター	How Why	カーネギー・スチール (1870)、フォード (1908)、ザラ (1975)、BYDオート (1995)、エクソンモービル (1999)	インテグレーターのビジネスモデルを採用する企業は、サプライチェーンのすべて、あるいはほとんどの部分をコントロールする。例えば、原料の調達、生産、配送といった製造プロセスに関与する部分に関与するということだ。このようにビジネスを垂直統合することで経済的なメリットを実現するため、外部サプライヤー依存による不具合を防止できるため、結果的にコスト削減につながる。
24 Layer Player 専門特化プレイヤー	What How	デンネマイヤー (1962)、ウィプロ・テクノロジーズ (1980)、トラストレー (1997)、ペイパル (1998)、アマゾン/AWS (2002)	このモデルを適用する企業は、バリューチェーンの特定の活動に注力し、複数業界の複数市場にサービスを提供する。バリューチェーンの大部分をアウトソースするアウトソースプレイヤー企業が典型的な顧客だ。専門特化プレイヤーのビジネスモデルを採用した企業のメリットは、専門特化によるビジネス効率の向上と知的財産権を含むノウハウの横展開である。

25 Leverage Customer Data 顧客データ活用	How Why	アマゾン（1995）、グーグル（1998）、ペイパック（2000）、フェイスブック（2004）、23アンドミー（2006）、ツイッター（2006）、ペライン（2011）	顧客データ活用は、現代の技術進歩の恩恵により生まれたビジネスモデルで、データ収集や分析によって、大きな利益を生む可能性を秘めている。データ収集と分析を主な事業としている企業は、このモデルの可能性と潜在的な需要に大いに期待している。
26 Licensing ライセンシング	What How Why	アンハイザー・ブッシュ（1870）、IBM（1920）、DIC2（1973）、アーム（1989）、デュアブル・システム（1991）、マックス・ハーフェラー（1992）	ライセンシングでは、自社で作り上げた知的財産を第三者へ使用許諾する。ライセンシングによるさらなるメリットは、自社が完全に研究開発だけに注力できることだ。具体的なアプリケーションの製造やマーケティングの能力を持つ必要がないということ。これらの機能はライセンス使用権の購入者が用意する。逆に相手方から見た利点はコスト負担が大きく、長期間に不確実変更要素の大きい研究開発活動を行う必要がないことだ。
27 Lock-in ロックイン	How Why	ジレット（1904）、レゴ（1949）、マイクロソフト（1975）、ヒューレット・パッカード（1984）、ネスレ/ネスプレッソ（1986）、ネスレ/スペシャル.T（2010）、ネスレ/ネイビーネス（2012）	このビジネスモデルでは、顧客がベンダーの製品やサービスに「ロックイン」され、他のベンダーへの切り替えには大きなコストやペナルティーを伴うことになる。ここで言うコストは金銭的なものだけでなく、他の手段への切り替えや利用方法の習得に要する時間に含む。
28 Long Tail ロングテール	What How Why	アマゾン（1995）、イーベイ（1995）、ネットプリックス（1999）、アップル/iPod・iTunes（2003）、ユーチューブ（2005）	ロングテールのビジネスモデルでは非常に多種多様な製品を少量ずつ販売することに注力し、限られた種類の製品を大量に販売する「ブロックバスター」モデルとは正反対になる。ロングテールでは個々のバージョンで少量販売するが、非常に多種類の製品を最終的には販売するため大きな利益となる。
29 Make More of It 保有能力の活用	What How Why	ポルシェ（1931）、フエスト・ダイダクティック（1970）、BASF（1998）、アマゾン/AWS（2002）、ゼンハイザー・サウンド・アカデミー（2009）	保有能力の活用のビジネスモデルでは、自社のノウハウやリソースを自社のみで利用するだけでなく外部企業にも提供する。そうすることで、本業に上乗せする形で売上を得ることができる。
30 Mass Customisation マス・カスタマイゼーション	What How Why	デル（1984）、リーバイス（1990）、マイアディダス（2000）、パーソナルノベル（2003）、ファクトリー121（2006）、マイミューズリ（2007）、マイ・ユニーク・バッグ（2010）	マス・カスタマイゼーションとは、従来型の大量生産の効率性を保ちながら顧客の個別ニーズに応じてカスタマイズすることを指す。これは製品アーキテクチャの標準化によって実現可能となる。顧客のメリットは大金を払うことなくカスタムオーダー品を購入できることである。

31 No Frills 格安製品	What How Why Who	フォード (1908)、アルディ (1913)、マクドナルド (1948)、サウスウエスト航空 (1971)、フラビッド眼科病院 (1976)、アコーホテルズ (1985)、メックフライト (1997)、ダウコーニング (2002)	格安製品のビジネスモデルでは提供価値を最小限まで絞り込み、その結果生じる削減コストを圧倒的な低価格という形で顧客に還元することが狙いである。主たる狙いは顧客層を拡大し、理想的には莫大な数の潜在顧客にアピールすることである。
32 Open Business オープンビジネス	How Why	バルブ (1998)、ABRIL Moda (2008)	オープンビジネスでは、研究開発の価値創造プロセスに外部パートナーを招き入れる。オープンビジネスのモデルを有効活用するには、外部リソースと自社リソースのそれぞれを、価値創造プロセスのどの部分にどう使うと画期的な効果が得られるかをシステマテックに考える必要がある。
33 Open Source オープンソース	What How Why	IBM (1955)、モジラ (1992)、レッドハット (1993)、モンドバイオテック (2000)、ウィキペディア (2001)、ローカル・モーターズ (2008)	オープンソースでは、開発されたソリューションは特定のひとつの会社の所有物でなく、公共資産となる。つまりオープンソース製品は無料で自由に利用できる。開発したソリューションそのものからの売上は得られないが、コンサルティングやサポートといったオープンソースを補完するサービスで収益をあげる。
34 Orchestrator オーケストレーター	How Why	P&G (1970)、利豊グループ (1971)、ナイキ (1978)、エデアル (1995)	オーケストレーター企業は自社の中核能力に集中し、バリューチェーン活動の中で自社の得意な分野以外はうまく仕事をこなす専門サービス事業者にすべてアウトソースする。オーケストレーター企業は自社だけが卓越した能力を持つ活動に専念し、他をアウトソースすることで、コストの削減とスケールメリットを実現する。
35 Pay Per Use 従量課金	What Why	ホットチョイス (1988)、グーグル (1998)、アリー・ファイナンシャル (2004)、ベターブレイス (2006)、カートゥーゴー (2008)	従量課金では、製品やサービスの利用量を個別に測定して料金を顧客に課金する。実際のサービス利用量に応じて料金を支払うため、必要なときにだけサービスを利用したいという顧客に受け入れられている。
36 Pay What You Want 賽銭方式	What Why	One World Everybody Eats (2003)、ノイズトレード (2006)、レディオヘッド (2007)、ハンブルバンドル (2010)、パネラ・ブレッド (2010)	賽銭方式のビジネスモデルでは、製品やサービスへの支払額を顧客が決める。最低金額や希望価格が参考として顧客に提示されることもある。顧客にとってはもちろん、価格を自分で決められる点がこのモデルのメリットである。製品やサービスの提供側にとってのメリットは、多数の顧客を獲得できる可能性がある点だ。

410

37 Peer to Peer 個人間取引	What How Why	イーベイ(1995)、クレイグスリスト(1996)、ナップスター(1999)、カウチサーフィング(2003)、リンクトイン(2003)、スカイプ(2003)、ソーバ(2005)、スライドシェア(2006)、ツイッター(2006)、ドロップボックス(2007)、エアビーアンドビー(2008)、タスクラビット(2008)、リレイライズ(2010)、ギドシー(2011)	個人間取引では、運営会社はある種の仲介業者としてコミュニティ参加者をつなぐプラットフォームの役割を果たす。具体的には個人の持ち物を賃したり、特定のサービスや物を提供したり、あるいは情報や経験を共有したりといったことになる。
38 Performance-based Contracting 成果報酬型契約	What How Why	ロールス・ロイス(1980)、BASFコーティングス(1998)、ゼロックス(2002)	成果報酬型契約での製品価格は、額面価値ではなく製品やサービスが生み出す価値に基づいて計算される。製品を提供するメーカーが顧客の価値創造プロセスに密接に組み込まれることが多く、製品に関する過去の経験でスキルメリットを通じて運用費用、メンテナンス費用、修理費用などすべてのコストを低減し、顧客に還元する。
39 Razor and Blade サブライ品モデル	What How Why	スタンダード石油(1880)、ジレット(1904)、ヒューレット・パッカード(1984)、ネスレ/ネスプレッソ(1986)、アップル/iPod・iTunes(2003)、ベターブレイス(2006)、アマゾン/Kindle(2007)、ネスレ/スペシャル.T(2010)、ネスレ/ネイビースネス(2012)	サブライ品モデルでは、本体製品は原価を下回る低い価格、場合によっては無償で提供される。一方で、本体を使うために必要なサブライ品は高い価格が設定され、収益の大部分を担っている。本体製品を買うための障壁を低くすることで顧客のロイヤリティを獲得し、サブライ品からの収益で穴埋めする。通常は、顧客がサブライ品を競合他社から買うことがないように、なんらかの障壁を築く。
40 Rent Instead of Buy レンタルモデル	What Why	サンダース・システムカーレンタル・カンパニー(1916)、ゼロックス(1959)、ブロックバスター(1985)、レンタバイク(1987)、モビリティ・カーシェアリング(1997)、マシナリーリンク(2000)、CWSボコ(2001)、ラクサスペイブ(2006)、フレックスペッツ(2007)、カートゥーゴー(2008)	レンタルモデルでは、購入する代わりにレンタル利用する。顧客にとって最大のメリットは購入費用の準備が不要なことで、高価で買えないものを手にできる。レンタルを使えば固定資産として資金が長期間にわたって固定化されることがないので、金銭面で顧客に余裕が生まれる。また、レンタルモデルを提供する側は製品の稼働率が向上し、双方にメリットがある。

411 APPENDIX 付録

55のビジネスモデル一覧

41 Revenue Sharing レベニューシェア	What Why	CDナウ (1994)、ハブページズ (2006)、アップル/iPhone・App Store (2008)、グルーポン (2008)	レベニューシェアは、個人、団体、企業などが協業し、協業によるメリットを得て企業、すなわち顧客を獲得し、その結果得られた売上を分け合うビジネスモデルである。協業によるメリットを得た企業、すなわち直接的な売上を得た企業から、他の関係者に売上の一部が支払われる。
42 Reverse Engineering リバースエンジニアリング	What How Why	バイエル (1897)、ペリカン (1994)、華慶汽車 (2003)、デナー (2010)	リバースエンジニアリングのビジネスモデルでは、既存の技術や競合製品を分析し、得られた情報をもとに類似あるいは互換製品を開発する。研究開発投資が少なくて済むため、市場の同等製品に比べて低価格で製品を提供できる。
43 Reverse Innovation リバースイノベーション	What How	ロジテック (1981)、ハイアール (1999)、ノキア (2003)、ルノー (2004)、GE (2007)	リバースイノベーションのビジネスモデルでは、最初の商品企画を発展途上国向けに行い、そのうえで先進国向けに再度パッケージングして低コストで販売する。過去においては欧米の研究室で新製品を開発して先進国に提供し、新興国や低所得国には後になって提供されることが一般的であったが、その逆であるため「リバース」という言葉が使われる。
44 Robin Hood ロビンフッド	What Why Who	アラビンド眼科病院 (1976)、OLPC (2005)、トムズシューズ (2006)、ワービーパーカー (2008)	このモデルでは、製品やサービスを「貧困層」の顧客に「金持ち」よりもずっと高い価格で売り、利益の大半を金持ちの顧客から稼ぎ出す。貧困層にサービスを提供しても直接的な利益は生まれないが、他社には実現できない規模の経済を作り出せる。加えて、貧困層に便宜を図ることは企業イメージの向上にもつながる。
45 Self-service セルフサービス	What How Why	マクドナルド (1948)、イケア (1956)、アコーホテルズ (1985)、モビリティ・カーシェアリング (1997)、バックペルカ (2001)、カートゥーゴー (2008)	セルフサービスのビジネスモデルでは、価格を下げる代わりに製品やサービスの提供プロセスの一部を顧客に肩代わりしてもらう。コストがかかる割には顧客からあまり価値を認められないプロセスに適している。低価格に加え、セルフサービスは顧客にとって時間の節約につながることが多く、効率が向上することすらある。顧客自らが行ったほうが、迅速かつピンポイントに作業を実施できる場合があるからだ。

412

55のビジネスモデル一覧

46 Shop in Shop 店舗内出店	What How Why	ティム・ハートンズ (1964)、チボー (1987)、ドイツ・ポスト (1995)、ボッシュ (2000)、ミニッツクリニック (2000)	店舗内出店のビジネスモデルとは、他社の販売スペースの一部を間借りして店舗を運営することを指す。シナジーが生まれてお互いの価値が向上し、ウィンウィンの状況をもたらすことも多い。貸し手側は出店者の商品やサービスによる集客効果が見込めるとともに家賃収入も入り、出店者は好立地に自社ブランドを露出できることに加え、自前で出店する場合に比べて家賃や人件費がかからなくて済む。
47 Solution Provider ソリューションプロバイダー	What How Why	ランダル・テキスタイル (1954)、ハイデルベルグ・プリンティング・マシーンズ (1980)、テトラパック (1993)、ギーク・スクワッド (1994)、CWSボコ (2001)、アップル/iPod・iTunes (2003)、3Mサービス (2010)	ソリューションプロバイダーは特定分野の製品やサービスを網羅的に取り扱い、必要なものすべてを一元的に提供し、顧客への高付加価値ソリューションプロバイダー自身の商習慣を一新し、売上を実現する。顧客と密接な関係を構築し、ニーズや商習慣を把握することで、適切な製品やサービスを提供できる。
48 Subscription サブスクリプション	What Why	ネットフリックス (1999)、ブラックソックス (1999)、セールスフォース (1999)、ジャンバ (2004)、スポティファイ (2006)、ネクスト・イシュー・メディア (2011)、ダラー・シェーブ・クラブ (2012)	サブスクリプションでは、顧客は月額あるいは年額で契約することで、製品やサービスを利用できる。顧客の主なメリットは期間契約のほうが製品やサービスを個別に購入する場合に比べて安く済むことであり、企業にとってのメリットは安定収入を得られる点だ。
49 Supermarket スーパーマーケット	What How Why	キング・カレン (1930)、メリルリンチ (1930)、トイザらス (1948)、ホームデポ (1978)、ベスト・バイ (1983)、プレスナップ (1985)、ステープルズ (1986)	スーパーマーケットのビジネスモデルでは、企業はさまざまな種類の製品を1ヵ所で販売する。製品の品揃えは幅広く、価格は低く抑えられていることが多い。製品の多様性が顧客にとっての大きな魅力であり、企業側には規模の経済による効率性というメリットが生まれる。
50 Target the Poor 低所得層ターゲット	What How Why Who	グラミン銀行 (1983)、アーヴィンド (1995)、エアテル (1995)、ヒンダスタン・ユニリーバ (2000)、タタ/Nano (2009)、ウォルマート (2012)	低所得層ターゲットで対象とするのは所得ピラミッドの最下層に位置する人々であり、高所得者層ではない。安価で購入可能な製品やサービスを提供することにメリットを感じてもらう。1個の製品販売から得られる利益は小さいが、販売量は大きくなりやすく、それといういうのもこの顧客の人口は膨大で、世界全体の約半数に及ぶからだ。

413 APPENDIX 付録

51 Trash to Cash 廃品リサイクル	What How Why	デュアル・システム (1991)、フライターグ (1993)、エメコ (2010)、グリーンワイヤー (2001)、H&M (2012)	廃品リサイクルでは、中古品が回収されて別の地域で再度販売されたり、新たな製品に再生されたりする。中古品の買取価格がゼロか低コストであることが収益モデルの前提となる。このモデルを採用した企業ではほぼ無償で、サプライヤーはゼロかあるいは低コストで廃品処理サービスを受けられる。
52 Two-sided Market 両面マーケット	What How Why Who	ダイナーズクラブ (1950)、ジェーシードラウ (1964)、Sat.1 (1984)、アマゾン (1995)、イーベイ (1995)、メトロ新聞 (1995)、プライスライン (1997)、グーグル (1998)、フェイスブック (2004)、マイハンマー (2005)、イーランス (2006)、ザトゥー (2007)、グルーポン (2008)	両面マーケットは中間業者あるいはプラットフォームとして、補完関係にある二つのグループが相互のためにやり取りできるようにする。例えば転職サイトでは求職者と採用企業とを結びつける。プラットフォーム片方のグループの利用者が増えると、もう片方のグループにとってのプラットフォームとしての価値が向上する。
53 Ultimate Luxury 究極の逸品	What How Why Who	ランボルギーニ (1962)、ジュメイラ・グループ (1994)、MIRコーポレーション (2000)、ザ・ワールド (2002)、アボット・ダウニング (2011)	究極の逸品のビジネスモデルでは、対象とする超富裕層セグメントの購買力にふさわしい最高品質の製品やサービスを提供する。自社製品やサービスを差別化する。このような製品やサービスを提供するために必要な大きな投資は、それらの販売から得るマージンで賄われる。
54 User Design プロシューマー	What How Why Who	スプレッドシャツ (2001)、ルル (2002)、レゴ/レゴファクトリー (2005)、ルル (2002)、ポンコ (2007)、アマゾン/Kindle (2007)、アップル/iPhone/App Store (2008)、クリエイト・マイ・タトゥー (2009)、クァーキー (2009)	プロシューマーでは、顧客がデザイナーと消費者の両方の役割を果たす。典型的な例では、企業が製品の設計やマーケティングなど必要な作業を行えるように、企業がオンラインのプラットフォームを提供する。例えば専用のECサイトやCADソフトウェアや製造サービス、製品販売用のECサイトなどを提供する。実際に商品が売れた段階で、企業は一定の料金を受け取る。
55 White Label OEM製品	What How	鴻海精密工業 (1974)、リシュリュー・フーズ (1994)、プリンティング・イン・ア・ボックス (2005)	OEM製品は、製造元が命名するのではなく、別の会社が別の名前を付け別の市場セグメントに向けて販売する。完成品には特定のブランドがないため、同一の製品やサービスを複数のブランドの小売業者が別々のブランドで販売することもあり、その場合には異なる複数の市場セグメントに同一製品が供給されることになる。

INDEX

数字
1882ダイレクト［1882direkt］............ 178
23アンドミー［23andMe］............ 251,409
3M 104,108,114,116,242,359
3Mサービス 108,112,359,413
3Mニュー・ベンチャーズ
　　［3M New Ventures］............ 114

A-M
AAdvantage 172
ABBターボシステムズ
　　［ABB Turbo Systems］...... 226,408
ABRIL Moda 287,410
AEG
　　［Allgemeine Elektricitats-Gesellschaft］
　　............ 15
AMRコーポレーション
　　［AMR Corporation］............ 171
App Store 266,328,412,414
AT&T 250
AWS 271,408,409
BASF 256,285,377,409
BASFコーティングス
　　［BASF Coatings］............ 314,411
BBCオンライン［BBC Online］............ 35
BEAシステムズ［BEA Systems］......... 114
BMG 27
BMW 60,116,125,220,323,333
BRICs 371
BYDオート［BYD Auto］............ 240,408
CDナウ［CDnow］............ 328,404,412
CEWE 50,105,109
CEWEカラー 406
CEWEデジタル［CEWE Digital］........ 106
CVSケアマーク［CVS Caremark］........ 62
CWSボコ［CWS-boco］...... 324,411,413
Cybererotica 130,404
DHL 246
DIC2 257,409
DKB 178
DSM 52
E コマース 185,406
EMI 27,200
FLスミス［FLSmidth］............ 59,109
GE 16,51,60,338,412
GM 309,323
H&M［Hennes & Mauritz］......... 221,414
hi5 287
IBM 28,52,225,255,286,290,
　　　　　　　　296,408,409,410
iPhone 412,414
iPod 34,55,319,409,411,413
I-Prize 166
iTunes ... 34,55,262,266,319,409,411,413
iTunes Store 328
Kaurit Lightプロセス 256
Kindle 411,414
Linux OS 286,291
Los Olivos 住宅コミュニティ 287
MIRコーポレーション 414
MTU 270
MTUエンジニアリング
　　［MTU Engineering］............ 270

N-Z
NABC手法 79
Nano 372,413
NIH症候群 26,43,340,401
OEM製品 394,414
OLPC 343,412
One World Everybody Eats 303,410
P&G 52,145,166,285,405,410
P&Gエンタテイメント
　　［Procter & Gamble Entertainment］
　　............ 145
PCフラワーズ＆ギフト
　　［PC Flowers & Gifts］............ 130
PHHコーポレーション
　　［PHH Corporation］............ 224,408
SAP 49,107,126,404
Sat.1 408,414
SBB 198,407
SHARE 290
SIG 59
SMART 339
SMARTアプローチ 107
Solusi Rumah 211
Steam 287
VTBダイレクトバンク
　　［VTB direct bank］............ 178

W.L. ゴア＆アソシエイツ
　　〔W.L. Gore & Associates〕……⇒ゴア
Wii …………………………………………… 136
WXYC ……………………………………… 176,406

あ-お

アーヴィンド ……………………………… 413
アーチン・ソフトウェア
　　〔Urchin Software〕 ………………… 250
アーム〔ARM〕 …………………………… 256,409
合気道 ……………………………………… 133,404
アイデオ〔IDEO〕 ………………………… 34,116
アイビス・バジェット・ホテル
　　〔ibis budget hotel〕 ………………… 349
アウディ〔Audi〕 ………………………… 333
アグファ〔Agfa〕 ………………………… 15
アコーホテルズ
　　〔Accorhotels〕 … 281,349,410,412
アセア・ブラウン・ボベリ
　　〔Asea Brown Boveri〕 ……………… 51
アップル〔Apple〕 …… 16,18,27,34,41,55,
　　　　　　　　　　106,266,319,328,
　　　　　　　　　409,411,412,413,414
アディダス〔Adidas〕 …………………… 236,276
アドオン ……………………………… 21,30,121,404
アドセンス〔AdSense〕 ………………… 250
アドワーズ〔AdWords〕 ………………… 231
アバクロンビー＆フィッチ
　　〔Abercrombie & Fitch〕 ………… 297
アフィリエイト ………… 30,128,182,327,404
アボット・ダウニング
　　〔Abbot Downing〕 ………… 387,414
アマゾン〔Amazon〕 …… 18,57,131,152,187,
　　　　　　　　　　244,249,265,271,
　　　　　　　　　　382,404,405,406,
　　　　　　　　　　408,409,411,414
アマゾン・ウェブ・サービス
　　〔Amazon Web Services〕 …… ⇒AWS
アムウェイ〔Amway〕 ………………… 182,406
アメリカン・エキスプレス
　　〔American Express〕 ……… 151,405
アメリカン航空
　　〔American Airlines〕 … 15,171,405
アラビンド眼科病院
　　〔Aravind Eye Care System〕
　　……………………… 281,342,410,412
アラモ ……………………………………… 323

アリアンツ〔Allianz〕 …………………… 29
アリー・ファイナンシャル
　　〔Ally Financial〕 …………… 301,410
アルディ ………………………… 281,405,410
アンハイザー・ブッシュ
　　〔Anheuser-Busch〕 ………… 254,409
イーキュリー 25〔ecurie25〕 ……… 204,407
イーベイ〔eBay〕 ……… 57,140,152,246,
　　　　　　　　　　265,307,382,404,
　　　　　　　　　　　409,411,414
イーライリリー〔Eli Lily〕 …………… 166,286
イーランス ……………………… 140,404,414
イケア〔IKEA〕 …………… 24,156,348,
　　　　　　　　　　405,406,412
イノセンティブ
　　〔InnoCentive〕 ……… 166,286,405
イリジウム〔Iridium〕 …………………… 55
インシュアザボックス〔insurethebox〕 …… 30
インテグレーター ………………………… 238,408
インテル〔Intel〕 ………………………… 235,408
インペリアル・オイル〔Imperial Oil〕 …… 240
ウィキペディア
　　〔Wikipedia〕 ……… 57,291,406,410
ウィッシングス〔Withings〕 …………… 58
ウィップカー ……………………………… 323
ウィプロ・テクノロジーズ
　　〔Wipro Technologies〕 …… 244,408
ウォルマート〔Wal-Mart〕 …… 297,372,413
ウルト〔Wurth〕 ………………… 189,241,358
エアテル〔Airtel〕 ……………… 61,296,410,413
エアビーアンドビー〔Airbnb〕 … 57,310,411
エイサー〔Acer〕 ………………………… 21
エイソス〔Asos〕 ………………………… 188,406
エイビス …………………………………… 323
エクソンモービル〔Exxon Mobil〕 … 240,408
エサと釣り針 ……………………………… 318
エッソ〔Esso〕 …………………………… 240
エボニック〔Evonik〕 …………………… 106
エメコ〔Emeco〕 ………………………… 378,414
エリクソン〔Ericsson〕 ………………… 116,296
エレベーターピッチ ……………………… 79
オークション ……………………… 138,265,404
オーケストレーター ……………………… 294,410
オーシャン・トモ〔Ocean Tomo〕 ……… 141
オーチス〔Otis〕 ………………………… 226
オートスカウト24〔AutoScout24〕 ……… 35
オープンイノベーション ………………… 285

INDEX

オープンソース ······················· 289,410
オープンソースソフトウェア ······· 291
オープンビジネス ······················ 283,410
オールマイティー〔allmyTea〕 ············· 277
オラクル〔Oracle〕 ······················ 113

か-こ
カーゴリフター〔CargoLifter〕 ·············· 50
カートゥーゴー〔car2go〕 ··· 24,53,300,323,
410,411,412
カーネギー・スチール
〔Carnegie Steel〕 ············ 238,408
カールツァイス〔Carl Zeiss〕 ······· 256,408
カウンターストライク
〔Counter-Strike〕 ······················ 287
格安航空会社 ······························· 280
格安製品 ····································· 278,410
隠れた収益源 ······························· 228,408
華晨汽車
〔Brilliance China Auto〕 ··· 333,412
カスタマーロイヤリティ ············ 30,169,405
カスタマイゼーション ·················· 274
稼動保証 ····································· 223,408
カンバン物流方式 ························ 219
ギーク・スクワッド
〔Geek Squad〕 ············ 62,359,413
キス原則 ······································ 78
キックスターター〔Kickstarter〕 ············ 160
ギドシー ····································· 411
キャッサバ・フィルムズ
〔Cassava Films〕 ············ 160,405
キャッシュマシン ························ 149,405
究極の逸品 ·································· 384,414
キング・カレン〔King Kullen〕 ······· 366,413
クァーキー ·································· 414
クイッカー〔Quicar〕 ······················ 53
グーグル〔Google〕 ···· 16,35,51,129,231,
250,266,300,380,
404,408,409,410,414
グーグル・アドワーズ ···················· 130
グーグル・アナリティクス
〔Google Analytics〕 ················ 250
グーグルビデオ〔Google Video〕 ········· 51
クライスラー〔Chrysler〕 ·················· 50
クラウドソーシング ···················· 52,163,405
クラウドファンディング ············· 158,176,405

グラミン銀行
〔Grameen Bank〕 ········ 61,371,413
グリーン・ドット〔Der Grune Punkt〕 ····· 376
グリーンシールドスタンプ
〔Green Shield Stamps〕 ············ 171
グリーンワイヤー〔Greenwire〕 ······ 377,414
クリエイト・マイ・タトゥー
〔Create My Tatoo〕 ·········· 392,414
グルーポン
〔Groupon〕 ········ 382,405,412,414
グルンディッヒ〔Grundig〕 ··················· 15
クレイグスリスト
〔Craigslist〕 ······· 231,308,408,411
クロスセル ·································· 154,194,405
ケー!紙〔Que!〕 ···························· 53
ゲベリット〔Geberit〕 ············ 112,220,407
ケンタッキーフライドチキン
〔Kentucky Fried Chicken〕
······························· 155,209
ゴア〔Gore〕 ························· 115,235,408
ゴアテックス〔Gore-Tex〕 ····················· 236
広告モデル ·································· 229
コーチサーフィング ······················ 309,411
ゴートゥ〔GoTo〕 ··························· 300
コカ・コーラ〔Coca-Cola〕 ············ 56,378
顧客データ活用 ·················· 176,247,409
個人間取引 ·································· 22,306,411
コダック〔Kodak〕 ···························· 15,27
コネクト+デベロップ
〔Connect + Develop〕 ··· 52,166,285
コムダイレクト〔comdirect.de〕 ············ 178

さ-そ
ザ・ボディショップ
〔Body Shop〕 ············· 135,404,406
ザ・ワールド ································· 414
サーベイモンキー ························ 215,406,407
賽銭方式 ····································· 302,410
サウスウエスト航空
〔Southwest Airlines〕 ······· 280,410
サザビーズ〔Sotheby's〕 ····················· 139
ザッポス〔Zappos.com〕 ······ 188,382,406
ザトゥー〔Zattoo〕 ········ 230,231,408,414
サニフェア ·································· 405
サブウェイ〔Subway〕 ············· 209,407
サブスクリプション ···················· 40,361,413
サプライ品モデル ······· 41,42,259,317,411

ザラ〔Zara〕……… 49,221,240,407,408
ザランド〔Zalando〕………………………… 57
サン・マイクロシステムズ
　　〔Sun Microsystems〕…………… 113
サンダース・システムカーレンタル・カンパニー
　　〔Saunders System car rental company〕
　　……………………………………… 323,411
サンダルス・リゾーツ
　　〔Sandals Resorts〕………… 199,407
シーベル〔Siebel〕…………………………… 114
シーメンス〔Siemens〕………… 51,296,339
ジェーシードゥコー
　　〔JCDecaux〕……… 230,382,408,414
シェル〔Shell〕………………… 24,155,257,405
シクロシティ〔Cyclocity〕……………… 230
シスコシステムズ
　　〔Cisco Systems〕……… 57,165,405
シックス・フラッグス〔Six Flags〕… 134,404
ジップカー ……………………………………… 323
シマノ …………………………………… 236,408
ジムライド ……………………………………… 323
ジャーマンウイングス〔Germanwings〕… 113
ジャンバ〔Jamba〕……………… 40,363,413
従量課金 ………………… 296,298,322,410
シュコダ〔Skoda〕……………………………… 333
シュピーゲル・オンライン ……………… 406
ジュメイラ・グループ〔Jumeirah〕… 387,414
勝者総取り ………………………………………… 311
ジョーンズ・インターナショナル大学
　　〔Jones International University〕
　　………………………………………… 177,406
シルク・ドゥ・ソレイユ
　　〔Cirque du Soleil〕………… 136,404
ジレット〔Gillette〕………… 41,42,260,319,
　　　　　　　　　　　　　　　　　　　409,411
シンガー〔Singer〕…………………… 208,407
シンドラー〔Schindler〕……………… 106,226
スイスクオート〔Swissquote.ch〕……… 178
スイス連邦鉄道
　　〔Swiss Federal Railways〕… ⇒ SBB
スウォッチ〔Swatch〕…… 136,315,404,406
スーパーマーケット ……………… 33,365,413
スカイ〔Sky〕…………………………………… 63
スカイプ〔Skype〕…… 18,54,215,407,411
スターバックス〔Starbucks〕… 18,49,193,
　　　　　　　　　　　　　　　　　210,406,407

スタンダード石油
　　〔Standard Oil Company〕… 41,318,411
ステープルズ ……………………………… 367,413
ストリートライン〔Streetline〕………… 28
スノッブ効果 …………………………………… 385
スプリント〔Sprint〕………………………… 250
スプレッドシャツ〔Spreadshirt〕…… 50,414
スペイン・メトロ新聞
　　〔Metro Newspaper Spain〕……… 53
スペシャル.T〔Special.T〕…… 43,320,406,
　　　　　　　　　　　　　　　　　406,409,411
スペリー＆ハッチンソン
　　〔Sperry & Hutchinson〕…… 171,405
スポティファイ〔Spotify〕… 40,200,215,231,
　　　　　　　　　　　　363,407,408,413
スマートヴィル〔Smartville〕……………… 315
スライドシェア …………………………………… 411
スルザー〔Sulzer〕…………………………… 270
スルザー・イノテック〔Sulzer Innotec〕… 270
スレッドレス
　　〔Threadless〕……… 63,165,390,405
成果報酬型契約 …………………… 22,312,411
セーフウェイクラブカード ……………………… 405
セールスフォース
　　〔Salesforce〕……… 16,40,362,413
セガ ……………………………………… 126,404
ゼネラル・エレクトリック
　　〔General Electric〕………………… ⇒ GE
ゼネラルモータース
　　〔General Motors〕………………… ⇒ GM
セブン-イレブン〔7-Eleven〕…………… 210
セルフサービス …………………… 279,346,366,412
ゼロックス〔Xerox〕……… 55,314,323,411
ゼンハイザー〔Sennheiser〕……………… 271
ゼンハイザー・サウンド・アカデミー
　　〔Sennheiser Sound Academy〕
　　…………………………………………… 271,409
専門特化プレイヤー ……………………… 243,408
ゾーパ〔Zopa〕……………… 22,57,140,308,
　　　　　　　　　　　　　　　　404,406,411
素材ブランディング ……………………… 233,408
ソニー ……………………………………………… 27
ソリューションプロバイダー …… 157,356,413

た-と

ターゲット広告 ………………………………… 231
タイガー21〔TIGER 21〕………………… 309

INDEX

対極の原則 ………………………………… 69
体験の販売 ………………………… 30,191,406
ダイナースクラブ〔Diners Club〕… 381,414
ダイムラー〔Daimler〕…… 16,300,315,323
ダウコーニング ……………………… 281,410
武富士 ……………………………………… 15
タスクラビット ……………………… 309,411
タタ〔Tata〕 ………………… 236,372,413
ダチア・ロガン〔Dacia Logan〕………… 339
ダッジ〔Dodge〕 …………………………… 50
タッパーウェア〔Tupperware〕…… 181,406
ダラー・シェーブ・クラブ … 40,364,406,413
チボー〔Tchibo〕 …………… 156,354,405,413
直販モデル ……………………… 21,42,180,406
ツイッター〔Twitter〕 … 147,250,409,411
ツルケ〔Zuhlke〕 …………………………… 112
ディアスポラ〔diaspora〕 ………… 161,405
ディジタル・イクイップメント
　〔Digital Equipment Corporation〕… 15
低所得層ターゲット ………………… 369,413
ティム・ハートンズ
　〔Tim Hortons Inc〕 ………… 354,413
デザイナー ………………………………… 390
デジタル化 ……………… 189,214,174,406
テトラパック〔Tetra Pak〕 ……… 359,413
デナー〔Denner〕 ……………………… 334,412
テフロン〔Teflon〕 …………………… 234
デュアル・システム
　〔Duales System Deutschland〕
　……………………………… 376,409,414
デュポン〔DuPont〕 ……………… 234,408
デル〔Dell〕 ……………… 21,151,183,274,
　　　　　　　　　　　　　405,406,407,409
デンネマイヤー〔Dennemeyer〕… 246,408
店舗内出店 …………………………… 351,413
トイザらス〔Toys"R"Us〕 …… 297,367,413
ドイツ・ポスト〔Deutsche Post〕… 354,413
ドイツ鉄道〔Deutsche Bahn〕 ………… 53
トムズシューズ〔TOMS Shoes〕… 343,412
トヨタ ……………………… 101,219,333,407
トライアンフ〔Triumph〕 ………………… 15
ドライブナウ〔DriveNow〕 ………… 53,323
ドライブマイカー ………………………… 323
トラストイー〔TRUSTe〕 ………… 245,408
トラベラーズチェック ………………… 151
ドリーム・ヒール〔Dream Heels〕……… 392

トレーダー・ジョーズ
　〔Trader Joe's〕 ……………… 194,406
ドロップボックス
　〔Dropbox〕 ……… 216,406,407,411

な-の

ナイキ〔Nike〕 ………………… 236,295,410
ナインシグマ〔NineSigma〕 ………… 167
ナカミチ ……………………………………… 15
ナチュール・ハウス
　〔Natur House〕 ………… 92,210,407
ナップスター〔Napster〕 ……… 27,406,411
ニクスドルフ・コンピューター
　〔Nixdorf Computer〕 ………………… 15
日産 ……………………………………… 333
ニュートリライス〔NutriRice〕 ………… 52
任天堂 …………………………… 136,397,404
ヌーライド ……………………………… 323
ネクスト・イシュー・メディア
　〔Next Issue Media〕
　……………… 40,200,363,406,407,413
ネスプレッソ
　〔Nespresso〕 …… 16,41,42,91,261,
　　　　　　　　　　320,334,406,409,411
ネスレ〔Nestle〕 ……… 15,41,42,91,261,
　　　　　　　　　　　　320,406,409,411
ネットジェッツ〔NetJets〕 …… 203,407,408
ネットスケープ・コミュニケーションズ
　〔Netscape Communications〕… 290
ネットフリックス
　〔Netflix〕… 18,33,40,199,266,363,
　　　　　　　　　　　　　406,407,409,413
ノイズトレード〔NoiseTrade〕 …… 304,410
ノーウィッチ・ユニオン
　〔Norwich Union〕 …………………… 29
ノキア〔Nokia〕 …………… 15,296,338,412

は-ほ

パーシップ〔PARSHIP〕 …………………… 57
パーソナルノベル
　〔PersonalNOVEL〕 ………… 276,409
バーター ………………………………… 143,405
バーチャルアイロン〔Virtual Iron〕 …… 113
ハーフライフ〔Half-Life〕 ……………… 287
ハーレーダビッドソン
　〔Harley-Davidson〕… 125,193,406

バーンズ＆ノーブル
　〔Barnes & Noble〕……… 193,406
ハイアール〔Haier〕………… 339,412
バイエル…………………………… 412
ハイデルベルグ・プリンティング・マシーンズ
　〔Heidelberg Printing Machines〕
　…………………………… 357,413
廃品リサイクル ………………… 374,414
バッカルー・ビュッフェ
　〔Buckaroo Buffet〕……… 198,407
バックベルク〔BackWerk〕… 349,407,412
バトラー〔Butler〕……………… 285
パネラ・ブレッド ………………… 410
ハピマグ〔Hapimag〕………… 204,407
ハブページズ〔HubPages〕… 329,412
パブリック・プライベート・パートナーシップ
　〔PPP〕…………………………… 313
バラベス〔Barrabes〕…………… 287
バルブ〔Valve〕…………………… 286,410
パワーバイジアワー
　〔power by the hour〕……… 22,314
バンクダイレクト〔bankdirekt.at〕… 178
ハンブルバンドル
　〔Humble Bundle〕……… 304,410
ビアプリント〔viaprinto.de〕……… 50
ピープルソフトウェア
　〔People Software〕………… 114
ピクサー〔Pixar〕……………………… 18
ピザハット〔Pizza Hut〕……………… 209
ビューラー〔Buhler〕…………… 52,109
ヒューレット・パッカード
　〔Hewlett-Packard〕
　……………… 21,41,319,409,411
ヒルティ〔Hilti〕……… 15,84,182,225,408
貧困層 ……………………………… 342
ヒンダスタン・ユニリーバ
　〔Hindustan Unilever〕…… 370,413
ピンタレスト〔Pinterest〕……… 131,404
ファースト・ダイレクト
　〔First Direct〕……………… 178,406
ファイアフォックス〔Firefox〕……… 291
ファクトリー121〔Factory121〕… 277,409
フィットビット〔Fitbit〕…………… 60
フィリップモリス〔Philip Morris〕…… 193
フェイスブック
　〔Facebook〕… 16,23,35,56,178,232,
　　　　　　　　250,382,406,408,409,414

フエスト …………………………… 270
フエスト・ダイダクティック
　〔Festo Didactic〕……… 36,270,409
フォアベルク ……………………… 406
フォード〔Ford〕… 240,279,323,408,410
フォルクスワーゲン〔Volkswagen〕… 53,94
プッシュ戦略 ……………………… 218
部分所有 …………………………… 202,407
富裕層 ……………………………… 342,385
プライスライン〔Priceline〕… 140,404,414
フライターグ〔Freitag lab〕… 376,414
フライヤーアラーム〔Flyeralarm〕… 189,406
フラウンホーファー研究所
　〔Fraunhofer Institute〕……… 27,55
ブラックソックス〔Blacksocks〕… 40,147,
　　　　　　　　363,405,406,413
ブラックベリー〔BlackBerry〕……… 54
プラットフォーム ……… 22,56,141,160,165,
　　　　　　　　178,188,286,292,
　　　　　　　　308,329,380,390
フラット料金 ……………… 262,197,407
フランチャイズ ………………… 207,348,407
フリートマネジメント ……………… 84
フリーミアム ……… 177,200,213,311,407
フリンクスター〔Flinkster〕……… 53
プリンティング・イン・ア・ボックス
　〔Printing In A Box〕……… 397,414
フルーガル ……………………… 282,339
プル戦略への移行 ………… 112,217,407
ブレインプール ……………………… 405
ブレインライティング ………………… 76
フレスナップ ……………………… 367,407,413
フレックスペッツ〔FlexPetz〕… 324,411
フレンズオブトムズ
　〔Friends of TOMS〕…………… 343
フレンドシュランス・ドットコム
　〔friendsurance.com〕………… 308
プロクター＆ギャンブル
　〔Procter & Gamble〕………… ⇒P&G
プログレッシブ〔Progressive〕………… 30
プロシューマー ………………… 389,389,414
ブロックバスター ………………… 264,411
ブロックバスター社
　〔Blockbuster LLC〕…………… 324
ペイウィズアツイート
　〔Pay with a Tweet〕……… 146,405

ペイシェントライクミー
　〔PatientsLikeMe〕………… 251,409
ペイパークリック ……………………………… 300
ペイパービュー方式 …………………………… 299
ペイバック〔Payback〕……… 172,405,409
ペイパル〔PayPal〕…… 152,246,405,408
ベイビーネス
　〔BabyNes〕… 43,320,406,409,411
ベスト・バイ
　〔Best Buy〕…. 58,62,246,359,367,413
ベタープレイス ……………………… 410,411
ベネトン〔Benetton〕 ………………………… 221
ペプシコ〔PepsiCo〕 ……………… 145,405
ペブル・テクノロジー
　〔Pebble Technology〕…… 160,405
ベライゾン〔Verizon〕 ……………… 250,409
ペリカン〔Pelikan〕 ……………………… 334,412
ベル研究所〔Bell Laboratories〕……… 165
ヘンケル〔Henkel〕 …………………………… 108
ペントハウス〔Penthouse〕 ………………… 257
ホームデポ〔HomeDepot〕… 189,367,413
ホームバイ〔HomeBuy〕 …………… 204,407
ボッシュ〔Bosch〕 ……… 86,125,220,236,
353,408,413
ボッシュ・エンジニアリング
　〔Bosch Engineering GmbH〕
　…………………………………………… 125
ホットチョイス ……………………………………… 410
ホットメール〔Hotmail〕
　………………………… 177,215,406,407
ポノコ〔Ponoko〕 …………………… 392,414
保有能力の活用 ……………………… 268,409
ポルシェ〔Porsche〕 ………………… 269,409
ポルシェ・エンジニアリング
　〔Porsche Engineering〕 ………… 269
ホルシム〔Holcim〕 ………………… 59,211
ホルシム・インドネシア
　〔Holcim Indonesia〕 ………………… 211
ホルシム・コスタリカ
　〔Holcim CostaRica〕 ………………… 287
ホワイトレーベル ………………………………… 395
鴻海精密工業 …………………………… 396,414

ま-も

マイ・ユニーク・バッグ
　〔My Unique Bag〕…………… 277,409
マイアディダス〔Mi adidas〕……… 276,409

マイクロソフト
　〔Microsoft〕……… 27,177,215,409
マイハンマー〔MyHammer〕 141,404,414
マイファブ ……………………………… 405,405
マイミューズリ〔mymuesli〕………… 276,409
マイルズ＆モア〔Miles & More〕 ……… 147
マクドナルド〔McDonald's〕… 78,209,280,
348,407,410,412
マグノリア・ホテルズ
　〔Magnolia Hotels〕 ………… 146,405
マジック・トライアングル …………………… 19
マシナリーリンク
　〔MachineryLink〕…… 225,408,411
マス・カスタマイゼーション
　……………………………… 264,273,390,409
マスプロダクション ………………………… 274
マックス・ハーフェラール ……………… 409
マリオット〔Marriott〕 ……………… 210,407
マリリオン〔Marillion〕 ……………… 160,405
ミッキーマウス ……………………………… 255
三菱電機 ……………………………………… 226
ミニッツクリニック〔MinuteClinic〕… 62,413
メックフィット ……………………… 281,407,410
メトロA.G.〔Metro A.G.〕 ……………… 172
メトロ新聞
　〔Metro〕……… 53,230,382,408,414
メリルリンチ〔Merrill Lynch〕… 33,367,413
メルセデス・ベンツ ………………… 125,333
モジラ〔Mozilla〕 ……………………… 291,410
モトローラ〔Motorola〕 ……………………… 15
モビリティ …………………………………………… 323
モビリティ・カーシェアリング
　〔Mobility Carsharing〕
　……………………………… 204,407,411,412
モンドバイオテック
　〔mondoBIOTECH〕………… 292,410

や-よ

ヤフー〔Yahoo!〕 …………………………… 142
ユーザーデザイン ……………………………… 264
ユーチューブ〔YouTube〕… 23,35,266,409
ユニカ〔UNIQA〕 ……………………………… 29
ユニバーサル〔Universal〕 ………………… 27
ユニバーサルミュージック
　〔Universal Music Group〕……… 200
ユニリーバ〔Unilever〕 ……………………… 370
ヨーロッパカー ………………………………… 323

ら-わ

ライアンエアー〔Ryanair〕............ 123,404
ライセンシング 211,253,409
ライトナウ〔RightNow〕 114
ラクサスベイブ〔Luxusbabe〕 324,411
ラベンスバーガー〔Ravensburger〕......... 95
ラリーファイター〔Rally Fighter〕.......... 292
ランタル・テキスタイル
　　〔Lantal Textiles〕 358,413
ランボルギーニ〔Lamborghini〕 386,414
リーバイス〔Levi's〕 275,409
リーバイス・パーソナル・ペア
　　〔Levi's Personal Pair〕 275
リーマン・ブラザーズ
　　〔Lehman Brothers〕 15
リサーチ・イン・モーション
　　〔Research in Motion〕 54
リシュリュー・フーズ
　　〔Richelieu Foods〕 397,414
リバースイノベーション 336,412
リバースエンジニアリング 331,412
リファーイット・ドットコム
　　〔refer-it.com〕 130
利豊グループ〔Li & Fung〕 296,410
リメックス〔Limmex〕 59
両面マーケット 379,414
リレイライズ〔RelayRides〕 ... 309,323,411
リンクトイン〔Linkedin〕 56,216,310,
　　　　　　　　　　　　　　　　　　407,411
類似の原則 68
ルート66〔Route66〕 257
ルノー〔Renault〕 339,412
ルフトハンザ航空 113,146,405
ルル 414
レゴ〔LEGO〕 260,391,409,414
レゴファクトリー〔Lego Factory〕 ... 391,414
レコレートス〔Recoletos〕 53
レストレーション・ハードウェア
　　〔Restoration Hardware〕 193
レッドハット〔RedHat〕 291,410
レッドブル〔Red Bull〕 195,406
レディオヘッド〔Radiohead〕 ... 24,304,410
レベニューシェア 326,412
レムス〔Remus〕 236
レンタバイク 411
レンタルモデル 299,321,411
レントアフレンド〔RentAFriend〕 324

ロイヤル・ダッチ・シェル
　　〔RoyalDutch Shell〕 .... ⇒シェル
ロウズ〔Lowe's〕 189
ロエベ〔Loewe〕 15
ローカル・モータース
　　〔Local Motors〕 292,410
ロールス・ロイス
　　〔Rolls-Royce〕 21,314,411
ロジテック 412
ロックイン 42,258,311,318,409
ロビンフッド 341,412
ロレアル〔L'oreal〕 135
ロングテール 263,409
ロンザ〔Lonza〕 95
ワーナー〔Warner〕 27
ワーナーミュージック
　　〔Warner Music Group〕 200
ワービーパーカー
　　〔Warby Parker〕 344,412
ワインビッド〔WineBid〕 140,404,406
ワッツアップ〔WhatsApp〕 23,232
ワン・ラップトップ・パー・チャイルド
　　〔One Laptop per Child〕 ..... ⇒OLPC

PROFILE

オリヴァー・ガスマン (Oilver Gassmann)
スイス・ザンクトガレン大学上級教授、同大学技術経営研究所マネージング・ディレクター。博士号を取得後、シンドラー社ヴァイスプレジデントとして同社の研究活動を推進した。15冊の書籍出版、主要誌への300以上の寄稿実績のほか、現在は企業数社の取締役も務める。2014年には米ワシントンにて世界の主要なイノベーション学者として表彰されている。

カロリン・フランケンバーガー (Karolin Frankenberger)
ザンクトガレン大学技術経営研究所助教授。BMI Lab社経営トップ。ザンクトガレン大学、ハーバード大学、コネチカット大学での研究活動と博士号取得後、マッキンゼー・アンド・カンパニー社コンサルタントとして数年にわたる活動経験を持つ。

ミハエラ・チック (Michaela Csik)
スイス・ホルシムテクノロジー社イノベーションマネージャー。それ以前はBMI Lab上級コンサルタント、ザンクトガレン大学技術経営研究所およびスタンフォード大学デザイン研究センターのリサーチ・アソシエイトとして活躍。

渡邊 哲 (わたなべ・さとる)
株式会社マキシマイズ代表取締役。海外の有力ITやイノベーション手法の日本導入を専門とする。三菱商事、シリコンバレーでのベンチャー投資業務などを経て現職。ビジネスモデル・ナビゲーター手法の啓蒙活動をはじめ、日本のイノベーションを促進するための各種事業を展開中。東京大学工学部卒。米国イェール大学院修了。共訳に『アントレプレナーの教科書』(翔泳社) がある。

森田 寿 (もりた・ことぶき)
トランスコスモス株式会社役員。ソニー株式会社、株式会社ミスミグループ本社を経て現職。ソニーでは欧州VAIO事業、ミスミでは経営企画、次世代事業プラットフォーム開発などを手がけ、本書の手法に出会う。

INFORMATION

- 本書には、ビジネスモデル革新の場で活用できる別売商品「55パターンカード」が用意されています(p.67参照)。「55パターンカード」については以下URLを参照してください。
  http://www.seshop.com/product/detail/19629/

- 翔泳社のサイトから読者特典がダウンロードできます。ぜひ活用してください。
  ・ビジネスモデル・ナビゲーターのイノベーション路線図 (p.44参照)
  ・参考文献
  http://www.shoeisha.co.jp/book/download/9784798146881/

- 著者の研究成果や最新の情報は、著者のサイトを参照してください。
  英語版　http://www.bmilab.com/
  日本語版 http://www.bmilab.jp/

STAFF

イラスト	加納 徳博
ブックデザイン	三森健太 (tobufune)
図版・DTP	アズワン

ビジネスモデル・ナビゲーター

2016年10月3日　初版第1刷発行
2018年1月10日　初版第4刷発行

著者	オリヴァー・ガスマン、カロリン・フランケンバーガー、ミハエラ・チック
訳者	渡邊 哲 (わたなべ・さとる)、森田 寿 (もりた・ことぶき)
発行人	佐々木 幹夫
発行所	株式会社 翔泳社 (http://www.shoeisha.co.jp)
印刷・製本	大日本印刷株式会社

本書は著作権法上の保護を受けています。本書の一部または全部について、株式会社翔泳社から文書による許諾を得ずに、いかなる方法においても無断で複写、複製することは禁じられています。

本書へのお問い合わせについては、2ページに記載の内容をお読みください。

造本には細心の注意を払っておりますが、万一、落丁(ページの抜け)や乱丁(ページの順序違い)がございましたら、お取り替えいたします。03-5362-3705までご連絡ください。

ISBN 978-4-7981-4688-1
Printed in Japan